九鬼周造の人間学

破綻と再建

織田 和明

大阪大学出版会

目次

凡例

一．九鬼周造のテキストは次の全集から引用している。

九鬼周造『九鬼周造全集』岩波書店、一九八〇―一九八二年。

引用に付した記号は（KSZ，巻数，頁数）を示している。なお、全集に附属の月報から引用した際は（KSZ，巻数，月報号数，月報頁数）と記している。

欧文テキストからの引用は頁数に原文と邦訳の両方のページ数を記している。基本的に全集に収録された日本語訳を参照しているが、必要に応じて適宜修正して引用している。


一．西田幾多郎のテキストは次の全集から引用している。

西田幾多郎『西田幾多郎全集』岩波書店、二〇〇二―二〇〇九年。

引用に付した記号は（NKZ，巻数，頁数）である。


一．田辺元のテキストは次の全集から引用している。

田辺元『田辺元全集』筑摩書房、一九六三―一九六四年。

引用に付した記号は（THZ，巻数，頁数）である。


一．中井正一のテキストは次の全集から引用している。

中井正一『中井正一全集』、美術出版社、一九六四―一九八一年。

引用に付した記号は（NMZ，巻数，頁数）である。


一．旧漢字、旧仮名遣いは現代仮名遣いに改めている。送り仮名と言葉遣いは現在一般的な用法とは異なるものがしばしばみられるが、原文のままにしている。

はじめに
近代に人間であること

九鬼周造（一八八八―一九四一）は明治の中頃の日本に生まれ、西洋哲学を学び、一九二〇年代後半から一九四〇年代初頭にかけて哲学者として活動し、『「いき」の構造』（一九三〇）や『偶然性の問題』（一九三五）等の著作で独創的な哲学を世に問うた。明治維新以後、日本は国を挙げて西洋文化の摂取に取り組んできた。西周（一八二九―一八九七）に始まる日本の哲学研究は、ラファエル・フォン・ケーベル（一八四八―一九二三）に代表されるお雇い外国人の熱心な教育や、井上哲次郎（一八五六―一九四四）や大西祝（一八六四―一九〇〇）等の日本人研究者の尽力を経て、西田幾多郎（一八七〇―一九四五）の『善の研究』（一九一一）によって日本独自の哲学に達したとはよく言われるところである。京都帝国大学には西田を中心に優秀な哲学研究者が集い、哲学の本場である欧米にも引けを取らない一大研究拠点となった。日本哲学の黄金時代である。これは明治維新以降急速に近代化し、一九〇四年から翌年にかけての日露戦争を経て西洋列強と肩を並べるようになり、第一次世界大戦後の国際連盟体制では五大国を占めるに至る日本の国際的地位の上昇と軌を一にする。第一次世界大戦に敗れ、ハイパーインフレに陥ったドイツで、戦勝国の裕福な日本の留学生は金にものを言わせてマルティン・ハイデガー（一八八九―一九七六）をはじめとする一流の哲学者から指導を受け、貴重な書籍を買いあさる。

九鬼の妻であった縫子（一八九五―一九八二）は後に周造と共に過ごしたドイツ時代を思い出しながら「毎日マルクが変動し、毎日銀行通いでした」[1]と述べている。多額の外貨を抱えて留学してくる日本人はドイツの哲学者の家計を大いに助けたという。近代日本哲学の急激な成長は戦争の暴力によって獲得された資本の力に支えられていた。帝国主義の成功は日本に物質的な豊かさと共に知的な豊饒さももたらしたのである。高級官僚を父に、そして大物実業家にして大臣を歴任した有力政治家を義父に持つ九鬼は大日本帝国が獲得した富を存分に活用する。彼は極東の大国から来た貴族の息子として厚遇され、当時の最先端の学知を習得した。そして帰国後、日本哲学の絶頂期にその成果を思う存分発揮する。彼自身に大日本帝国の暴力性と自分自身こそが日本哲学の代表者であるという自覚はほとんどなかったかもしれない。しかし彼こそが近代日本の暴力と富の生み出した最高の哲学者であった。そして日本の帝国主義的拡大がアジア・太平洋戦争の敗戦で破綻する直前に、彼は世を去る。日本が連合国軍に占領されるのは九鬼の死のわずか四年後のことである。次代を担うはずだった哲学者のうち、ある者は戦争に協力しなかったために獄死し、ある者は戦争に協力したために追放される。西洋に伍する独創的な近代日本哲学はここで一つの区切りを迎え、戦後が始まる。近代日本の終焉が見える直前の最後にして絶頂である昭和前期に、九鬼はまさに近代の申し子として活動した。

近代とは何か

私はこの本で日本の近代の到達点を書く。ゆえに本書を近代とは何だったのかと問うところから始めなければならない。ここで参照するのは九鬼と親しく交わり、その活躍を近くで見ていた中井正一（一九〇〇―一九五二）である。彼は美学者・社会活動家として戦前から戦中にかけて雑誌『美・批評』、後に改題して『世界文化』

や新聞『土曜日』を創刊して美学者の立場から反ファシズム活動に取り組み、終戦直後には故郷の広島県で図書館を拠点に社会教育活動の振興に奔走した。さらにその成果を評価されて国立国会図書館の初代副館長を務め、戦後日本の図書館界で尽力することになる。九鬼よりも一回り若い中井はその豊かな学殖に魅かれ、彼から多くを学ぶ。しかし中井は九鬼がどっぷりとつかる近代から距離を取り、それを客観的に見つめている。中井晩年の主著『美学入門』（一九五一）に現れる彼の近代論を見てみよう。

中井は師である深田康算（一八七八—一九二八）に従って近代という時代の典型をアイルランド出身の詩人、作家、劇作家であるオスカー・ワイルド（一八五四—一九〇〇）に見出す。中井によると近代とは封建主義が終焉を迎え、古代ギリシア以来の美の理論枠組みであった「技術」「模倣」「普遍的実在」が崩壊する時代である。そのとき「技術」は「天才」へ、「模倣」は「独創」へ、「普遍的実在」は「唯美」へと転換する。古代においては集団で技術を駆使して普遍的実在を模倣することが芸術制作であった。しかし近代では、芸術は一人の芸術家がただ自分の信じる「美」に従って天賦の才によって全く新しいものを創造していくことであると考えられるようになった。つまり近代とは個人主義の時代であった。その典型とされるのが奇抜な言動と唯美主義的な作品・主張で知られるワイルドである。しかし天才の独創はしばしばあまりに急進的で、人々の理解を得られない。あまりにも逸脱した天才は「おたがいにわかりあえない恐るべき「孤独」に転化するかもしれないのである[2]」と中井は言う。そしてさらに、独創が最も極端になってしまった時、「まったく他の人間と異なることによって、ついにはそれは人間でなくなることになってしまうということとなって、弁証法的にいうならばまったく他のものに変化するのである[3]」とまで述べる。個人主義的な芸術観が掲げた「天才」「独創」「唯美」はしばしば「放恣」「孤立」「非真実」に陥ってしまう。現にワイルドの過激な姿勢は世間に受け入れられず、結局彼は孤立の中で失意の死を迎えてしまった[4]。中井にとって近代個人主義は新しい美と自由を可能にした一方で、その彼岸に人間の限界を垣間見せてしまうものでもあった。個人主義の時代は裏面では人間の危機の時代である。

ワイルドの一九世紀が垣間見せた危機は二〇世紀に入って一九一八年に決定的に方向づけられたと中井は論じる。国家と工業が織りなす巨大な機構が引き起こした第一次世界大戦の惨禍は「自己の意識」を不安定にしていく。一九世紀のワイルドは自己の天才性を確信し、自分の信じる美しい作品を制作していくことができた。しかし二〇世紀の人々にそのような強さはない。中井は二〇世紀を「思想的に衝動的に「自分」というものが分裂して、ばらばらになっていきつつ[5]」あり、「ただ何でもかんでも「いやだ、いやだ」といっている感情の上に立って戦っている[6]」と、ダダニズムなどを念頭に置きながら分析する。

ここでは時間が歴史から遊離して、単なる流動として取り扱われているので、論理的な基礎のないただ単に「拒否の感情」として、主観は客観を前にして、こなごなに分裂するのである。ただ存在するものへの否定、狂える対抗意識としてあらわれるのである。…（中略）…

分裂した意識、意識の過剰、それが感情のむしろ実体となってきたのである。（NMZ, 三, 九七）

何かを信じるだけの自我はない。自分が天才だとは思えないし、何が美しいのかもわからない。主体はただわけもなく感情のままに拒絶し、分裂していく。二〇世紀は戦争と個人主義によって心身ともに危機にさらされた自我分裂の時代である。その時代精神を最もよく映し出した哲学者はハイデガーとアンリ・ベルクソン（一八五九―一九四一）だと中井は考える。

ベルグソンの哲学とハイデッガーの哲学との学説的な近さは、カントとハイデッガーのそれよりも近い。ベルグソンも、ハイデッガーでも、すでに意識というものはあまり問題とならず、それは、時間の中の一つのすがたとなる。直観は「現在」で、思惟反省は記憶すなわち「過去」である。ほんとうの存在は、生きた生命、流動している生きた現在、すなわち純粋な直観というようなものになってくる。すみやかに流動するところの時間の流れの中で、感情とは、この「過去」と「未来」の二つのもの、いわば「現実の存在」と「可能の存在」の媒介者となるのである。

しかし、第一次大戦、一九一八年後、機関銃の音と負傷者のうめき声が耳にのこっている参加者たちが年老いて、これを知らない子どもたちが成年となった一九三二年までの文化は、傷ついた集団機構と傷ついた個人の絶えまない闘いであった。目に見えない芸術の戦いがひろがった。表現派は人間性の回復を叫びつづけ、ダダは常にいやだいやだとわめきつづけた。人民の戦線は戦いに反対しつづけたにもかかわらず、夢魔のごとく第二次大戦は起ったのであった。（NMZ、三、一〇三）

さらに、この自由通商主義がようやく大工業主義、あるいは、ブロック資本主義に移っていくにしたがって、いわゆる機械時代が出現し、集団主義の時代がはじまろうとするにあたって、個人の個性がだんだんその自由をせばめられ、だんだん個人が分解し、集団の圧力の下でうめきはじめ、もだえはじめ、自我分裂が起りはじめたのである。

この線にそって、生まれてきたのがベルグソンの哲学、あるいは、ハイデッガーの哲学となってきたともいえるのである。

この時代の知識人は、多かれ少なかれ、ダダイズムのいうところの、ただ自分に向って、「いやだ、いやだ。」と駄々ッ子のように、かぶりをふりつづけるところのものがある。それがいやならば、では、どうしたらよいのかという積極的な結論はまだもっていないのである。しかし、それがそうであってはならないことだけがわかっている。それは切実であり、ほんとうにまじめでもある。にもかかわらず否定のない、ただ現実の拒否だけに終るところの悲しい魂がそこには残るだけである。

自分から抜けだしたい自分の弱さにあきあきしていながら、しかも、脱出しきることのできない嘆き、これが現代の自我のほんとうの姿ともいえるのである。そこには、一刻一刻と流れ去りつつある自分があるだけであって、ほんとうの自分というものにめぐりあえないでいる。こんなこころもちがいうにいえない現代の「不安のこころ」である。シュールリアリズムの芸術の底を流れる寂しさも、かかるものがその底を流れている。

プルーストがいつもいうところの「認識の達しない深みにおいて、自分自身にめぐりあう」という言葉は、こんな寂しい魂が、今こそ、ほんとうに生きているという時間をもちたいという願いのあらわれである。彼が「時間から解放された一瞬間は、汝のこころのうちに、時間界から解放された人間を創造した」といっているのもそれである。こういう時間をもちたいというのが現代人の切実な願いとなってきているのである。(NMZ、三、一〇五—一〇六)

帝国主義の時代の国家と工業は人間を大きなメカニズムの中に組み込んでいく。その集団性と総力戦の銃弾の中で個人の自我は心身ともに崩壊していく。このような時代の中で「意識」に着目するのをやめて、哲学を時間の問題へと再構築した哲学者として、中井はベルクソンとハイデガーに着目する。両者の近さを強調する見解は九鬼の一九二九年の論考「時間の問題――ベルクソンとハイデッガー」に従っているが、その背景に二〇世紀の崩壊する自我を読み込んだところに中井のオリジナリティが認められる。ベルクソンとハイデガーは現実の絶対拒否によって確固たる自我意識が消失し、ただ時間の中を流動する生を見つめ直すしかなくなった時代の哲学者だと中井は考えている。流動する生は不安で、寂しいものである。それゆえに二〇世紀の人は「今こそ、ほんとうに生きているという時間をもちたい」と願うことになる。

九鬼周造の近代

九鬼は自身の知が近代の暴力と資本を背景にしていることはほとんど自覚していなかったかもしれないが、近代の自我崩壊には気がついていた。彼は自分の孤独感を詩や随筆に書き残したし、その孤独感と向き合った彼の主著のタイトルは『偶然性の問題』となった。偶然とは存在してもしなくてもよいけれど存在している、不確実で脆くはかないものである。そして彼はその本の最後で、孤独な「我」が「汝」と邂逅する運命の瞬間を論じた。これは「ほんとうに生きているという時間」の九鬼流の捉え直しである。

九鬼はベルクソンとハイデガーの哲学を極めて高く評価し、自身の論文でもしばしば引用し、大学で学生に講じた。しかし彼がベルクソンやハイデガーのように「流動する生」の時代の哲学を論じたと言ってもよいかというと、私はそうではないと思う。彼のもう一つの代表作『「いき」の構造』は忘れられかけている「民族の意識」としての「いき」を再び思い出すことを主張する本である。彼はむしろ時代に反して自我の崩壊を食い止めたいと願っていたのではないだろうか。「流動する生」とは別のあり方を彼は希求していたのではないだろうか。

中井は一九三二年の「リズムの構造」で九鬼を次のように批判する。ここに九鬼の名前は記されていないが、中井が批判しているのが九鬼であることは明白だ。[7]

> 存在論的考察の内面には、その鋭き視点の貫きにもかかわらず、いいしれぬ戦後的思想がその背後を覆うている。塹壕の臭いがする。
>
> 瞬間への信仰的な愛着。執拗な個人性への付着。はかない偶然性への戯れの驚き。かかるものがすることのなくなった個人主義文化の美しい幻である。（NMZ 二、三五―三六）

このように中井は九鬼の哲学に戦争の臭いとオールド・ファッションになってしまった個人主義文化への執着を感じとっていた。流動の中へ自我が崩壊していることへの自覚と、それをつなぎとめたいという当時すでにやや古臭くなってしまっていた志向を九鬼は持っている。彼はヨハン・ヴォルフガング・フォン・ゲーテ（一七四九―一八三二）の『ファウスト』のよく知られたセリフである「止まれ、お前はいかにも美しいから」と平安前期の歌人の僧正遍照（八一六―八九〇）が詠んだ「天つ風 雲の通ひ路 吹きとじよ をとめの姿 しばしとどめむ」を好んだ。[8] 彼は詩歌の美によって流動を「しばしとどめむ」と願う執着の人でもあった。

暴力と資本を暗黙の背景とした最先端の哲学という巨大な知の伽藍と流動化して崩れていく自我。これが彼の背負ってきた近代という時代であった。ともすれば人間であることを止めてしまいそうになる、否、むしろ「人間」という理念を積極的に突き崩し、彼岸へ流れていってしまうことこそが主流となっていく時代に九鬼は抗う。近代に近代人として、それでも「人間」という理念を掲げ、止めることのできない破綻に「吹きとじよ」と命じ、「しばしとどめむ」と祈る。それが彼の闘いであった。「近代に人間であること」とはこの破綻と再建の狭間で繰り広げられる彼の哲学のモチーフである。

第一部

九鬼周造の人間学：破綻と再建

序論
九鬼周造小伝

序論では本書の主人公である九鬼周造の伝記的事実を簡単に確認する。網羅的でも詳細でもない小伝であるが、彼の哲学の展開との関連が示唆される点は押さえておかねばならない。

九鬼周造は一八八八年に九鬼隆一（一八五二―一九三一）と波津子（一八六〇―一九三一）の末っ子として東京で生まれる。長兄である哲造[1]は早世したため、光子、一造、三郎の三人の姉と兄に続く四番目の子として周造[2]と名付けられたようだ。

父・隆一

父である九鬼隆一は有力な文部官僚であった[3]。隆一は一八五二年に摂津三田藩藩士星崎貞幹の子、貞次郎として生まれ、三田藩藩主であった九鬼隆義の斡旋で綾部藩家老九鬼隆周の養子となる。この後一度佐々木此面と名乗ってから九鬼静人と改名している。綾部藩に出入りしていた福沢諭吉（一八三五―一九〇一）の知己を得て、一八七一年に慶應義塾に入塾し、一八七二年には早くも文部省に勤務する。この頃に再び名を改めて隆一となった。彼は極めて有能な人物であったようで、高等教育や文化財調査の分野で辣腕を振るう。またこの頃に仕事の右腕となるアーネスト・フェノロサ（一八五三―一九〇八）や岡倉天心（一八六三―一九一三）と知り合っている。隆一はスピード出世し、一八八〇年には二〇代の若さで文部少輔（現在の文部科学省事務次官）になっている。その翌年の明治一四年の政変の際には薩長閥に与し、大隈重信（一八三八―一九二二）と大隈に近かった慶應義塾出身者の多くが下野する中、隆一は文科省に残り、中央集権的かつ伝統主義的な教育を推進していく。彼の伝統主義的な教育を推進する立場は晩年まで一貫し、結果的に彼の魅力にも足かせにもなった。この結果、当然のことながら、福沢と隆一は犬猿の仲となる。この時代の隆一は文部省最大の実力者として省務を掌握し、「九鬼の文部省」とまで人に言わしめるほどであった。ところが、隆一の文科省における快進撃は長続きしない。彼は一八八二年に文部卿となった大木喬任（一八三二―一八九九）の信頼を十分に得られなかったうえ、その翌年には後ろ盾であった岩倉具視（一八二五―一八八三）が亡くなる。そして伊藤博文（一八四一―一九〇九）の強い推挙によって一八八四年に福沢とも近しい急進的な欧化主義者である森有礼（一八四七―一八八九）が文部省御用掛となると、文部省に隆一の居場所はなくなってしまった。彼は特命全権公使[4]としてアメリカに赴任することになる。太平洋をはるかに渡ってさらにアメリカ大陸を横断した先のワシントンD.C.へと、つまりは栄転の形を取って文部省から体よく厄介払いされたわけである。この後、彼が文部省に復帰することはなかった。二〇代の若さで文部行政の中枢を取り仕切った隆一は三〇代前半にして早くも文部省で失脚した[5]。

一八八七年にアメリカで隆一の妻、波津子は本書の主人公である周造を身ごもる。そしてヨーロッパでの視察からアメリカ経由で帰国する岡倉天心を付き添いに帰国して、彼女は翌年二月に周造を出産する。つまり周造は隆一が文部省での出世コースから脱落した時期に生まれた子ということになる。一八八八年に帰国後の隆一は主に宮内省の美術・文化財行政で活躍する。宮内省の図書頭になり、フェノロサや岡倉らと共に文化財の調査と保護に取り組む。その翌年には宮内省の帝国博物館（現在の国立博物館）の初代総長となり、一八九六年には念願だった男爵位を授けられる。一八九七年の古社寺保存法の制定への尽力など、彼は精力的に働く。彼には大臣就任という目標があった。この間に松方の下では大臣になる目がないと見て、かつて自分が文部省で失脚する原因となった伊藤博文に接近する。しかしそれでもとうとう最後まで大臣になることはできなかった。「文部省の九鬼」として若くしてその名を轟かし、いつかは首相に、と自他ともに恃まれていたにもかかわらず、不本意な地位に甘んずるにとどまったことには内心忸怩たるものがあったかもしれない。しかし隆一は尊大な性格の保守派政治家でありながら、政治情勢に合わせて派閥を渡り歩く風見鶏的性格があり、しかも女性関係が派手だったといわれている。辣腕に見合った出世ができなかった原因の一つは、彼の人柄にあっただろう。[6] なお周造は隆一がその仕事の割には出世できなかった理由について「役人としてすべきことをしただけのことだったからではないか」と述べていたらしい。[7] しかしむしろ隆一の経歴は、文化財保護という仕事を自分の手で日本に導入し、その基礎を固めていくという独自の仕事を成し遂げた人物と評価されるべきだろう。仕事の詳細や家庭での顔を知るからこそその判断が周造にはあったのかもしれない。後述のように周造の両親は泥沼の離婚騒動の上で離婚し、しかも母である波津子は精神を病んで晩年まで入院することになる。つまり周造は家庭を破壊しながら美術行政に辣腕を振るうも、その性格ゆえに今一つ出世しきれない父親の姿を見ながら中年まで生きていたことになる。隆一に振り回されて周造が随分と苦労したであろうことは容易に推測できるが、周造自身は隆一についてはあまり書き残していない。だが、わずかに残された文章からは父への敬意も感じられる。それぞれの選んだ仕事は官僚と哲学者と異なるが、周造は隆一の影を彼なりに追いかけていたのかもしれない。そしてまた周造も、プライベートでは女性関係がたたって泥沼の離婚騒動を経て離婚する。哲学者としても、最先端の独仏哲学を踏まえた独自の哲学を開拓しているにもかかわらず、生前は十分に評価されずに終わる。隆一の生涯と周造のそれは、どこか重なってしまう。父親の影は周造の永遠回帰論や偶然性論に、そして日本精神論に陰に陽に反映されているのかもしれない。

母・波津子

母である波津子は一八六〇年に杉山彌右衛門、くまの長女として生まれる。隆一と結婚する以前の経歴については九鬼家の小間使いであった、あるいは京都の祇園の出であった、はたまた東京の新橋の出であったなど、諸説あって判然としない。隆一との結婚は一八八三年、隆一が文部少補の頃のことである[8]。その後、特命全権公使としてアメリカに赴任する隆一と共に渡米するのだが、波津子はアメリカで、おそらくは環境の変化と夫との不和のために、心身の体調を崩してしまう。アメリカで周造を身ごもった彼女は岡倉天心を付き添いにして隆一より一か月半だけ先に帰国する。これが後に騒動となる二人の出会いであった。帰国後も女性関係が絶えない隆一に苦しめられてきた波津子に岡倉は同情し、ついに二人はそれぞれのパートナーと別れて結婚しようと決意する。彼女は三郎と周造の二人の息子を連れて隆一から離れ、根岸の家で別居するようになる。後に周造が記した随筆[9]によると、彼が尋常小学校の一年生から二年生のころ、つまり一八九五年前後ごろのことである。波津子は、日中は習字、琴、お茶、生け花などをして過ごし、夕方になると根岸の家を訪れる岡倉と夕飯を共にしていたという。当時の岡倉は東京美術学校[10]の校長だった。その頃の周造は庭で軍人ごっこをして遊ぶことを好む腕白な少年で、母の膝にもたれかかって岡倉の話を面白おかしく聞いていたらしい。岡倉も、自分を「伯父さま」と慕う周造をかわいがり、明治を代表する日本画家で当時は美術学校の絵画科主任だった橋本雅邦（一八三五―一九〇八）に紹介したり、筑波山に狩猟に連れていったりした。

岡倉氏は筑波山へ狩猟に連れて行ってくれたこともある。氏の長男一雄氏と私の兄と私の四人で行った。山中で道に迷って困ったことや、馬に乗って山麓の畑中を行ったことなどを覚えている。茶店で休んだとき、店の婆さんが岡倉氏と私とを見較べて、まあ坊ちゃんはお父さんによく似ていらっしゃるとお世辞を云った。岡倉氏は黙ってただ笑っていた。

或る時、私が風邪を引いて寝ながら絵本を見ていた。廉頗と藺相如とが刎頸の交をする画もあった。岡倉氏はその説明をしてくれてどうだ伯父さんと刎頸の交をしようじゃないかと云って私の小さい腕をギュッと掴んだ。私はその時だけはこわい伯父さまだと思った。（KSZ，五，二三五）

周造は岡倉との間の親密さと緊張感の入り混じる出来事を、淡々と思い出すままに書き残している。[11] この根岸での生活は長く続かず、隆一は波津子を京都に送り出し、岡倉と引き離そうとした。波津子は一人で京都へ移り住まされ、三郎と周造は当時帝国博物館の主事だった久保田鼎（一八五五―一九四〇）[12]のところへしばらくあずけられた。波津子はしばらく京都で暮らした後、東京に帰ってくるが、やはり隆一とは別居したままでいる。官僚としての栄達を望む隆一は体裁を気にして離婚は認めない。一九〇〇年から一九〇一年ごろを思い出しながら九鬼は以下のように記している。

私が十四五になった中学の一二年頃は坂井犀水氏の塾にいて土曜から日曜へかけて父のところへ行ったり、母のところへ行ったりした。或る日曜の朝早く起きて母の家の庭で一人で遊んでいると岡倉氏が家から出て門の方へ行かれるのとヒョッコリ顔を見合わせた。その時の具体的光景は私の脳裏にはっきり印象されているが、語るに忍びない。間もなく母は父から離縁され、…………〔引用者註：原文ママ〕。（KSZ，五，二三六―二三七）

と記されているらしい。

周造の中学校入学が一九〇〇年の四月で、隆一と波津子の離婚が一九〇〇年八月であるから、その間のことと思われる。全集では最後の文が編集者によって途中で省略されてしまっているが、ここには「やがて発狂した」と記されているらしい。

波津子と岡倉の不倫関係は少なくとも七年以上続いていた。この間一九九八年に美術学校内の主導権争いから図案科の教授を務めていた福地復一（一八六二―一九〇九）らを中心に岡倉排斥運動が起こる。その中で隆一・波津子・岡倉の関係を暴露し、批判する怪文書が美術界の各所にばらまかれた。美術学校騒動と呼ばれるこの事件の結果、岡倉は美術学校校長と帝国博物館美術部長を辞職する。事件後しばらくは帝国博物館総長の座にとどまった隆一も一九〇〇年三月には辞任に追い込まれ、国家行政の第一線から退くこととなる。その五か月後、隆一と波津子は離婚する。ところが彼女の家で周造に目撃されていた岡倉も一九〇一年から翌年にかけてインドへの旅に出てしまう。この時既に岡倉は妻と別れて波津子と再婚する意志を持っていなかったようだ。アメリカ滞在時には既にあまり良くなかった波津子の精神状況は次第に悪化し、美術学校騒動、離婚を経て遂に精神病院に入院するほどに至ったらしい。彼女は一九〇二年に東京府巣鴨病院（現在の東京都立松沢病院[14]）

に入院する。その後、彼女は長く入院し続ける。隆一は世間には波津子は死去したと説明したため、ごく一部の関係者以外は、波津子は入院後しばらくして死去したと信じていた。隆一は最後までそれを隠し通したまま一九三一年八月に死去する。波津子もその三か月後の一九三一年一一月に亡くなる。病院で三〇年近く過ごした後、最期の一か月は退院し、家族に看取られながら亡くなったようである。隆一と波津子について、周造・縫子夫妻が常々頼りにしていた周造の従兄（隆一の妹の息子）上野直昭（一八八二—一九七三）[15]の娘である上野アキはこのように述べている。

波津子さんの入院の費用などはどなたが出していらしたのですか、と縫子さんに伺ったことがあります。もちろんお父さま〔縫子の舅《しゅうと》・九鬼隆一〕ですよ。お父さまは最後まで波津子さんを愛していらしたから、というのが縫子さんのお答えでした。[16]

隆一が離婚を渋り、別居中も入院中も波津子の生活資金を隆一が出し続けたのはもしかすると愛のためなのかもしれない。記録に残っていないことも数多くあるので、彼らが錯綜した三角関係の中で何を思いながら生きていたのかはわからない。隆一・波津子・岡倉の間の恋愛はちょうど周造の少年期から思春期にかけて続き、隆一と岡倉の失脚と波津子の精神病院への入院という悲劇に終わった。後年の周造は「岡倉覚三氏の思出」にかつては複雑な感情を抱いていた岡倉を肯定できるようになったと記している。これを強がりとみるか本心とみるかは難しいところであるが、いずれにせよ幼い周造は穏やかな家庭生活ではなく、少年には抱えきれない情動と心の傷を与えられた。これは周造の人生に長く影を落としたかもしれない。長じて周造は恋愛と対立する概念である「いき」を論じた『「いき」の構造』と、恋愛を肯定する『偶然性の問題』を出版することになる。

学生時代の周造

両親と岡倉の騒動に振り回されながら、周造は一八九四年に高等師範学校附属学校（現在の筑波大学附属小学校）に入学する。先に引用した周造の随筆によると将来の夢は「陸軍大将」で、軍人ごっこをして遊んでいるような子どもだったという。一九〇〇年に小学校を卒業して高等師範学校附属中学校（現在の筑波大学附属中学校・高等学校）に進学する。この頃の周造は植物学者になりたかったらしく、「植物の採取は中学時代にはかなりほん気で、帝室博物館の植物主任S氏に指導して貰っていた[17]」とのことである。その後もヨーロッパ留学時代までは植物採取と標本作りには熱心で、大学卒業直後には理学部に入り直して植物学を研究しようと思ったこともあったらしい。一九〇五年に中学校を卒業して第一高等学校独法科に入学する。一九三七年に彼が『東京朝日新聞』に発表した随筆「一高時代の旧友」によると、この頃は外交官になるつもりだったとのことである[18]。この随筆も当時は住友別子鉱山専務で後に住友鉱業（現在の住友金属鉱山）初代社長となる三村起一（一八八七―一九七二）と当時は商工大臣で戦後は参議院議員、運輸大臣等を歴任する吉野信次（一八八八―一九七一）とに電報を送った話から書き起こされているが、一高時代の交友関係のおかげで周造には政治家・官僚・財界人の友人が多い。

周造は一年次末の試験で「歴史」の科目で及第点が取れず落第する。二回目の一年生を迎える前に彼は一高の名物ドイツ語教授として知られた岩元禎（一八六九―一九四一）の家を訪問する機会を得る。岩元からは落第したことを叱られる一方、ドイツ語の成績が良くなって三学期には一〇〇点だったことをほめられる。これに発奮した周造は勉学に励み、優秀な学生として頭角を示していく。この岩元の薫陶の結果、周造は法科から文科に移り、哲学を専攻することに決める。偏屈にして厳格で、多くの学生を容赦なく落第させた岩元であったが、最も優秀な学生だった周造とその同級生の岩下壮一（一八八九—一九四〇）を殊の外かわいがった。周造と岩下も岩元のことを終生慕った。最晩年の岩元はこの二人が自分よりも早く世を去ったことを悼んだ。危篤の床にある彼を二人の同級生であった天野貞祐（一八八四—一九八〇）が訪ねたとき、その枕頭には周造と岩下の写真が置かれ、天野には二人を哀惜する言葉ばかり語ったという[19]。

この一高で出会った岩下と天野は周造の生涯の親友となった。北浜銀行[20]頭取として関西財界を中心に活躍した岩下清周（一八五七—一九二八）[21]の息子である岩下壮一と周造とは、一高時代は接点が薄かったようだが、東大時代には共にケーベルらの下で哲学を学び、家族ぐるみで親しく交流した。周造と岩下の妹・亀代子[22]（一八九四—一九八四）の仲は親密なものとなり、当人たちや周囲の人物も結婚を意識するようになったようだが、これは実現せず、彼女は修道女となる道を選ぶ。

その頃、岩下君と私とは学問の話ばかりでなく、心の微かな動きまでも語り合った。『幼き耶蘇のテレジア童貞の自叙伝』はたしか岩下君から貰って耽読したことを覚えている。私がギボンズの『我等の教父たちの信仰』を探しているのを知って、岩下君は三才社かどこかにあったと云って私にその本を贈り物として呉れた。焼絵の草花の模様のついた鼠色のリボンが栞の代りに入れてあったが、「主よ我らに共にとどまれ」と墨で書いて「壮一」と署名してあった。（KSZ、五、一四五）

日本最初の本格的中世哲学研究者となることを期待されていた岩下だったが、元々敬虔なクリスチャンだったこともあり、ヨーロッパ留学中に司祭となった。帰国後は日本カトリック教会の指導者として活躍し、一九三〇年からは神山復生病院院長としてハンセン病患者のために尽力した。東大からは留学から帰国後にスコラ哲学の講座を立ち上げて欲しいと期待され、カトリック界からは東京大司教を打診されたが、いずれも断り、岩下は在野で近代日本のカトリック、社会事業、中世哲学研究に大きな足跡を残した。周造は岩下を深く信頼し、後述の家庭不和の際には妻の縫子の霊的指導を岩下に依頼している。彼は一九四〇年に岩下が早世した際に「岩下壮一君の思出」という随筆を発表してその死を悼んだ。

一方の天野は周造と一高で親しくなる。一高卒業後、天野は京都帝国大学に進学し、桑木厳翼（一八七四―一九四六）[23]らの下でイマヌエル・カント（一七二四―一八〇四）を研究する。第七高等学校や学習院で教鞭をとった後、戦中戦後の激動期に京都帝国大学教授、甲南高等学校校長、第一高等学校校長、文部大臣等の要職を歴任した。文部大臣退任後は母校である獨協学園再建に尽力し、獨協大学初代学長を務めている。哲学者としては一九三〇年に日本で初めてカントの『純粋理性批判』を全訳、出版したほか、『道理の感覚』（一九三七）で日本の軍国主義に警鐘を鳴らしたことで知られる。周造はこの実直なカンティアンを深く尊敬し、天野は真面目な研究者ではあるものの決して品行方正ではない年少の友人を常に支えた。長くヨーロッパに留学していたとはいえ、まだフランス語で著した講演録『時間論』しか出版された研究業績のなかった周造が京都帝大に就職できたのは天野の推薦があったからである。彼は天野について以下のように記している。

天野君が私の性格とはおよそ対蹠的な性格の持主であることは、同君の早寝早起と私の宵張朝寝坊にもおのづから現われているが、私は天野君によって真の友情の何であるかを常に教えられて来た。私が今日比較的順調な軌道を辿っているとすれば、その多くを天野君の一高以来変らない友情に負うているといってもいい。（KSZ，五，一〇六）

このように社会で活躍する学生時代からの友人にしっかりと支えられながら周造は生きていた。『偶然性の問題』で取り上げられる具体例の出典から察するに周造は『大阪朝日新聞』または『東京朝日新聞』を熟読しているのだが、おそらく友人たちの活躍を報じる記事を日々楽しみにしていたのだろう。彼は一九〇九年七月に第一高等学校を卒業し、九月に東京帝国大学文科大学哲学科に入学する。ケーベルに師事し、卒業論文では「物心相互関係」について論じたという。

先述のように岩下はカトリックの司祭であったが、天野もキリスト教思想家の内村鑑三（一八六一―一九三〇）から深く影響を受けた人物であり、最晩年にはカトリックの洗礼を受ける。周造もキリスト教に関心を持ち、東大在学中の一九一一年の六月に東京神田教会で洗礼を受けている。洗礼名はFranciscus Assisiensis Kuki Shūzō、アッシジのフランシスコ（一一八一／八二―一二二六）である。彼のカトリック信仰は、彼が留学中にポンティニーでの講演で哲学者としてデビューしたころには既に失われているようだが、一九三六年に『文藝春秋』に発表された「書斎漫筆」という随筆の中で青年時代に深い感銘を受けた本として『聖フランシスコの小さき花』が挙げられている。彼はこの随筆に「聖フランシスにはまやかしでない本当のものがある」[24]と記している。彼はアッシジのフランシスコの神への純粋で真摯な愛こそが「本当のもの」であると考え、自分の洗礼名にしたのである。そしてこのアッシジのフランシスコから岩下壮一と亀代子のことを思い出し、「こういう清純な記憶が私の頭の片隅か心臓の底かどこかに消えないで残っているのは、私にとって限りもない幸福である」と述べている。[25] 哲学者としての周造はキリスト教の立場では真の偶然性を把握することはできないと主張しているが、しかし人間としての周造は敬虔なクリスチャンに「本当のもの」を見て取っている。彼はまさに相反する二つの志向に引き裂かれているのである。

一九一二年七月に周造は大学を卒業し、九月に東京帝国大学大学院に入学する。成績優秀の特選給費生であった。翌一九一三年に大学院研究報告論文として「信仰と知識：中世紀に於ける信仰理性問題の歴史的発展」をドイツ語で執筆、提出したようで、その草稿が残されている。教父哲学からスコラ哲学までの歴史を信仰と知識を切り口に整理する論文で、後の彼の哲学とは大きく傾向を異にした、キリスト教と哲学の問題を哲学史的に検討する論文となっている。この後は一九二六年一二月の日付が打たれた『「いき」の構造』の草稿に当たる「「いき」の本質」まで、彼の研究論文、草稿等は残されていない。そして彼が学界にデビューするのはさらにその二年後の一九二八年のポンティニーでの講演まで待たねばならない。この時彼は既に四〇歳と相当な遅咲きである。和辻哲郎（一八八九―一九六〇）の『ニイチェ研究』（一九一三）など、同級生が大学卒業直後から研究成果を発表していく中、彼は二〇代から三〇代にかけて沈黙する。資料がないのではっきりしないが、「信仰と知識」と後年の彼の哲学との間の大きなギャップを見ると、彼が研究の方向性に悩み、どこかのタイミングで大きく方向転換したのであろうことは推測できる。

一九一七年に次兄一造（一八八四―一九一七）が死去する。一造は渡米してテキサスで大規模米作に取り組んだ後、ニューヨークで教育学博士を取得し、帰国後は文部省に勤務していた。この一造の未亡人となった縫子[26]と周造は翌一九一八年に結婚する。縫子の父は大阪商船（現在の商船三井）社長等として関西財界で活躍し、後に立憲政友会から衆議院議員となり、文相・商工相・内相を歴任した中橋徳五郎（一八六一―一九三四）である。母はゑつで、その父は肥料、銀行、海運、貿易などで数多くの企業を経営した関西財界重鎮の田中市兵衛（一八三八―一九一〇）である。[27] 官僚だった中橋は田中に見込まれて当時田中が務めていた大阪商船の社長の座を譲られ、そこから関西財界で重きをなすようになっていく。[28] それゆえに、ゑつの力が中橋家では強かったようである。そして意外なことに、このゑつが周造に惚れ込み、最大の支援者となる。縫子の弟である中橋謹二によると縫子と一造の縁談は九鬼家から中橋家に申し込まれたもので、彼女はもともと泣いて反対していたという。[29] 両親の説得に折れた縫子は一九一五年に一造と結婚するも、一年半で一造は亡くなってしまう。長男の隆一郎（一九一六―二〇〇三）はまだ一歳にも満たず、しかも当時彼女は次男の隆造（一九一七―一九四四）を妊娠中であった。中橋謹二によると当初彼女には周造と再婚する気はなかった。しかし周造に惚れ込んでいた母のゑつが彼女に周造と再婚するように強いた。縫子はまた泣いて反対するも母によって強引に周造と再婚させられたという。[30] この時周造がどのように思っていたのかは、記録が残っていないからわからない。しかし後述の周造の振る舞いを鑑みると、彼には兄嫁と結婚して二人の甥の父となることの意味があまりわかっていなかったように思われる。いずれにせよ二人は結婚する。当人がもともと望んではいなかった結婚であったけれど、二人の関係は悪くなかったと中橋謹二は語っている。[31] そして周造も、後に縫子から離婚を申し出られるまで、夫婦関係は良好だと思っていた。

ヨーロッパ留学

縫子との結婚は周造にとてつもない資金力を与えた。彼の長期のヨーロッパ留学や貴重な資料の収集、二〇世紀を代表する大物哲学者たちからの個人指導を可能にしたのは、ゑつに動かされた中橋家の惜しみない支援であり、つまりは当時の大大阪の巨大な富であった。一九二一年一〇月に彼は妻の縫子を連れてヨーロッパ留学に旅立つ。ホテル暮らしで、しばしば長期の旅行もしながら、優雅に滞在していたらしい。この後おおよそ七年半に渡る長い留学は彼に哲学者としての成功と家庭の破綻の両方をもたらすことになる。周造は出発からおよそ一年後の一九二二年一〇月からハイデルベルク大学に在籍し、新カント派を代表する哲学者であるハインリヒ・リッケルト（一八六三―一九三六）の冬学期の講義「カントからニーチェへ：現代の諸問題への歴史的導入」に出席したほか、リッケルトの自宅で『純粋理性批判』の個人指導を受けている。またこの二年後に東北帝国大学に赴任してヨーロッパへの日本文化の紹介者として知られるようになるオイゲン・ヘリゲル（一八八四―一九五五）からカントの超越論哲学入門を学んでいる。このころのハイデルベルクには友人の天野をはじめとして、周造とも親しかった哲学者で大正教養主義の中心人物として知られる阿部次郎（一八八三―一九五九）や、後に京大で同僚となるドイツ文学者の成瀬無極（一八八五―一九五八）、そして昭和前期の日本哲学の中心人物の一人となる三木清（一八九七―一九四五）など多くの日本人が留学していた。周造は翌一九二三年もリッケルトの夏学期講義「認識論と形而上学入門」と「芸術の哲学」、そして演習「直観概念についての演習」に出席している。このころの周造は新カント派に学んでカント研究に取り組もうとしていたようである。

しかし一九二三年八月から翌年の夏までは、アルプスで植物採集と標本作りに励んだり、チューリッヒに滞在してスイス旅行を楽しんだりと、一時大学からは距離を取っている。この後のパリ時代に周造が作成した短歌には、彼のカントの批判哲学に対するうんざりした心情が詠われている。[32] 長期のスイス滞在はカントの批判哲学に退屈した彼の学問からの逃避だったのかもしれない。

一九二四年の秋にパリに移り、一九二五年の一〇月からパリ大学文学部に在籍する。周造はパリには二回滞在するが、その際には主に当時の若手哲学者から個人指導を受けていたらしい。残されているノートを見ると[33]「ギトン氏」「モロオ氏」「コイレ氏」「サルトル氏」から指導を受けていたことがわかる。これらはおそらくカトリック哲学者で後にアカデミー・フランセーズ会員に選出されるジャン・ギトン（一九〇一―一九九九）、古代ギリシア・ラテン哲学を専門として後にボルドー第三大学教授を務めたジョゼフ・モロー（一九〇〇―一九八八）、哲学者・科学史家として日本でもよく知られるアレクサンドル・コイレ（一八九二―一九六四）、そして戦後フランスの哲学と文学に大きな足跡を残したジャン＝ポール・サルトル（一九〇五―一九八〇）である。[34]残されているノートはいずれもフランス語の走り書きメモだけであるが、基本的にはフランス哲学について当時の駆け出しの研究者たちと論じていたようである。このころに駐仏大使で国際連盟日本代表も兼務していた石井菊次郎（一八六六―一九四五）の紹介でアンリ・ベルクソンと面会し、彼から哲学について話を聞いている。[35]研究だけでなく、この頃の周造はおそらくよく遊んでいたのだろう、享楽的な短歌や詩歌を数多く作成し、匿名で『明星』に投稿している。中橋謹二によるとちょうどこの時期、一九二四年暮れから一九二六年二月くらいまで、縫子が一時帰国しているらしいので、妻のいない間に様々な女性と関係を持っていたということかもしれない。[36]文化の都パリを、周造は生涯こよなく愛した。

一九二七年四月には周造はフライブルク大学に移りエトムント・フッサール（一八五九―一九三八）とオスカー・ベッカー（一八八九―一九六四）から現象学の個人指導を受けている。そしてフッサールの自宅で『存在と時間』を発表して世界的な知名度を獲得し始めていたマルティン・ハイデガーと出会う。このころ既に現象学に新しい展開をもたらしつつある人物として知られていたハイデガーに注目していた周造は一一月からマールブルク大学に在籍し、ハイデガーの冬学期講義「カント『純粋理性批判』の現象学的解釈」とシェリング『人間的自由の本質について』の演習に出席する。[37] そしてそのまま翌一九二八年前半もハイデガーの夏学期講義「論理学の形而上学的な始元諸根拠：ライプニッツから出発して」とアリストテレス『自然学』の演習に出席する。ハイデガーの講義と演習は周造に強い印象を与えたようで、ここでハイデガーが論じたカント、フリードリヒ・シェリング（一七七五―一八五四）、ゴットフリート・ライプニッツ（一六四六―一七一六）、アリストテレス（前三八四―前三二二）はいずれも周造の哲学の発想の源として頻繁に参照される。

この後一九二八年六月に周造は再びパリに移る。彼がサルトルと会ったのはハイデガーと面識を持った後のことのようなので、サルトルからの個人指導はこの時期かもしれない。そして八月にポンティニー旬日懇話会[38]で二つの講演「時間の観念と東洋における時間の反復」と「日本芸術における「無限」の表現」を行い、『時間論』のタイトルで出版する。この論文はフランスでは評判を得たようで、[39] 論文を読んだベルクソンの弟子でグルノーブル大学の教授を務めていたジャック・シュヴァリエ（一八八二―一九六二）[40] がわざわざ周造を訪ねてきた。そのシュヴァリエのおかげで周造はもう一度ベルクソンを訪問する。二回目とあって、以前よりも打ち解けて会話をしたそうである。その後は周造がフランス語の小論考「日本におけるベルクソン」を雑誌『ヌーヴェル・リテレール』に執筆したこともあって、ベルクソンから手紙や写真をもらったという。[41]

「日本におけるベルクソン」では日本におけるベルクソン受容を紹介している。周造は、ベルクソンの哲学は新カント派の批判形式主義によって見失われかけていた日本人の「形而上学」への意欲を蘇らせ、我々をドイツの現象学とフランス哲学に向かわせたとまとめている。[42] これには周造の留学時代の研究の変遷が反映しているように思われる。おそらく彼はリッケルトについて新カント派のカント解釈を学ぶも、そこに形而上学がないように感じられて、不満を持った。パリでベルクソンの哲学に触れることで「ベルクソン氏は我々に「絶対を蘇生」させてくれた」[43]と感じた周造は哲学への意欲を取り戻した。そしてベルクソンの哲学がもたらした絶対を直観する哲学への関心は周造をフッサールやハイデガーの現象学とフランスの哲学へと導いていった。これがおそらく周造の留学時代の研究遍歴なのだろう。

京都帝国大学に就職

二度目のパリ滞在中の周造に天野から、帰国して自分の仕事の手伝いをしてほしいという趣旨の手紙が届いた。[44]この時、天野は京都帝国大学文学部哲学科の哲学史担当の助教授であった。一九二八年一二月に周造はヨーロッパを離れて、アメリカを経由して翌一九二九年一月に帰国する。アメリカではワシントンD.C.にて駐米フランス大使を務めていた詩人、劇作家、外交官のポール・クローデル（一八六八―一九五五）と面会し、アラン（一八六八―一九五一）の美学について話をしたという。そして一九二九年四月に天野の推薦で京都帝国文学部哲学科講師に就任する。講義では近世以降の西洋哲学史や、まだ当時の日本ではマイナーだったフランス哲学や、既に日本でも評判になっていたハイデガーの哲学を講じたほか、演習ではベルクソン『試論』やエミール・ブートルー（一八四五―一九二一）の『自然法則の偶然性について』などフランス哲学の重要文献や、同時代の現象学の最新文献の一つであるフッサールの『デカルト的省察』を精読している。しかし中井正一、桑原武夫（一九〇四―一九八八）[45]、澤瀉久敬（一九〇四―一九九五）[46]や野田又夫（一九一〇―二〇〇四）[47]など何人かは周造を慕う若手もいたものの、西田と田辺を中心に京都学派主流派が全盛期を迎えている中、周造の哲学はあまり顧みられず、演習の出席者も少なかったという。[48]縫子曰く周造は訥弁で、[49]桑原曰く「パリの本屋から「笑わぬ哲学者」という異名をおくられていたという噂[50]」になっていたとのことなので、若手研究者や学生には取っつきにくかったのかもしれない。

家庭破綻

縫子の一時帰国の間以外は、ヨーロッパでも夫婦共に暮らしてきた周造であったが、京大着任を機に学期中は京都で単身赴任をするようになる。京都での周造の女性関係は派手で、特に祇園の福一の中西きくえと関係が深くなる。一九三〇年には花街における精神性を解釈学の方法で分析して日本民族の生きかたを論じる『「いき」の構造』を出版する。彼のこれまでの経験と調査と思索の総括となる著作である。彼の遊びと研究の成果がこめられたこの本は、出版当時こそあまり反響を呼ぶことはなかったが、戦後に見直され、現在でも名著として名高い。しかしこの直後から彼はこれまでの遊びのつけを払わされることになる。一九三一年ごろから周造と縫子の長い離婚騒動が始まる。中西謹二は次のように語る。

> 離婚話が起こったのは滞欧から帰って、昭和六年くらい。隆一郎は十四、五歳になっていて、「子どもが大事か、亭主が大事か」と母親〔縫子〕をなじる。中西きくえ〔祇園の福一〕と周造が親しくなって、それに姉〔縫子〕が焼餅を焼いた。[51]

先述の通り次兄一造と縫子の間には隆一郎と隆造の二人の子どもがいた。長期のヨーロッパ留学の間、二人は縫子の実家である中橋家にあずけられていた。まだ一〇歳にも満たない二人は周造によって母親から長期間引き離されてしまった。周造と縫子のヨーロッパ留学は出資者である中橋家の理解の上で行われていたのだろうが、しかし隆一郎と隆造からすると急に叔父が母親と結婚し、はるか遠くに連れ去ってしまったように映る。子ども、特に隆一郎は怒る。中橋謹二はこのように回想している。

隆一郎〔上の方〕は、母〔縫子〕ももて余していたようだ。一応は理屈をつけて、当座は説き伏せられてしまう。なるほど、なるほど、というようなことを言うのだが、結論は、母に見捨てられて、あるいは母が義弟と結婚して、というようなことでは、自分たちがぐれるのは当然だ、というところに落ち着く。(52)

ここに周造の中西きくえとの関係が重なる。しかし隆一・波津子がなかなか離婚しなかったように、この周造と波津子も長い間、周囲の人間を巻き込みながら騒動を続ける。中橋徳五郎は西田を訪問して周造を東大に呼び返せないかと相談に行く。(53)また周造と縫子の両方を知る天野と阿部は両者の仲立ちとなって相談を受ける。先述の通り、周造は縫子に岩下へと霊的指導を受けに行かせている。しかし、全て上手くいかない。「阿部次郎さんに、息子〔隆一郎〕につくか、夫〔周造〕につくかは、あなた自身〔縫子〕が決めることだ(54)」と縫子は言われる。彼女は息子たちを選ぶ。「子供はちょうど年ごろの硬いことを言うさかり。〔周造と〕子供との板ばさみになって、阿部次郎さん、天野貞祐さんらの仲立ちで離婚ということに相成りました(55)」と縫子は語る。周造は一九三九年に離婚し、その年の五月ころにたまたま同じ列車に乗り合わせた岩下にその事実を告げている。(56)これが周造と岩下との間の最後の会話になった。

二人の子どもの面倒を周造は見なかったし、しかも縫子と息子たちを引き離した。その上で祇園の福一の中西きくえと関係を持った。一般的に言って、家庭不和ゆえの離婚となって致し方ないし、誰に非があるかと言えば周造であるように思われる。しかし縫子からの離婚要求は、周造にとって青天の霹靂だった。小浜善信によると次のような周造の未刊行書簡の草稿が残されている。

こんどのことはお縫の心底の本心から出たとは僕にはどうしても考えられない。理由を聞いた時にも『子供がだんだん離れて行ってしまうから』と言ったが、全く僕と子供との間の板挟みになった窮余の思い付きに過ぎないと思う。然し僕としては一方では番町のママ[57]と武一氏[58]とから是非離縁をと言って迫られる。他方、お縫自身には僕はなお望みをつないでいたのであったが、板ばさみに成らないように僕が全部譲歩するし、すべての生活状態をお縫の気がすむように改めるから、もう一度思い直してくれないかと頼んでも、その余地はどうしてもないとお縫自身の口から言った。それで僕はどうにも致方なく、止むを得ず、申出でに対して同意の内諾を与えたのであった。もちろん内諾を与えただけであるからお縫はまだ依然として僕の妻だが、法律上の手続きを取ってしまえば妻ではなくなるわけになる。……[59]

驚くべきことに、周造は縫子が自分との離婚を本心から求めているとは思っていなかった。彼は母親として子どもとの関係悪化に苦しむ縫子の立場を理解できなかったようだ。特に「お縫はまだ依然として僕の妻だが」と強調しながら書いている部分からは縫子への強烈な未練が感じられる。また未刊行の短歌ノートに以下のような離婚騒動の短歌も記している。

憎からず思へる妻に別れぶみつきつけられてさすが惑へり
弁護士が勝手な文句かきつらね印を捺せよとわれに〔ひたに〕迫りぬ
今日までの妻よそびとになりしかな縁たち切るふみに印おす
いささかは哲学などもまなびたりへその底より笑ひても居り
ふるさとも妻も子もなしわが骨は犬のくはえて行くにまかせん
弁護士即三百代言なりといふ事実見せられ驚きもせず（KSZ，別，一六三―一六四，強調原文）

彼は彼なりに縫子を愛していたし、縫子からも愛されていると思っていた。それは半面では正しかったのかもしれないが、しかし家族という小さな共同体は夫婦の愛だけでは成り立たない。周造は共同体の何たるかを理解していなかった。何をすると、あるいは何をしないと家族が壊れてしまうのか、彼はわかっていなかった。子どもと親の関係について、彼は考えが及んでいなかったのだ。天野、阿部を仲立ちに、長い長い議論の末に、最後には弁護士が形式を整えて、離婚届に判が押される。「ふるさとも妻も子もなしわが骨は犬のくはえて行くにまかせん」と周造の深い孤独感が詠われる。縫子との離婚は、資金源だった中橋家から遠ざかることも意味する。後述のように彼は中橋家からの金銭的支援を晩年まで何らかの形では受けていたようであるが、しかしこの彼は周造に金銭的不安をもたらすものでもあった。

彼は一九三七年ごろ執筆の未発表随筆「東京と京都」で以下のように記している。

私は京都へは一人で行っているから世間的には殆ど煩わされることなく静かな学究としての生活にひたり

込むことができる。同僚たちは、もとより十人十色の性格を有っているが、根底に於てはみな誠実な善良な聡明な人たちばかりである。飛入り者の私はさすがは最高学府だなとつくづく感じることがある。それらの同僚たちの間で学問に没頭する私にとっては京都はまことに静かなところである。それに反して東京へ帰ると私は家庭の人間となり、複雑な近親関係の中に身を置くことによって計らぬ煩わしさや悩みが生じてくる。そこには必ずしも誠実と善良と聡明を予期することはできぬ。また各種の方面の人たちに接する機会もおのづから起ってくるので実社会の学問をする。陋劣なもの、矮小なもの、冷酷なもの、愚鈍なものを目のあたり見ることも稀れではない。私が腹を立てたりそれを押えたりするのは主として東京である。私は東京にいる間は世の荒波ということを明かに意識する。そして

Es bildet ein Talent sich in der Stille,
Sich ein Charakter in dem Storm der Welt.

というゲーテの『タッソー』の中の句を私は京都の生活と東京の生活とにあてはめたい気がする。それはもちろん私の特殊な生活事情がそうさせるのである。「才能」にとっては京都の生活が願わしいが、「性格」にとっては東京の生活も欠き難いというのが私の真実である。(五、一九二―一九三)

家庭事情の複雑さに苦しむ周造と、しかしそこにこそ自分の性格を見出す様が述べられている。ここで彼が「同僚たちは、もとより十人十色の性格を有っているが、根底に於てはみな誠実な善良な聡明な人たちばかり」で

「京都はまことに静かなところ」と記していることも見落とすべきではない。西田と田辺の深刻な対立や三木清の京大就職内定が土壇場で取りやめになった事件が示しているように、京都学派の人間関係は相当にシビアだったはずだ。それでも、彼には家庭生活の辛さと比べると、職場の人間関係はあまりに平隠であると思えたのだろう。彼の経歴とこの記述を踏まえるならば東京での波乱の家庭生活こそが周造の偶然性の哲学の根底を形作っているといっても過言ではない。家族という共同体から放逐されかけた周造は『「いき」の構造』でそうしたように民族という共同体の存在を当然のものとして論じることはできなくなる。留学中にも抱いていた「偶然性」への関心は一層切実なものとして彼に迫ってくる。一九三二年には博士論文「偶然性」を京都帝国大学に執筆して文学博士となり、翌三三年には助教授に昇進する。そして哲学哲学史第四講座の教授を務めていた天野が和辻の東大転出の都合で倫理学講座の教授に移った後、一九三五年に周造は天野の後任として哲学哲学史第四講座の教授となる。この講座は西洋哲学史を担当する。同じ年に『偶然性の問題』を出版し、彼の偶然性研究は一つの節目を迎える。彼は波乱の東京に根ざしながら、京都で静かに偶然性と永遠回帰がおりなす壮大な哲学を構築した。離婚騒動の渦中にある周造の哲学の課題は偶然的で孤独な実存が他者と邂逅する道筋の探求であった。これは共同体から放逐された孤独な実存が他者と向き合い、もう一度共同体を立ち上げ直そうとする試みである。まさに周造が現実で直面していた課題と重なる。本書では九鬼周造の哲学における共同体再建への闘いを哲学的な側面から見ていくこととなる。

『偶然性の問題』の出版後の周造は偶然性研究の他にも詩歌論、日本精神論等も発表していく。彼は『偶然性の問題』で邂逅の問題に答えを出し、共同体を再び論じることができるようになった。そして、孤独な実存のあり方だけでなく、日本の文化についても再び論じるようになった。『偶然性の問題』で基礎固めされた後、周造の哲学の新しい展開が見え始めていた。この成果は一九三九年の論文集『人間と実存』や没後一九四一年に出版される『文藝論』に結実する。雑誌や新聞等で発表していた随筆と詩歌も、没後に天野貞祐、中井正一らの尽力によって一九四一年の随筆集『をりにふれて』(遠里丹婦麗天)と一九四二年の詩歌集『巴里心景』として出版されていく。この二冊の装丁は周造の親友で画家・美術史家の児島喜久雄(一八八七―一九五〇)が担当した。これらの後期の文章には『偶然性の問題』までとはいささか異なる立場の主張も見えるようになる。日中戦争が始まり、総力戦体制へと統制が強まっていく中、彼の主張もナショナリスティックな色を帯びる。この側面も本書は見逃さない。

死去とその後

縫子との離婚後は以前から親しくしていた中西きくえと事実婚状態となり、共に暮らす。中西が周造の晩年の暮らしを支え、死後は同じ墓で眠ることとなる。しかし周造と中橋家との縁が完全に切れたというわけではないようで、彼が精魂込めて自分で家や庭の様々な部分を設計しながら一九四〇年四月に山科に建てた新居の費用は、離婚後だったにもかかわらずゑつが出している。[60] また彼の臨終の場面や葬儀には近親者も立ち会っているようである。[61] 一九四一年四月にガンに由来する腹膜炎で入院した周造は五月六日の午後一一時五〇分に五三歳で死去する。彼は大勢に見送られ、法然院境内の墓に葬られる。墓石の文字は西田幾多郎の手になるが、西田はそれを揮毫したすぐ後に亡くなったため、彼の絶筆となった。

周造の没後の遺品や印税の処理、遺稿の出版等は遺言で委託されていた親友の天野が担当した。蔵書は当時天野が校長を務めていた甲南高等学校(現在の甲南大学)に一九四三年に収められ、今も九鬼周造文庫として保存されている。彼の著書の印税等は中西が受け取るように天野は差配したようだ。その後、京大での哲学史講義ノート『西洋近世哲学史稿』の上巻が一九四四年に、下巻が一九四八年に、また『現代フランス哲学講義』が一九五七年に出版された。これらは哲学史学習の基本書として長く愛読された。一九六六年には澤瀉によって『偶然性の問題』の仏訳*Le problème de la contingence*が東京大学出版会から刊行される。この本はフランスでも注目されたようでソロボンヌ大学教授を務めた当時のフランスを代表する哲学者のジャン・ヴァール（一八八八―一九七四）が雑誌『形而上学道徳雑誌』に書評を執筆して内容を紹介している。[62]そして一九八〇年三月の天野の死の八か月後、『九鬼周造全集』の刊行が始まる。生前周造は、自分は四〇年後に知られるだろうと縫子に言っていたという。[63]本当に彼の死の約四〇年後に全集が出版され、その哲学の全容が知られるようになっていった。

九鬼周造の哲学と人生

「生きた哲学は現実を理解し得るものでなくてはならぬ[64]」は周造が『「いき」の構造』の冒頭で掲げたモットーであったが、それは彼の哲学全体を貫くものでもあった。では周造における「現実」の生の課題とは何であったか。私は親子二代にわたる家庭の不和がその最も大きなものだったと思う。隆一・波津子・天心の騒動は結果として周造少年を家庭から遠ざけ、孤独にさせた。これによって生じた心の傷は大きかったのではないか。長じて二人の甥の義理の父となった周造は彼らから母を奪ってヨーロッパへと去ってしまう。周造は父に与えられた傷を同じように息子たちに与えてしまう。そして家庭破綻の悲劇が繰り返される。女性関係の派手さ、職場での意外に低い評価など、周造は父の歩いた道を同じようにたどり、悲劇を繰り返す。ここに彼の哲学の根底的な問いを見て取るべきだと私は考える。近代の個人主義に生きた周造は家庭の破綻によって中井の言う「おたがいにわかりあえない恐るべき「孤独」に」直面し、人間の限界を目撃した。周造が人生の中で経験したコミュニティの破綻と再建という課題に彼は哲学の中でも向き合っている。そして彼は近代に人間であることの意味を、中井とは別の仕方で表現したのである。

最後に一点だけ弁明して次章に移ろう。ある哲学者が作り出した哲学の構造と価値を論ずるに際して、その哲学者が何者であったかを知る必要はない。哲学の意義を哲学者から切り離して検討することは可能である。しかしその哲学が哲学者の生きた時代やその生涯と無縁であることは決してない。時代と社会の中に哲学者は生きている。常にその影響を受けながら哲学は形成される。哲学は、その哲学者がその時代を生きるために編み出した指針である。九鬼周造と独立の物として彼の哲学を研究することは可能であるが、しかし周造の生きた時代とその生を、たとえ簡単にであっても、知っているからこそ私たちに見えてくるものがある。そして何より、具体的な現実を捉える学問を模索した九鬼周造の哲学を研究するのに、彼が人生で直面した現実に全く言及しないというのは、周造に対して、そして本書の読者に対して、不誠実な行為であると私には思えるのである。[65] 本書のここから先で展開される九鬼周造の哲学を理解するに際して、この「九鬼周造小伝」の内容は必須ではないし、むしろ雑音であると、あなたは考えるかもしれない。しかし哲学は人生の一部であり、人生を切り離した哲学は、具体性を欠いた抽象的なものであると私は考える。私はただ純粋に彼の哲学を鑑賞してもらいたくはない。本書の目標は九鬼周造がその生涯から紡ぎ出した生の哲学、あるいは人間学を表現することである。それはあなたが記した彼の人生のエピソードをしばしば頭によぎらせて、情動を揺り動かしながら本書を読んだときに達成するだろう。

第一章　トリロギーとデュアリズム——九鬼周造の人間学の破綻

天野貞祐は第一高等学校で九鬼周造と出会う。もともとは獨逸学協会学校中学校（現在の獨協中学校・高等学校）で野球選手として活躍していた天野だったが、ケガや病、母を失った失意等のためにしばらく学業を中断していた。その後、彼は内村鑑三の著書を読んで立ち直り、中学校に復帰、卒業し、高等学校に進学する。それゆえに天野は九鬼よりも四歳年長であった。長身で美貌、もの静かなのにどこか危なっかしい九鬼と天野は不思議と気が合う。二人の友情は長く深く、九鬼が思いがけず早世した後も、天野が九五歳でその生を全うするまで続いた。それは一般的な友情の範囲をはるかに超えるもので、天野は九鬼とその家族を文字通り公私ともに支え続けた。京大就職、離婚騒動の決着、死後の蔵書や印税の処理、そして『九鬼周造全集』の出版に至るまで、九鬼の人生の重大事の多くは天野の助力によって実現したものである。天野は九鬼のことを最もよく理解していた人物の一人であった。九鬼も天野に全幅の信頼を置いた。天野は九鬼の死の衝撃と悲しみの中で九鬼の遺著『をりにふれて（遠里丹婦麗天）』の「後語」を記す。強固な友情にはお世辞も甘やかし必要ない。天野は九鬼の哲学と人生の問題を的確に指摘する。

彼は普通の意味で人生の幸福は知らなかったかもしれない。彼の生涯には嘗て幸福の光は照さなかったかもしれない。彼が常人であったならば幸福の道は幾筋も眼前に横わっていたとも云える。けれどもその普通の幸福に生きるには彼はあまりに強い矛盾を蔵した人であった。極端に理性的であって同様に極端に感能的である。一方には享楽に惑溺しながら同時に他方には純粋理論の研究に精進努力する。理性と感能とのこの両極端が彼においては何の矛盾もなく両立するものの如くであった。神に酔うが如き崇高な考を有つと同時に極端に感性的な激情と衝動とに支配されることもなかったわけではないかもしれない。斯ういう性格の矛盾は決して幸福を将来する所以ではない。彼の生活のあらゆる美点もこの矛盾の雲に蔽われては幸福の光を浴びることはできなかった。華やかでしかも寂しく、豪奢でしかもつづまやかに、恭敬にしてしかも放胆に、幸福にしてしかも不幸に、矛盾の生活を生きたこと彼の如きも稀れであろう。(KSZ, 五, 一五四—一五五)

九鬼の問題は「あまりに強い矛盾」である。「理性的」と「官能的」、「享楽」と「純粋理論」に引き裂かれた「華やかでしかも寂しく、豪奢でしかもつづまやかに、恭敬にしてしかも放胆に、幸福にしてしかも不幸」な性格は彼の生活だけでなく、その哲学にも同様に当てはまる。むしろ、引き裂かれた暮らしが彼の哲学に反映されているといった方が正確だろうか。鮮やかで親しみやすい『「いき」の構造』と地味でとっつきにくい『偶然性の問題』、永遠回帰と偶然の瞬間、静的な必然性への憧憬と動的な偶然性の称揚、つまりは静と動、あるいは理と情の間で九鬼の哲学は揺れ動いている。それが様々な形で現れ、それぞれに解決を見るも、また別の問題として再登場する。ありとあらゆる場面で九鬼は静と動の間に迷い続ける。ある時は理に肯い、別の時は動に同意する。哲学、日本精神論、文芸論などを通じて迷い、逡巡し、答える。それはらせん構造のように、繰り返しながら少しずつ進んでいく。この過程を本書ではたどり直す。静的な理と動的な情に引き裂かれた近代人の哲学的冒険は今に生きる私たちが直面する日々の生活の困難とその立ち向かい方と地続きであると私は考えている。本書は生活の手触りを残した哲学を目指すものである。

この第一章では九鬼の哲学の見取り図を大まかに描き、彼の抱えていた問題とその経緯を示す。ここで注目するのは彼の思考の根底にあるトリロギー（三分法）とデュアリズム（二元論）である。これは坂部恵が九鬼の哲学の現代的意義を示した記念碑的著作『不在の歌——九鬼周造の世界』を通じて強調して以来、彼の哲学の特徴として一般に認識されている。[1] 確かに、それは彼のテキストを少し読めば一目瞭然なのだ。そこかしこにトリロギーが用いられ、いたるところにデュアリズムが姿を見せる。この序論では坂部の研究からさらに踏み込んで、このトリロギーとデュアリズムの九鬼の哲学における関係、位置づけ、その役割を明らかにする。結論を先に言ってしまうと、彼の基本的発想は「トリロギーで平行線のデュアリズムを支える」である。

九鬼周造のトリロギー：「三つのしん」

まずはトリロギーを確認しよう。坂部も参照するように、九鬼のトリロギーを最初に指摘したのは彼から直接フランス哲学を学んだ野田又夫である。野田は岩波書店の雑誌『思想』の一九八〇年二月号の「思想の言葉」に次のように記している。なお、野田は九鬼のことを先生と呼んでいる。

先生の人間論はプラトンやデカルトやメーヌ・ド・ビランに通ずるものである。人間精神に欲望・気力・理性の三層を認める考えであり、身体にあてていえば腹・胸・頭の別にあたる。この考えは『「いき」の構造』では「いき」の定義内容である媚態・意気地・諦めに現われている。遊里の男女の生において人間全体の表現を再認されたのである。また戦時中「日本的性格」として自然・武士道・諦念の三つを挙げ、それぞれを神道・儒教・仏教に配せられたのも同じ考えから出ている。われわれの受けた印象では、当時の他の論者に見られない公平な、日本精神論だった。日本の伝統の中に人間性の全体の表現を認め、だからこそ世界精神と矛盾するはずないと結論されていたと思う。(2)

野田と坂部が参照しているのは『「いき」の構造』や「日本的性格」(一九三七)といった日本精神論であるが、九鬼のテキストにおいてこの「欲望・気力・理性の三層を認める考え」が端的に示されているのは彼の論文集『人間と実存』の巻頭に置かれた「人間学とは何か」(一九三八)である。

人間学が人間を如何なる角度から見るとしても、人間に三つの相の存することだけは一致して肯定しなければならない点であろう。人間は第一に自然的人間(homo naturalis)として肉体と心との合一である。第二に歴史的人間(homo historicus)として歴史を創造する。第三に形而上的人間(homo metaphysicus)として絶対者に接触する。この三つの相は如何なる人間に於ても必ず見出されるところの本質的規定である。

(KSZ, 三, 一八, 強調原文)

その上で九鬼はこのトリロギーをメーヌ・ド・ビラン(一七六六—一八二四)の「動物的生活」「人間的生活」「霊的生活」やブレーズ・パスカル(一六二三—一六六二)の「身体」「精神」「愛」さらにはアウグスティヌス

表1　三つのしん（筆者作成）

『「いき」の構造』（1930年）	媚態	意気地	諦め
「日本的性格」（1937年）	自然	意気	諦念
「日本的性格」（1937年）	神道	儒教	仏教
「風流に関する一考察」（1937年）	自然	耽美	離俗
「人間学とは何か」（1938年）	自然的人間	歴史的人間	形而上的人間

（三五四―四三〇）の「肉体に於て」「それ自身に於て」「神の許に」に重ね、さらに同じものはプラトン（前四二七―前三四七）、アリストテレス、果てはインド哲学や朱子学にも見られると説く[3]。九鬼はあれこれ引用しているが、その一つ一つに細かく注意を払う必要はない。彼はここで「自然」「歴史」「形而上」の三分割を主張しているだけである。それでも確認しておくべきはプラトンの魂の三分説[4]を参照することで「自然的人間」の相を「死滅的で、しかも低い心」の「情欲」、「歴史的人間」の相を「死滅的であるが高い心」の「意気」、「形而上的人間」の相を「不死的な理性」と特徴づけている点である。つまり人間は自然的・歴史的には死すべき定めにあるが、形而上的には死なないのである。このようにトリロギーの中には九鬼の思考の大きな課題の一つである物質と観念の統一の問題が「死滅的」「不死的」の対立として埋め込まれている。つまり彼の哲学のそこかしこに「死」と「不死」の二元の対立を含み込んだ「物質・身体的なもの」「観念・精神的なもの」「形而上的・超越的なもの」のトリロギーが見られる[5]。野田はそれを「欲望」「気力」「理性」と呼んだが、本書では彼が列挙して事例を踏まえて「身」「心」「神」の「三つのしん」と呼ぶことにしたい。

この「三つのしん」がその典型的な姿を示すのはすでに述べた『「いき」の構造』「日本的性格」「人間学とは何か」であるが、それに加えて、「風流に関する一考察」（一九三七）で論じられた風流の三要素「自然」「耽美」「離俗」もわかりやすい[6]。これらの「三つのしん」を表1にまとめてみよう。

この「三つのしん」には二つの特徴がある。一つは『「いき」の構造』「風流に関する一考察」「日本的性格」といった日本精神論に登場することである。[7]「人間学とは何か」は一見すると日本精神論ではないが、この論文で九鬼が『古事記』と『日本書紀』で語られる日本の神話を人間学の理論の模範例として頻繁に参照していることは、彼が日本精神論こそが人間学であると考えていたことを示唆している。[8]つまりこの「三つのしん」は人間の三つの相であると同時に日本精神の三つの相でもあるのだ。

そしてもう一つは、この「三つのしん」は九鬼の哲学者としての活動期間の初期と後期に現れることである。ヨーロッパ留学中に執筆された『「いき」の構造』の初期稿である一九二六年の「「いき」の本質」にも、出版されたバージョンに見られるものとほぼ同じ「嬌態」「意気地」「諦め」のトリロギーが見られるので、この「三つのしん」は留学中から帰国直後、そして九鬼の短いキャリアの後期に現れるといえる。ではその中間期には九鬼は何をしていたのか。それは一九三五年の『偶然性の問題』に結実する偶然性研究である。[9]つまり彼は偶然性の研究に精力的に取り組んでいた時期には日本精神論を執筆しておらず、そして「三つのしん」も登場しないのである。これはどういうことだろうか。それを理解するためには日本精神の三つの相である「三つのしん」の役割を明らかにしなければならない。そのために、次節では「わが民族」の「生き」として「三つのしん」が初めて論じられた『「いき」の構造』を紐解こう。

トリロギーで平行線のデュアリズムを支える——九鬼周造の「生き」ること

まずは『「いき」の構造』における有名な「いき」の定義を確認しておこう。

我々は最後にこの豊かな特彩をもつ意識現象としての「いき」、理想性と非現実性とによって自己の存在を実現する媚態としての「いき」を定義して「垢抜して（諦）、張のある（意気地）、色っぽさ（媚態）」と云うことが出来ないであろうか。（KSZ、一、二三、強調原文）

ではこの「媚態《びたい》」「意気地」「諦め」は何であるか。この問いに対する答えは二つある。第一の答えは、前節で見てきた通り、人間の三つの相である。「媚態」は異性への欲望、「意気地」は理想を尊ぶ気高い精神性、「諦め」は諸行無常を知った宗教的な悟りの境地を指す。それゆえ「媚態」「意気地」「諦め」は「身」「心」「神」の「三つのしん」に当てはまる。しかし「いき」は単にこの三つの相が揃えばよいのではない。この三つの相には自己と他者の間に平行線のデュアリズムを保つという目的がある。

九鬼は「第一の「媚態」はその基調を構成し、第二の「意気地」と第三の「諦め」の二つはその民族的、歴史的色彩を規定している」[10]と述べる。つまり身体的な欲望としての「媚態」が「いき」の三つの相の中でも第一に来る。その「媚態」の定義は「一元的の自己が自己に対して異性を措定し、自己と異性との間に可能的関係を構成する二元的態度」[11]である。要するに異性間において二人の距離が接近しつつも交際には達しない「つかず離れず」の関係を保つということである。彼はこのつかず離れずの平行線のデュアリズムを保つことを「媚態の原本的存在規定」としての「二元的可能性」とみなす[12]。後に全面展開される彼の偶然性の哲学においても「可能性」は現実となり得るけれど、現実ではないものを指す。恋愛に達しうるけれども達しない、つまり出来事が起こる手前の高揚感こそが「いき」の核心である。

ただし、くれぐれもここで思春期の初々しい恋愛のようなものをイメージしてはならない。「いき」は花街という「昼の街」から区別された「非現実的な」空間において形成された精神とされる。お大尽（その多くは十分な収入と社会的地位がある男性である）に末永くご贔屓にしてもらうためのシステムが「いき」である。遊女のことをしばしば傾城と呼ぶが、男が本気で遊女にのめりこんで身代を持ち崩されてしまうと、お客が減ってしまう。ゆえに遊びに本気になられてはいけない。同様にお大尽も遊女にのめり込み過ぎてはならない。店が傾き、仕事や家庭が破綻してしまうと元も子もない。しかし、お店としてはもちろん、お大尽に飽きられてもいけない。お大尽も遊びをやめたくはない。それゆえに「媚態」にはつかず離れず永続的に平行線に象徴されるデュアリズムの可能性を保つことが求められる。ただし、そのような商業的・家庭的な理由を前面に出しては興ざめだ。ゆえに商業的理由とジェンダー的問題をすべて糊塗する「いき」という理念が立てられる。それは「可能性を可能性として終始せしめようとする」[13]ことによって花街の出来事をあくまで仮想的な存在に留め、現実から隔離するのである。[14]その性格を徹底するものとして「意気地」と「諦め」の二つの相が登場する。

「意気地」は「江戸文化の道徳的理想」であり、「異性に対して一種の反抗を示す強味」によって「武士道の理想」を実現し、媚態を「霊化」するものである。[15]要するに簡単には欲望に屈しないという意地っ張りな態度のことであるが、九鬼はそれを江戸期の武士の道徳的理想と結び付けることで、「意気地」を「いき」の理想化作用とみなす。そしてそれは「畢竟、自由の擁護を高唱するに外ならない」[16]とまとめる。なぜこの「意気地」が自由を擁護しているのかというと、双方をかけがえのないパートナーとする真剣な恋愛は束縛を伴う「現実的必然性」[17]であるが、一方の「いき」は「恋の束縛に超越した自由なる浮気心」[18]であり、「超越的可能性」[19]にあたるからだ。恋によって束縛しあった状態を九鬼は一元化した状態と考える。そして浮世離れした花街での遊びにおいて現実のくびきを逃れ、自由なデュアリズム的関係に遊ぶことが「いき」である。それが「現実」の恋に転落して一元化してしまわないようにするために「意気地」は意地を張らせる。

もう一つの「諦め」は「運命に対する知見に基いて執着を離脱した無関心[20]」であり、花街で長年生きた女性が「恋の実現に関して幻滅の悩み[21]」を幾度も経験した先に至る解脱の境地とされる。それは「仏教の非現実性を背景[22]」とした「現実に対する独断的な執着を離れた瀟洒《しょうしゃ》として未練のない恬淡無碍《てんたんむげ》の心[23]」であり、「いき」を「純化[24]」し、「却って媚態そのものの原本的存在性を開示[25]」させる非現実化作用であると九鬼はいう。この「諦め」は恋愛への諦めであるから、「意気地」と相まって恋愛の「現実的必然性」を退けて「いき」の「超越的可能性」を可能にし、媚態の平行線のデュアリズムをそのままに保たせるのである。

このように九鬼は「いき」の基体である「媚態」を「意気地」によって道徳的に理想化し、そして「諦め」によって宗教的に「非現実化」することで媚態の平行線のデュアリズムとしての「自己の存在を実現」するのだという。彼自身の言葉も確認しておこう。

要するに「いき」とは、わが国の文化を特色附けている道徳的理想主義と宗教的非現実性との形相因によって、質料因たる媚態が自己の存在実現を完成したものであると云うことが出来る。（KSZ、一、二三）

以上から『「いき」の構造』における「媚態」「意気地」「諦め」の「三つのしん」は質量因である「身」を道徳的形相因「心」と宗教的形相因「神」によって洗練し、平行線のデュアリズムという自己の存在を実現させるものであるということができる。『「いき」の構造』の後半「「いき」の自然的表現」と「「いき」の芸術的表現」ではデュアリズムの記号的表現、つまり平行を象徴する記号が「いき」の表現であるとして、九鬼はあらゆる

「いき」の表現を列挙する。特に「いき」な着物の柄として縦縞が挙げられていることを思い出そう。[26]「いき」の定義は「媚態」「意気地」「諦め」のトリロギーであるから、トリロギーを象徴する記号が「いき」なものとして挙げられてもおかしくないように考えてしまう。しかし「三つのしん」のトリロギーは平行線のデュアリズムを支えるための手段であり、第一に表現されるべき理念は不変で永続的な平行線のデュアリズムなのである。

これで「媚態」「意気地」「諦め」は何であるかという問いに第一の答えが示された。続いて「いき」の存在論の方面からこの問いにアプローチしてみよう。それは「意識現象」であり、「理想性と非現実性とによって自己の存在を実現する媚態」と述べられている。要するにこれは「理念」である。この点についての記述は『「いき」の構造』の「序」にある。

> この書は雑誌『思想』第九十二号および第九十三号（昭和五年一月号および二月号）所載の論文に修補を加えたものである。
>
> 生きた哲学は現実を理解し得るものでなくてはならぬ。我々は「いき」という現象のあることを知っている。然らばこの現象は如何なる構造をもっているか。「いき」とは畢竟わが民族に独自な「生き」かたの一つではあるまいか。現実を有りの儘に把握することが、また、味得さるべき体験を論理的に言表することが、この書の追う課題である。（KSZ，一，三）

「いき」は「生きた哲学」によって把握される「現実」、「意識現象」、「わが民族に独自な「生き」かた」、そして「味得さるべき体験」なのである。「一　序説」ではさらに「存在」でもあるとも述べられる。[27] 九鬼が様々な言葉で言い換えるのでわかりにくいが、まとめると「いき」は意識に現れる「わが民族」の「生き」かたの理念なのである。その「わが民族」の理念としての「いき」は同時に「有りの儘」の「現実」とされる。「いき」は理念であり、ただちに現実なのだ。これは一見すると奇妙なことに思えるが、先に確認した「いき」のトリロギーとデュアリズムを思い出せば、この矛盾する定義も理解できる。「いき」は「媚態」という質量因を「意気地」と「諦め」という形相因によって徹底し、平行線のデュアリズムに象徴される静的な二者関係を保つことである。そしてそれは花街という「仮想的」に位置づけられてしまう空間における人間関係や様々な表象において非現実的な現実として実践されてきたのである。「いき」は「仮想的」に位置づけられてしまう空間における現実であり、かつ理念である。九鬼はこれを敷衍し、「三つのしん」によって平行線のデュアリズムを支え、心の内に波風の立たない静かで永続的な関係を保つことこそが日本の民族の、そして人間の生の理想と現実であると考えた。

このような「いき」という「わが民族」の理想と現実があるにもかかわらず、それが忘れられてしまっていると彼は批判する。

かように意味体験としての「いき」がわが国の民族的存在規定の特殊性の下に成立するに拘わらず、我々は抽象的、形相的の空虚の世界に堕して了っている「いき」の幻影に出逢う場合が余りにも多い。(KSZ一、八〇)

現にあるものは「いき」の幻影ばかりで、本当の「いき」はほとんど忘れられていると九鬼は主張している。

『「いき」の構造』の出版から九〇年以上を経た現在では、彼が論じたような「いき」に出会うことは最早ほとんどない。私たちが普段目にする「いき」の用例は少し気の利いた振る舞いを「粋な計らい」と称賛するぐらいである。

九鬼の「いき」についての議論運びにはなるほどと納得しそうになる。実際、多くの人が『「いき」の構造』の鮮やかな議論運びに説得され、「媚態」「意気地」「諦め」のトリロギーと平行線のデュアリズムこそが「いき」であると認めてきた。しかし、彼の「いき」論を素直に受け入れても良いのだろうか。ここまで彼が論じてきたような「いき」を現在私たちが目にしないのは、日本人が「いき」を完璧に忘却してしまったからというよりはむしろ、彼の議論に問題があるからではないだろうか。

私たちはこのトリロギーが九鬼の思考のスタイルであり、「いき」以外の日本精神論と人間学論にも登場することを知っている。このトリロギーと平行線のデュアリズムによって構成される「いき」は、彼が江戸期の文化を中心とした大量の事例を彼自身の認識フレームによって分析することによって抽出された恣意的なものではないだろうか。色あせてしまった意識現象としての「いき」が現在の私たちにあるのではない。そもそも彼が論じたような「いき」は「抽象的、形相的の空虚の世界」以外のどこにもなかったのではないか。先の引用は彼自身に最も深く突き刺さる。『「いき」の構造』は幻影を描いた失敗作であり、これで「現実」の生を捉えたことはない。これは「非現実」な空間として排除された位置に置かれた花街における商業の論理と男の欲望を江戸期の文化で覆い隠した「建前」を彼が自身の思考の型に押し込めたものに過ぎない。もっとはっきり言ってしまおう、理想主義という固い言葉で糊塗しているが、『「いき」の構造』はファンタジーとノスタルジーの論理である。決して現実の論理ではない。現実には「いき」の幻影さえも本当は存在しない。それにもかかわらずこれこそが「わが民族」の「現実の論理」であると主張するところに彼の甘さを指摘しなければならない。それゆえに彼の人生に「幸福の光は照さなかった」のではないか。遊びが度を越し「いき」の範囲から出てしまう。彼が義理の息子たちの憤りを理解し損ない、妻と家族から離婚を迫られることになったのは彼が現実を直視せずに甘いファンタジーを見ていたからではないだろうか。「生き」かたは遊び方ではない。「いき」だけでは「生き」に達しえない。「民族」の理想はお題目であって現実ではない。

そしてそれは、九鬼自身もうすうすわかっていたことのようだ。帰国した彼を追い詰める厳しい現実は彼を「いき」のまどろみから覚ましていく。『「いき」の構造』には彼のファンタジーからの脱却への一歩も残されている。『「いき」の構造』の方法論を見てみよう。ここに彼の矛盾と次の一歩への予兆が印されている。

『「いき」の構造』の方法論

もう一度確認しておくと、『「いき」の構造』の目的は「生きた哲学」によって「現実」「意識現象」「わが民族に独自な「生き」かた」「味得さるべき体験」を把握、あるいは理解し、論理的に言表することである。そのために「いき」を研究し、その構造を明らかにする。これが『「いき」の構造』の基本方針である。ではなぜこのような方針を九鬼は定めたのか。それを理解するためには「一　序説」の冒頭で論じられている「意味の存在問題」を確認しなければならない。

「一　序説」では『「いき」の構造』の方法論についての問いが「先ず我々は如何なる方法によって「いき」の構造を闡明し、「いき」の存在を把握することが出来るであろうか[28]」と言い換えられ、「意味の存在問題」が議論の俎上に載せられる。九鬼は「我々に直接に与えられているものは「我々」である。また我々の綜合と考えられる「民族」である[29]として、直接与件に「我々」／「民族」の共同体を据える。そして、民族にとって核心的な存在様態は「意味」として現れ、「言語」として表現されると彼は主張する。「意味」そして「言語」は民族の歴史の表現であり、民族の「意識的存在」によって創造されるのである。「いき」は意味を構成していて、それが言語によって表現されている。それゆえ「いき」は歴史を担っている「我々」＝民族の存在様態の表現である。以上により「いき」の構造を闡明《せんめい》することによって、「我々」の味得さるべき体験を論理的に言表することができると、彼は結論する。この「意味の存在問題」への解答を研究指針にして、膨大な文化史的資料を研究し、その結果を「「いき」の内包的構造」、「「いき」の外延的構造」、「「いき」の自然的表現」、「「いき」の芸術的表現」の四つに分けて整理して記述し、そして「いき」によって表現された「我々」の「現実」を論理的に言表したのが『「いき」の構造』である。以下の『「いき」の構造』の一節が彼の立場をよく示している。

即ち「いき」を単に種概念として取扱って、それを包括する類概念の抽象的普遍を向観する「本質直観」を索めてはならない。意味体験としての「いき」の理解は、具体的な、事実的な、特殊な「存在会得」でなくてはならない。我々は「いき」のessentiaを問う前に、先ず「いき」のexistentiaを問うべきである。一言にして云えば「いき」の研究は「形相的」であってはならない。「解釈的」であるべき筈である。（KSZ, 一、一三—一四）

ここに「体験が表現されたものを理解する」というハイデガー譲りの現象学的解釈学の基本枠組みを見て取ることができる。[30]九鬼はこの部分の註でハイデガーの『存在と時間』の参照を指示している。ここで注目すべきは「我々は「いき」のessentiaを問う前に、先ず「いき」のexistentiaを問うべきである」と九鬼が述べていることである。つまり九鬼は理念や本質ではなく具体的な現実に存在するもの、つまり実存を捉えねばならないという意志を『「いき」の構造』を出版した時点で既に持っていたのである。しかし先述のように、それには失敗したように私には見える。

次に九鬼の方法論の形成過程を、その準備稿である『「いき」の本質』と彼が参照している田辺元（一八八五―一九六二）の「現象学に於ける新しき転向――ハイデッガーの生の現象学」（一九二四）[31]の分析を通じて確認し、九鬼の実存への志向の形成を明らかにしよう。

『「いき」の構造』の形成：ハイデガー、田辺元、九鬼周造

『九鬼周造全集』第一巻の解題によると、収録されている「「いき」の本質」は数次にわたる推敲を経たものである。タイトルも当初は「「いき」の意義」で、次に「「いき」に就て」に、そして「「いき」の本質」へと変更を重ねているらしい[32]。彼の試行錯誤がうかがわれる。収録された「「いき」の本質」は「本質」とは冠しているものの、数次に渡る書き直しのためだろう、「本質直観」に批判的な記述も含んでいる。ゆえにこの準備稿をタイトル通りに「「いき」の本質」の解明に徹しているものと言うことはできない。この混乱は本質を「抽象的で普遍的な概念」と「具体的で個別的な事象の核心的意味」の二つの意味で用いていることが原因である。もちろん彼は前者を批判し、後者を捉える哲学を標榜することになるのだが、この時点では語の使い分けができていない。最終的には本質は前者の意味に収れんし、後者は刊行版『「いき」の構造』では「核心」に言い換えられる[33]。「「いき」の本質」と『「いき」の構造』の間には様々な違いもあるが、「本質」の二つの意味に注意し

ながら読むならば、私が問題としている方法論という点においては、この時点でその骨組みは既におおよそ完成していることがわかる。『「いき」の本質』の冒頭を見てみよう。

民族の特殊の存在様相は、其民族にとって本質的のものである場合には、一定の「意味」としての客観性を示すものである。そして其一定の意味は言語の中媒に由って自己を表現する。それ故に一の具体的意味乃至言語は一民族の過去及び現在の存在様相即ち特殊の文化形象を具有する歴史の自己表明に外ならない。而して意味及言語と民族の意識的存在との関係は前者が集合して後者を形成するのではなくて、民族の生きた存在が意味及言語を創造するのである〔田辺元「現象学に於ける新しき転向」参照〕（KSZ，一，八九）

ここで示される議論は先に紹介した『「いき」の構造』の「意味の存在問題」とほとんど同じである。先述の通り『「いき」の構造』では「本質的」が「核心的」と言い換えられているが、この「本質」は「具体的で個別的な事象の核心的意味」であるから、この言い換えは方法論の組み立てに影響を与えてはいない。九鬼は「「いき」の本質」を一九二六年一二月にパリで書き上げている。ハイデガーが一九二七年に『存在と時間』を出版するよりも、そして九鬼がハイデガーから哲学を学ぶよりも前である。当時の九鬼はハイデガーのことは既に知っていたようだが、後年のようにその哲学に精通しているわけではなかっただろう。『「いき」の構造』の哲学的基礎は『存在と時間』が出版されるよりも前、それどころか彼がハイデガーから哲学を学ぶ以前に、おおむね形成されているといえる。ではなぜ私たちは『「いき」の構造』にハイデガーの哲学からの影響を見て取ることができるのか。

注目すべきは田辺の「現象学に於ける新しき転向――ハイデッガーの生の現象学――」(一九二四)への参照が指示されていることである。この論文はドイツに留学してハイデガーの一九二三年夏学期講義「オントロギー(事実性の解釈学)」[34]を受講した田辺が、ハイデガーの哲学を現象学の新展開として紹介したものである。この論文によって田辺はハイデガーをおそらく日本に初めて紹介したのであるが、それはただハイデガーの思想を紹介したというわけではない。そこには田辺なりのハイデガー理解と、その新しさを特徴づけるための工夫が織り込まれている。

田辺はハイデガーを新カント派とフッサール現象学を批判的に継承する哲学者として紹介する。まずリッケルトに代表される「先験形式主義」の新カント派の哲学はその超越論的な性格ゆえに「現実」を捉えることができないので、「生の哲学」への欲求を満たすことができないものであると評価する。次に、フッサール現象学は新カント派と比べると具体性を捉えるという点において優れているが、対象に対する主体の関わり方を度外視して可能的にあらゆる意識に普遍な本質を論じるため、具体的な生活を捉える「生の哲学」とするには不十分であると論じる。田辺の考えではフッサール現象学は意識を固定された対象とみなしているために、意識が対象と関わることによって発展していくその動的性格を捉えていないのである。そしてこのフッサール現象学を乗り越える人物として田辺はハイデガーを紹介する[35]。ハイデガーは可能的なあらゆる意識の本質ではなく、現実に存在する事実と関わる意識を把握する現象学を「事実性の解釈学」として提唱する。この現実存在(Dasein)[36]と関わる意識は主観と対象の閉じた関係で成立するのではない。現実存在は公共圏を持ち、それを通じて諸主観は相互に意識を共有する。この現実存在の公共圏における具体的な表現を解釈するハイデガーの現象学こそが最も具体的な学としての哲学であり、フッサールの問題点を克服し、我々の現実を捉える「生の哲学」であると田辺は評価する。

九鬼が「「いき」の本質」と『「いき」の構造』で行っていることは現実存在の公共圏における具体的な表現として「いき」を認め、分析することである。それゆえ「「いき」の本質」は本質という語の使用に混乱こそあるものの、田辺論文の影響によって「事実性の解釈学」へと転向しつつある段階の草稿とみることができる。彼はハイデガーの「事実性の解釈学」を受けて執筆された田辺元の「現象学に於ける新しき転向」に基づいて、それゆえに普遍的な形相の本質直観を試みる立場を批判し、具体的な事実の分析による現実の理解を試みる事実性の解釈学を『「いき」の構造』の哲学的基礎としている。

「構造」の存在論：紛れ込む「本質」

このように九鬼は留学中の段階から既に抽象的な概念を本質直観するのではなく、具体的な事実を解釈して理解すべきであると考え始めている。それはつまり、その現象の「構造」を闡明にするということであった。ではその「構造」の存在論的な位置づけは何であるか。まずは彼に最も影響を与えた田辺論文における「構造」の使用法を確認してみよう。

> 意識の一般的本質は志向性にある。今意識の或種の作用、又は諸種の作用の相結合して成立せしめる志向の本質的構造を明にするには、一定の時一定の対象に制約せられた事実性を想像に由って自由に変更し、可能の立場に於て普遍なる本質を観照すべきであるというのがフッサールの立場である。[37]

実は田辺は「現象学に於ける新しき転向」において「構造」を主にフッサール現象学の説明に用いている。これはこの引用箇所に限定されたものではなく、「現象学に於ける新しき転向」のほとんどの用例において同様で、ハイデガーの解釈学的現象学の説明に「構造」の語を用いることはない。田辺は可能的にあらゆる意識に普遍な本質の組み立てという意味で「構造」の語を用いている。[38] そして実は、九鬼においても「構造」は「本質の構造」という意味であることを示す記述がある。ただし、『「いき」の構造』にではなく、一九三七年に発表された「風流に関する一考察」、つまり『偶然性の問題』出版以後、においてである。

語原から云うと風声品流の能く一世を擅にするのを風流というのだということであるが、そういう来歴は別として、風流の本質構造には「風の流れ」といったところがある。（KSZ，四，六〇，下線引用者）

風流の産む美的価値の本質的構造は三組の対立関係に還元される。（KSZ，四，六九，下線引用者、原文ママ）

「風流に関する一考察」と『「いき」の構造』の出版の間には七年の開きがある。しかし両者の分析方法はほとんど同じである。それゆえ『「いき」の構造』で明らかにされた「構造」も「本質構造」であると、少なくとも一九三七年の九鬼は認めるだろうし、私たちもそのように読み解くしかない。彼は公共圏において成立している民族に共有された意識現象の本質の組み立てという意味で「構造」を用いている。彼は退けたはずの類的な抽象的普遍であるところの概念としての「本質」を後期においては真正面から受け止めたのである。繰り返すが、『「いき」の構造』を執筆する彼もこの問題に無自覚であったわけではない。彼は悩んでいる。

「いき」は個々の概念契機に分析することは出来るが、逆に、分析された個々の概念契機をもって「いき」の存在を構成することは出来ない。「媚態」といい、「意気地」といい、「諦め」といい、これらの概念は「いき」の部分ではなくて契機に過ぎない。それ故に概念的契機の集合としての「いき」と、意味体験としての「いき」との間には、越えることの出来ない間隙がある。換言すれば、「いき」の論理的言表の潜勢性と現勢性との間には截然たる区別がある。我々が分析によって得た幾つかの抽象的概念契機を結合して「いき」の存在を構成し得るように考えるのは、既に意味体験としての「いき」をもっているからである。

（KSZ 一，七三―七四）

九鬼には学問は論理的言表、つまりロゴスの領分であるという信念がある。それゆえに概念としての本質を「構造」に託して密かに導入せざるを得なかった。具体的な事実の解釈は、その意味体験の構造を明らかにするが、それは諸事実から抽象した概念を分析することでしかなく、学問がロゴスの領分にある限り、具体的な体験の十全な記述には届かない。これが『「いき」の構造』で示された結論であった。この主張に現れているように、彼には静的で普遍的なものへの志向がある。彼には、彼自身がこれこそが人間の生の核心であると考えるトリロギーによって具体的な事象を抽象化し、静的な平行線のデュアリズムを形成したいという欲望がある。しかし同時に、抽象化することなく具体的な個々の事象に向き合って「生」の現実を把握したいという思いもある。それゆえ『「いき」の構造』はロゴスの学問と具体的な生きた哲学の間で引き裂かれている。どっちにつくこともできないまま、彼は迷いを「「いき」の本質」から『「いき」の構造』に至るまで、ずっと書き残している。

九鬼周造の「生の哲学」：『「いき」の構造』から偶然性の哲学へ

先に確認したように、九鬼は「風流に関する一考察」では「本質構造」とはっきりと記している。そして私には「風流に関する一考察」を記していた時の彼がそれを問題であると考えていたようには見えない。さて先に彼は「三つのしん」を彼の哲学者としての活動の前期と後期にのみ活用し、その中間期では用いていないことを確認した。そして彼は『「いき」の構造』執筆時はロゴスの学問と具体的な生きた哲学の間で引き裂かれているために「本質」概念に関して抵抗を感じていたが、再び「三つのしん」を論じるようになる後期には「本質構造」と明記するようになっていることもわかった。つまり人間の本質構造としての「三つのしん」を論じることへの抵抗が中期の偶然性研究を通じてなくなったので、彼は本質への志向を隠さなくなったのである[39]。では彼の偶然性の研究とはいったい何であったのか。その詳細は後続の章に譲るが、ここでも簡単に確認しておこう。

そもそも九鬼にとって偶然性とは「いき」の平行線のデュアリズムの対極に位置するものであった。彼はパリ滞在中に「破片（巴里より）」という詩の連作を制作していて、その二番目は「偶然性」と題されている。このシリーズは彼が帰国に明確化していく彼自身の哲学の原理を最も早く提示したものである。特に「偶然性」は彼が初めて「偶然性」の哲学を開陳した作品として見逃せない。

偶然性

平行直線の公理、

望み通り
証明が出来た？
いや、基本要求を撤回した？
問題の中心となっているのは
三角形の内角の和、
二直角に等しい？
なに、百八十度に足りない？
アレキサンドリアで見つけた古本
二千年前の幾何学原論、
蠹[40]が食っていようと食っていまいと
ユウクリッドは偉い人、
宇宙の姿を線と点とに造り換え
お前と俺、俺とお前
めぐり逢いの秘密、
恋の反律。
これは人生の幾何、
なんとか解いてはくれまいか。
甲なる因果の直線を見よ

乙なる因果の直線を見よ
二つの平行線は交わらぬがことわり、
不思議じゃないか平行線の交り、
これが偶然性、
混沌が孕んだ金星、
因果の浪の寄するがまま
二人が拾った真珠玉（KSZ、一、一三一―一三三）(41)

九鬼の中でユークリッド幾何学が因果によって形成される抽象的な真理観と結びついていたことが読み取れる。「いき」はまさにそのユークリッド幾何学的な三角形と平行線の秩序で構成されたものである。しかしそれは「宇宙の姿を線と点とに造り換え」たものでしかなく、宇宙の本当の姿からはほど遠い。本当の宇宙では甲なる因果の直線が乙なる因果の直線と不思議にも交差する。この平行線の交差こそ、九鬼が『「いき」の構造』では退けた「恋」であり、偶然性であり、「因果の浪の寄するがまま」に二人で真珠玉を拾う邂逅の瞬間である。この世界には偶然の波乱がある。抽象化されて平穏さを装っているユークリッド幾何学的秩序は偶然の邂逅の中で波立ち、破綻していく。後に残るのはなぜか「お前」と交わることができた「俺」、つまり「俺」と「お前」の恋愛共同体だけとなる。(42)

この偶然性による破綻から目を背け、九鬼は『「いき」の構造』では体験を言語化して表現し、概念として分析しようとした。この抽象化を通じた統合にこそ「いき」＝「生」があるかのように彼は振る舞う。しかし本当は、それは個別的な具体、つまり偶然性を取りこぼしたものであり、「生きた哲学」によって「現実」を把握することには失敗していた。帰国後の彼を待ち受ける人生の波乱は彼に偶然性を直視せよと命じる。家庭の破綻と祇園の女性との恋愛はまさに彼が「いき」を捨てて本当の「生」である偶然へと踏み出すのと軌を一にしている。彼は現実を正視して普遍性を持ちえない個々の事象の掬い上げることを、偶然性論の課題とした。その時にはナイーブに「我々」が自明な直接与件として論じられることはない。『偶然性の問題』における議論の起点は個人の「我」となり、民族の文化よりもむしろ、個人の出来事に着目するようになる。しかしこれが直ちに概念の否定につながることはない。彼が模索するのは個物の此性を殺さずに動的な概念を形成する方法である。ここで注目すべきは偶然性をめぐる議論を通じて彼が具体的な個物の存在論的強度を下げたことである。以下は「「いき」の本質」からの引用である。

> 然しながら個人の特殊の体験と同様に、民族の特殊の体験はそれが具体的の概念の中に実体化されて居る場合にも概念の分析に由っては残余なき迄完全に把捉されるものではない。分析に由って完全に把捉され得るものはεἶδοςである。体験の本質をοὐσίαと見る場合にそは直観に由ってのみ十全に目撃されるものである。逆説のようではあるが直観に由ってのみ本質を把捉さるる概念があることを認めなければならない〔E. Husserl, Ideation, aus den Versuchungen über „Phänomenologische Psychologie", 1925, S. 23〕（KSZ 一，一〇二―一〇三）

「「いき」の本質」と『「いき」の構造』では具体的な体験が核心的意味としての本質を持っている。つまり具体的な体験はそれ自身の内に十分な根拠を持った必然的存在である。この頃の九鬼は、個物は強固なものだと考えていた。しかし偶然性論においては個々の事象は、それ自身のうちには十分な根拠を持たない偶然的存在に位置づけられる。個物はたまたま存在しているのであって、非存在でもあり得る。そこに絶対的な本質は宿っていない。これは彼の哲学にとって大きな変更である。個体に核心的意味を認めるのであれば、その個物は強い存在であり、概念化によって掬い上げられなかったとしても、その価値を十分に認められる。それゆえ概念から取りこぼされても、その意味体験は認められる。だから遠慮なく抽象化して概念を作ることができる。一方、個物に本質がないのだとすれば、それははかなく壊れ去り、忘却されるしかない[43]。それを維持するには概念化等によって必然性へと押し上げ、それを文化、歴史へと本質化するしかない。彼の偶然性論のオリジナリティの一つは個物の脆さを直視したところにある。彼は脆く壊れやすい偶然性を思考の対象とし、「無の深淵の上に壊れ易い仮小屋を建てて住んでいる人間たち[44]」の実存について論じた。それゆえ偶然的な個物の脆さと、それを固定・普遍化し、永らえさせる必然性の両方の意義を知ることとなる。孤立した個体はロゴスによって概念や本質を仮構することによって、普遍性を得て外部とのつながりを結んでいく。彼は個体、あるいは偶然性の優位を断固として主張するが、その上で可塑的な必然性を形成する必要も認める。『偶然性の哲学』で偶然性のあり方を論じた先に「邂逅」が提示される理由はここにある。個体と個体の邂逅の先でもう一度「三つのしん」が、しかも「本質構造」という静的な本質を再評価する言葉と共に、再度論じられるようになる。つまり彼は邂逅論を「俺」と「お前」の恋愛共同体に留めなかったのである。彼はその先にもう一度トリロギーを再建する。その時の彼は『「いき」の構造』で示したものとは異なる役割をトリロギーに与えている。しかしこれは第五章の課題である。

少し先を急ぎ過ぎた。次章からは九鬼の哲学の再建の過程を見直していこう。

第二章　「現実」を求めて：『偶然性の問題』の論理学

既に述べたように九鬼の偶然性研究は一九二七年のパリ滞在期の詩に遡ることができる。そこで示されていたのはユークリッド幾何学に象徴される抽象的な真理を超えたところに現れる具体的な現実としての「恋」の偶然性であり、「因果の浪の寄するがまま」に二人で真珠玉を拾う邂逅の瞬間であった。抽象化されて平穏さを装っているユークリッド幾何学的秩序の奥に潜む世界の偶然の波乱がうたわれている。この詩の主題は「お前」と交わることができた「俺」の因果を越えた出会いと恋人たち二人の共同体の形成であった。

この詩でうたわれたものが彼の偶然性の形而上学の核心となっていく。しかし九鬼がそれを哲学論文の形で論じることができるようになるまでにはいささか時間がかかった。そしてその際には、彼は形而上学的な議論の露払いとして形式的な偶然性の分類を入念に行うことが必要であると考えていた。まずは『偶然性の問題』に至るまでの彼の議論の発展を見ていこう。

講演「偶然性」から「講義　偶然性」へ

九鬼の偶然性に関する研究が研究発表として初めて公開されたのは一九二九年一〇月二七日の大谷大学での講演「偶然性」である。[1] これは翌年一月から二月にかけての『「いき」の構造』の雑誌『思想』での発表よりも早い。現在残されているのは全集版で三〇頁にも満たない短い講演稿で、生前は出版されていない。後に刊行された偶然性論と比べると、この時点での九鬼の偶然性研究は全体的にまだ不十分で、検討されていない課題が多くある。この講演には後の『偶然性の問題』と共通する部分もあるものの、相違点の方が目につく。この講演の後で彼は研究を深めたものと推定される。

九鬼はこの講演では偶然性を「論理的」「形而上的」「心理的」の三つの意味で分ける。これは後の偶然性論における偶然の分類方法「定言的」「仮説的」「離接的」／「論理的」「経験的」「形而上的」とは異なる。

講演「偶然性」の論理的な偶然性には本質関係の種類に従って、次の三つがあるとされる。

① 本質的ではない主体——属性関係
② 本質的ではない因果——結果関係
③ 本質的ではない目的——手段関係

そしてこの三つがそれぞれの偶然としての現れ方に従って次の三つのパターンから説明される。

(ア)付帯的関係としての偶然性
(イ)本質的関係の破却としての偶然性
(ウ)二つ或は二つ以上の本質的関係間に存する非本質的関係としての偶然性(2)

この講演「偶然性」の論理的な偶然性には後の偶然性論における定言的・仮説的／論理的・経験的偶然が十分に整理されないままに押し込まれてしまっている。講演の論理的偶然性①だけが後の定言的／論理的偶然となり、論理的偶然性②と③は仮説的／経験的偶然となる。偶然性の現れ方も（ア）（イ）（ウ）の三つのパターンしかここでは示されていないが、後にはアリストテレス等の議論で補強されながら一層細かくなる。

講演「偶然性」で形而上的偶然性とされているものは、他の可能性が現実になってもよかったのにこれが現実となったことである。具体例としてはサイコロの目、比叡山がはげ山でなく木の茂った山であること、自分がアメリカ人でもインド人でもなく日本人であることなどが挙げられている。その上で九鬼はこの現実が現実となったことが「「偶然なのか、故意なのか解らない」ところに偶然性の特色がある」[3]という。この現実が偶然なのか、必然なのかわからずに人は迷ってしまう。このテーマは『偶然性の問題』ではより大々的に論じられるが、この講演では偶然性の特色として指摘されるにとどまっている。最後の心理的な偶然性は、人が偶然の出来事に直面すると驚くということである。ここで邂逅の驚異という彼の偶然性論の最重要トピックが登場するのだが、この講演では簡単に触れられるにとどまる。心理的な偶然性はこれ以降の論考では独立項として立ててられることはなくなる。心理的な偶然性のうち、異なる系列の邂逅に伴う驚異の議論は仮説的／経験的偶然に、世界が存在するということに対する驚異は離接的／形而上的偶然に回収される。特に後の偶然性論では、形而上的な偶然性はここで論じられた「他の可能性が現実になってもよかったのに、これが現実となったこと」を核に、様相論理学的な検討をはじめとした様々な要素を盛り込みながら離接的／形而上的偶然へと発展していく。

講演「偶然性」ではこれらの偶然性の三つの意味を分析した後で偶然性と科学、偶然性と宗教、偶然性と芸術、偶然性と道徳について論じる。科学は偶然の出来事を合理化して可能な限り取り除くことを任務としている。しかしその営みには限界があり、学的認識では、なぜほかでもなく「これ」が現実となったのかを究極的に説明することはできないので、どうしても偶然性は残ると九鬼は結論付ける。そして宗教の本質は不可知への帰依であるから、この偶然性という学的認識の限界に触れて驚いた人間において宗教が始まるとする。芸術に関しては偶然を活用している芸術作品は多いと述べるだけで、後に重要になる詩の押韻の偶然の美に関する議論にもごく簡単に言及するにとどまっている。道徳については偶然の出来事を出発点として道徳的生活に入ることで偶然性の意義が発揮されると述べられていて、『偶然性の問題』の結論で述べられる偶然性の内面化の議論の原型となっている。これらの議論はこの後、哲学史的な議論や具体的な事例、そして彼自身の考察を増強した上で、偶然性論として論じられていく。しかしこの時点では議論があまりに薄く、いまだ萌芽の段階にあると言わざるを得ない。『「いき」の構造』執筆後に彼の偶然性研究は肉付けられていったということができるようだ。

そしてこの講演稿の最も注目すべき点は講演では読まれなかった結末部の「偶然を偶然として発揮させるには必然を必然として確乎として提立して行くべきである」[4]という一節である。偶然にはその対概念となる必然が欠かせないという主張は終生変わらないにしても、これ以降の彼がこのような強い言葉で必然の重要性を主張することはない。まだこのころの彼は「三つのしん」に代表されるような必然的な構造をナイーブに肯定しており、それゆえに結論の最後で偶然性ではなく必然性を強固に提唱してしまう。講演「偶然性」発表時の彼はまだ偶然性の意義を十分に考察できておらず、この講演稿には後の『偶然性の問題』に見られるような魅力は、まだない。

次に九鬼は一九三〇年に講義「偶然性、其他二、三の哲学問題」を京大で開講する。この講義は「第Ⅰ部　歴史的考察」と「第Ⅱ部　体系的考察」の二部構成となっている。しかし、全集の解題によると「第Ⅱ部」には「博士論文　偶然性」の謄写版刷が一部切られて貼り付けられているので、おそらく一九三二年以降に成立していて、講義において述べられたものではないだろうとのことである。[5]「第Ⅰ部」は「歴史的考察」と題されていることからもわかるように哲学史的な研究に大部が割かれている。「第Ⅰ部」の第一章の「偶然性の問題」では講演の「偶然性」の後半部の議論を拡張して「哲学と現実」「科学と偶然性」「宗教と偶然性」「芸術と偶然性」「哲学の問題としての偶然性」「叙述の方法」を主題にして偶然性がどのように問題になっているのかをごくごく簡単に確認する。その後の章では古代ギリシアのエレア派とヘラクレイトス（前五四〇頃－前四八〇頃）から始めてバルーフ・デ・スピノザ（一六三二－一六七七）とライプニッツまでのカント以前の哲学に現れる偶然性論を「抽象と現実」「因果関係と目的手段関係」「絶対者」の観点から整理していく。後の偶然性論に継承されていく話も多いが、議論全体の流れや枠組みはこの講義だけに見られる特徴となっている。九鬼はこの時点ではまだ哲学史を消化して自分なりの偶然性論に援用するまでには達していなかったのだろう。この時点の彼はまだまだ勉強中だったのだと思われる。

ポンティニーでの講演以来の永遠回帰論となる「形而上学的時間」（一九三一）を間に挟んで、その次の偶然性論は一九三二年一一月に京大に提出された「博士論文　偶然性」である。ここに至ってようやく「論理的偶然」「経験的偶然」「形而上的偶然」の三分法が登場する。これであれば『「いき」の構造』に対する草稿「「いき」の本質」のような、後の『偶然性の問題』の原型と呼ぶことも可能である。この博士論文の審査を担当した田辺元と九鬼の間で興味深い書簡のやり取りがあるのだが、それはここでは置いておく。[6] この論文は四〇〇字詰め原稿用紙七九枚と博士論文にしては非常に短い。その中で後の『偶然性の問題』の主要要素の原型がごく簡単に述べられている。それはこの後さらに三年かけて大幅に増強され、ようやく『偶然性の問題』の刊行に結実することになる。この経緯から察するに、九鬼にとって偶然性の研究は相当な難事業だったようである。

しかしまだ博士論文の段階では『偶然性の問題』におけるもっとも重要な議論として本書で重点的に取り上げ

ることになる様相の三つの体系も論じられていない。破綻と再建を軸とする九鬼の哲学において核となる様相の三つの体系は一九三二年からの三年間で練り上げられたものなのだ。

ここまで九鬼が苦しみながら偶然性論を研究する過程を確認してきた。次節ではいよいよ『偶然性の問題』に進む。

『偶然性の問題』の構成

『偶然性の問題』は「序説」「第一章　定言的偶然」「第二章　仮説的偶然」「第三章　離接的偶然」「結論」の五章構成となっている。序説の冒頭で九鬼は偶然性を次のように定義する。

> 偶然性とは必然性の否定である。必然とは必ず然か有ることを意味している。すなわち、存在が何等かの意味で自己のうちに根拠を有っていることである。偶然とは偶々然か有るの意で、存在が自己のうちに十分の根拠を有っていないことである。すなわち、否定を含んだ存在、無いことの出来る存在である。換言すれば、偶然性とは存在にあって非存在との不離の内的関係が目撃されているときに成立するものである。有と無との接触面に介在する極限的存在である。有が無に根ざしている状態、無が有を侵している形象である。（KSZ，二，九）

偶然とは存在してもしなくても問題ないものである。これは存在論であるから、すなわち形而上学の課題となる。あってもなくても問題ないものが、しかし実際には存在するということは私たちの実存にとってはやはり

「問題」である。私たちの生のほとんどは別の形で現実化することもありえたものごとで埋め尽くされているし、そもそも私たちが生きているという事実さえも、偶然であると考え得る。ゆえに偶然性の問題は形而上学と実存をめぐるものとなるのだが、九鬼はその手前で問いを立てる。なぜその存在は「自己のうちに根拠を有っている」と考えることができるのか。私たちはどのようにして存在の内に根拠を、あるいは根拠の不在を見出すのか。

九鬼は根拠の不在の見出し方として三つの形を提案する。それが「定言的偶然」「仮説的偶然」「離接的偶然」である。これらは『偶然性の問題』以外の論文では「論理的」「経験的」「形而上的」と記述されることが多いが、『偶然性の問題』では論理学の用語である「定言的」「仮説的」「離接的」が採用されている。[7]「定言的」はKategorischeの「仮説的」はHypothetischeの「離接的」はDisjunktiveの訳語である。[8]これはカントの『純粋理性批判』の「判断表」の「三 判断の関係」の「定言的判断」「仮説的判断」「離接的判断」を念頭に置いたものだろう。つまり偶然性は判断（SはPである）における主語と述語の「関係」の問題なのだ。言い換えると主体が目撃した主語と述語の関係を、根拠が十分な必然と判断するか、根拠が不十分な偶然と判断するかの問題である。ここで問われているのは出来事を目撃して判断する主体、つまり実存なのだ。『偶然性の問題』を通じて九鬼が問題としているのは、目撃する実存が、出来事と概念の間を、あるいはある出来事ともう一つの出来事の間を、そして現実化したこの世界と他の可能世界の間を、それぞれ結びつける関係が脆く壊れやすい偶然であると認識することである。このようにして私たちが必然性を生じさせる根拠に懐疑の目を向けてそこに偶然性を認めるならば、私たちを支えている様々な関係は容易に断絶するものであり、私たちはあらゆるものから切り離された孤独へと転落し得ると感じられるだろう。少し先走り過ぎた。まずは九鬼の議論に寄り添いながら「定言的偶然」「仮説的偶然」「離接的偶然」を確認しよう。

定言的判断は主語に対する述語の関係である。九鬼は「定言的偶然は、定言的判断において、概念としての主語に対して述語が非本質的徴表を意味するときに成立[9]」すると言う。例えば「三角形は三辺からなる」という判断は全ての三角形において必ず真であるから定言的必然である。一方「三角形の三つの角の和は一八〇度である」という判断は平面に三角形を描いた場合は正しいが、例えば球面に三角形を描いた場合は内角の和は一八〇度よりも大きくなるから、常に正しいわけではない。このようにそれぞれの具体的な個物や事例においては正しいが、全ての事例において妥当なわけではない特徴がある。それが概念には含まれない非本質的徴表、つまり定言的偶然である。この定言的偶然は具体的な個物や事象の実存を指すことになる[10]。つまり、私たちの身の回りに定言的偶然は無数にある。私は大阪にある明るい部屋で青色のタブレット型パソコンを使ってこの原稿を書いている。人間という概念において大阪にいること、部屋という概念において明るいこと、パソコンという概念において青色であることやタブレット型であることはいずれも非本質的徴表であり、定言的偶然である。そして九鬼は「定言的偶然の核心的意味は畢竟、一般概念に対する「個物および個々の事象」ということ[11]」とまとめる。ものごとのそれ独自の特徴は定言的偶然なのだ。

仮説的判断は帰結に対する理由の関係である。九鬼は「仮説的偶然は、仮説的判断の理由帰結の関係以外に立つものとして成立[12]」すると言う。例えば「調査によって宝物があると推定された場所を掘り返したところ、宝物が出てきた」は理由と結果が必然的に結びついた仮説的必然である。一方で「木を植えるために穴を掘っていたら地中から宝物が出てきた」という事例は仮説的偶然の例となる。「木を植えるために穴を掘る」という理由を述べる判断と「地中から宝物が出てきた」帰結を示す判断の間には必然性がない。このように二つの判断の間に必然的な関係が結ばれていない場合、仮説的偶然が見出される[13]。この仮説的偶然にはさらにその下位分類として「理由的偶然」「目的的偶然」「因果的偶然」の三種類がある。理由的偶然はある事象に十分な理由がない場合に見出される。ナンセンスな夢や同音異義語などを彼は例として挙げる。例えば「鉢」と「蜂」と「八」は全て「はち」と発音するが、それらが同音という関係で結ばれたことに理由はなく、偶然である[14]。「目的的偶然」は先述の「木を植えるために穴を掘っていたら地中から宝物が出てきた」が典型的な例となる。木を植えるという目的とは無関係に宝物が掘り出されるという出来事が偶然に起こったと考えるのである[15]。因果的偶然は異なる因果系列が邂逅した時に見出される。屋根から落ちた瓦がゴム風船の上に落ちてきて風船が割れた場合、「屋根から瓦が落ちる」という因果系列と「ゴム風船が上昇する」という因果系列が偶然にその時その場所で邂逅し、風船が割れるという出来事が起こる[16]。仮説的偶然の核心的意味は「この場所での、この瞬間での邂逅[17]」であると九鬼は言う。無関係なはずの個物や事象が邂逅して新しい出来事が起こること、これが仮説的偶然である。

この仮説的判断の水準に立てば、多くの定言的偶然は仮説的必然となる。私が大阪でこの原稿を書いているのは大阪に生活と研究の拠点があるから、私が青色のタブレット型パソコンを使っているのは購入時に様々な観点から吟味してこの機種のこの色のものを購入したから、そしてこの部屋が明るいのは、私が快適に原稿を執筆できるように部屋の照明を点けたからだ。また理由的偶然や目的的偶然も因果の水準で考えると必然性に回収される。例えば「木を植えるために穴を掘っていたら地中から宝物が出てきた」と考えるとそれは偶然であるが、「宝物の上の地面を掘り返していったら宝物が出てきた」という因果系列の水準で見るならば、それは必然以外の何物でもない。そしてこの因果系列を徹底的に精緻化してあらゆる事象を根拠づけていくとするならば、全ては因果律の下で必然となる。しかしそれでも、この世界が存在するということの偶然性は絶対に残ると九鬼は主張する。それが離接的偶然である。

離接的判断は区分された認識と区分の全離接肢同士の関係である。「離接肢」という語をあまり聞きなれない読者もいると思うが、これはここではこの世界において実現可能なことを指す。九鬼は「離接的偶然は離接的構造にあって、可能的離接肢の全体の有つ同一性に対して、各々の可能的離接肢が示す偶然性[18]」だと言う。例えば私は青色のタブレット型パソコンを使用しているが、原稿執筆さえできればそれで問題ないので、タブレット型ではなくデスクトップ型やノート型でも構わなかったし、色も白色でも、赤色でも、黒色でも構わなかった。しかし現実には、この青色のタブレット型パソコンを使用している。無数の可能的離接肢があるが、その中である一つの離接肢だけがこの世界で現実となる。それは離接的判断の水準から見るならば、畢竟偶然ではないかと考えられる。別に何色の何型パソコンでもあり得たのに、偶々青色のタブレット型になったのである。そしてさらに形而上学の極限においてはこの世界が「存在する」と「存在しない」という二つの離接肢の中から偶々この世界が「存在する」という離接肢が選ばれたと考えることができる[19]。それゆえ「離接的偶然の核心的意味は「無いことの可能」として「無いことの必然」へ緊迫すること[20]」だとまとめられる。

この九鬼の議論運びにひっかかりを覚える人もいるのではないだろうか。私が青色のタブレット型パソコンを使っていることの偶然性は仮説的判断の水準において必然性へと回収してしまったのに、なぜまた離接的判断の水準でその偶然性を論じねばならないのか。「離接的偶然」の章は、「可能的離接肢の全体の有つ同一性に対して、各々の可能的離接肢が示す偶然性」を論じていると、専門的かつ抽象的な表現で定義されているのでその含意をくみ取りにくいが、そこには形而上学的な問いが含まれている。

九鬼は「離接的偶然」の章の冒頭で様相について検討し、偶然とは何かを再考する。しかし、そもそも様相論は偶然性論の基礎である。それは一般的には『偶然性の問題』の冒頭で論じるべきことではないだろうか。議論も半分終わったところで改めて偶然の定義に取り組むことには不自然である。彼はこれまでの「定言的偶然」と「仮説的偶然」の章の議論から仕切り直して「離接的偶然」の章で偶然性論を再スタートしていると私は考えたい。「定言的偶然」「仮説的偶然」は論理と経験という形而下の概念的、または経験的課題であった。一方の「離接的偶然」は形而上学の問題である。彼はこの間に境界線を引いた。定言的判断の水準においては個物と概念の関係というルールが、仮説的判断の水準においては理由と結果の関係というルールが、それぞれあった。しかし形而上学の水準は、それらを全てかっこに入れて、この世界の根拠を根本的に問い直すものである。定言的偶然と仮説的偶然はそれぞれ個物と概念の関係と理由と結果の関係というルールから外れたものとして偶然を定義することができた。しかし離接的偶然を論じる形而上学の水準には、そのような規範となるルールはない。そこにあるのは世界の存在と非存在をめぐる形而上学の大きな問いである。これによって彼は全ての学的認識にまつわる規範を破綻させた。それゆえ彼は様相論の研究を通じて一からルール作りをするところから議論を始めなければならなかった。ここからが彼の本領発揮である。彼は「離接的偶然」の章において様相論で形而上学的な議論を整理した後に、そこからもう一度経験を可能にする主体の形成を論じ始める。つまり「離接的偶然」の章は九鬼なりの『純粋理性批判』のやり直しであり、一度破綻した世界の再建なのだ。次節からはその歩みを見ていこう。

『偶然性の問題』の形而上学

まずは「仮説的偶然」の章から「離接的偶然」の章への移行部から見ていこう。九鬼は仮説的判断の水準において「出来るだけ偶然を除外して考えて[21]みるならば、「経験の領域にあって全面的に必然性の支配を仮定[22]」し、すべての出来事は因果系列の網目で覆われていると考えることができると述べる。これは彼が偶然性論においで擁護する立場ではないが、しかし世界に偶然性を見るか、必然性を見るかは、個人の判断の問題であるから、偶然性を全く認めない立場を考えてみることも可能である。しかしその場合でも、経験の領域を離れて形而上学に目を向けるならば、「原始偶然」があることは認めなければならないと彼は考える。

理念としての原始偶然は「仮説的偶然」の章の最後で因果系列を無限にさかのぼった彼方にある最古の究極の原因xとして導入される。このxはこれ以上根拠をさかのぼることのできないものであるから、無根拠である。ゆえにxは偶然に存在していると考えるしかない。言い換えると、世界は経験としては確実に存在しているが、その地平を支える形而上学的な根拠はないということである。あらゆる出来事の原因をたどっていけば、理念的には、世界のあらゆる出来事の究極にして最古の根拠としての世界の誕生に行きあたる。この究極にして最古の根拠は、定義的にその原因を求めることができないものなので、それ自身は根拠を欠いた偶然に存在するものである。経験の水準における因果系列のネットワークをたどる方法では、因果系列そのものを支えるものの存在を論じることはできないので、経験の総体としての世界が存在することそのものが偶然となる。これが、世界は事実として存在しているが形而上学的には無根拠である、という彼の存在論の根本テーゼとなる。

このテーゼに導かれて、「無いことの可能」である離接的偶然が検討される。「仮説的偶然」の章では認識の問題、言い換えると、ある事象に対して「我」がその判断に偶然性を見出す理由が論じられていた。それが「原始偶然」の概念に到達した後の「離接的偶然」の章では世界、そして「我」の存在そのものの偶然性を問うようになる。「仮説的偶然」の章から「離説的偶然」の章に移る際に、問題が認識論から存在論に転換したのだ。このようにして偶然性を存在論の地平から問い直すとき、原始偶然の意味は「因果系列を無限にさかのぼった無限の彼方にある最古の究極の原因」だけではない。原始偶然の意味は拡張する。

原始偶然が偶然たる所以は与えられた「いま」の瞬間に偶然する現在性に存するのでなくてはならぬ。過去性に於て追求されるものは偶然ではない。未来性に於て期待されるものも偶然ではない。偶然はただ現在性に於てのみ触発されるものでなくてはならない。（KSZ 二、二一〇）

このように「現在」が原始偶然、つまり事実として存在しているが無根拠なもの、とみなされるようになる。[23]「仮説的偶然」の章の導入された時点での原始偶然は存在者の根拠を無限に遡及した果てに見出される始原である。「離接的偶然」の章では存在者はそもそも「無に等しい現在に於て危く成立する」[24]ものであると主張される。つまり「仮説的偶然」の章では過去から現在、未来へと流れる因果系列に貫かれた時間が前提とされているが、「離接的偶然」の章ではそれは退けられている。九鬼の存在論のテーゼは、「世界は事実として存在しているが、その始まりは形而上学的には無根拠である」から、「現在は事実として存在しているが、すべての瞬間は形而上学的には無根拠である」へと修正される。これによって過去と未来は現在から斜視される二次的なものと位置づけられる。[25]確実に存在しているのは現在の一点だけであり、その現在の現実さえも形而上学的無根拠性にさらされる。この「無に等しい現在に於て危く成立する」原始偶然が『偶然性の問題』における彼の哲学の基底である。『偶然性の問題』の「離接的偶然」の章はこれを前提に議論を展開する。

既に示唆してきたように『「いき」の構造』の他者とのつながりと過去からの連続性を基底とする立場と『偶然性の問題』の形而上学の現在の一点を基底、それも不安定な基底とする立場では根本的な違いがある。連続性を自明の前提と設定する『「いき」の構造』においては「我々は知っている」と断言して「我々」の伝統的な現象を分析していくことができた。しかし『偶然性の問題』の離接的判断の水準においては、それらは全てかつこに入れられている。「我」はもう一度、自分の直面する現在の一点から、他者とのつながりを、そして過去から流れてきて未来へと広がる時間的連続性を構築し、行為する主体を形成しなければならない。言い換えると、九鬼は形而上学的な偶然を論じることで、時空間の連続性を前提とする立場を離れたのである。彼の形而上学においては、時空間の連続性は主体が他者との出会いと自己の行為を通じて常に形成し直していかなければならないものである。これが本章と次章の課題である『偶然性の問題』における「現実」の把握である。

存在を分類する：様相論の導入

これから検討していくのは主に『偶然性の問題』の「離接的偶然」の章の前半における議論である。「離接的偶然」の章で論じられる九鬼の形而上学の理論モデルを提示している部分であり、「現実」はその要となる概念である。

繰り返すが、離接的偶然はこの世界において実現可能なこと（＝離接肢）の全体を念頭に置いたうえで、実際に実現したことに対して見出される偶然性である。離接肢全体が離接的必然、個々の離接肢が離接的可能、現実となった離接肢が離接的偶然とされる。(26) 抽象的な議論となってくるので学園祭の開催を例にして考えてみよう。一年三六五日を全体（＝離接的必然）と捉えるならば、一一月四日に学園祭が開催されることは離接的偶然である。なぜなら四日ではなく三日に開催することも可能であるから。そして一一月三日に学園祭を開催することは可能であったけれど実現しなかったから、離接的可能である。[27]ここまではクリアな議論となっているが、不可能性の位置づけには問題がある。この離接性の議論の中では九鬼は二通りの意味で不可能性という概念を使用している。

a．不合理であり、選択肢としてあり得ない。[28]

b．無数の離接肢の中から「この」離接肢が現実化することは、その離接肢に本質が含まれていないので、確率的にほとんど不可能である。[29]

不可能性bは確率を導入することによって議論に「経験」を導入しているので、本来であれば形而上学の水準でなされるべき離接性の議論にはふさわしくない。不可能性bは経験的な水準において偶然性に見出される特徴であり、様相として独立してもいない。しかし九鬼が不可能性について述べるとき、ほとんどは不可能性bの意味である。宮野真生子が明らかにしたところによると、この二つの不可能性は『偶然性の問題』の翌年に執筆された論文「哲学私見」において明確に区別され、aが「不可能」、bは本質を欠いているがゆえに「非存在」に根ざしている「虚無」とされる。[30]そしてこの「虚無」への傾倒はハイデガーの「存在に食い込む無」の影響を受けている。この「虚無」の対となるのは本質を内包しているがゆえに存在に根ざしている「実在」であり、この「実在」はRealität概念に由来している。ここで実在性概念について確認しておこう。檜垣良成の研究が明らかにしているようにRealitätという概念は中世哲学に端を発し、カント哲学で重要な位置を占めているが、複数の使用法を持っている。[31]その中でもRealitätの名詞的使用を九鬼は採用している。それはドゥンス・スコトゥス（一二六五／六六―一三〇八）、トマス・アクィナス（一二二五頃―一二七四）といった中世哲学者の用法に端を発し、デカルト、ライプニッツ、クリスチャン・ヴォルフ（一六七九―一七五四）そしてカントへと継承される伝統的な意味である。つまり、この実在性とは何等かの本質を有する「もの（res）」の性質のことである。

ここに着目すると九鬼の議論の問題点が見えてくる。カントの枠組みを借りるならば質のカテゴリーである「実在性」と「虚無性」（現在一般的な訳語では否定性）が様相カテゴリーに関する議論であるはずの離接性モデルに十分に説明されることなく不用意に組み込まれているのである。ここからはこの「実在性」と「虚無性」からなる軸を便宜上「質」の軸と呼び、離接性モデルと区別したい。『偶然性の問題』においても「質」の軸は「離接的偶然」の章の第七節の「三種の体系の概括[32]」の図において「実在性」と「虚無性」という様相として一応は登場してはいるのだが、ほとんど説明はないので、宮野がいうように「哲学私見」で区別されたと考えるべきであろう。しかし、実在性と虚無性のアイデア自体は『偶然性の問題』の議論に記されてしまっているので、読者はいささか戸惑ってしまう。『偶然性の問題』の形而上学の水準における様相論という枠組みを考えるならば、質のカテゴリーを十分な説明なしに組み込むことは控えるべきであっただろう。しかし、この世界に生き、行為する私の主体にとって重要なのはやはり私の経験と観念であり、「質」である。この錯綜にこそ彼の哲学の実践への志向を見出すことができる。「質」の軸を導入することによって議論の整合性が幾分毀損されているにしても、それによって「存在」に対する「我」の経験と観念に支えられた「質」が議論に導入されている点に注目しなければならない。この離接性の枠組みに対して「質」の軸を割り込ませることによって生じた歪みにこそ彼の哲学の特徴が現れている。

偶然、必然、可能、不可能の四種類の様相に加えて、「我々の存在論的見地からは「現実」と「非現実」に当るもの」を様相として認めることが必要であると九鬼は主張する。(33) 彼はこの「現実」と「非現実」をC．I．ルイス（一八八三―一九六四）とベッカーの著作から導入しているが、その際に九鬼は両者の主張を読み替えている。(34) 彼は両者ともに

pp は真である。

――pp は偽である。

といった命題の真偽の問題に関心を持っていることに着目し、そして彼の存在論的見地から命題の「真」「偽」の問題を存在の「現実」「非現実」に置き替える。(35) これによってルイスの記号論理学、ベッカーの様相論理学は「現実」について論じる九鬼の「存在論理学」(36) へと組み替えられる。九鬼にとって「真」なものは「現実」に「存在」している世界であり、「偽」なものは「非現実」で「非存在」のものである。

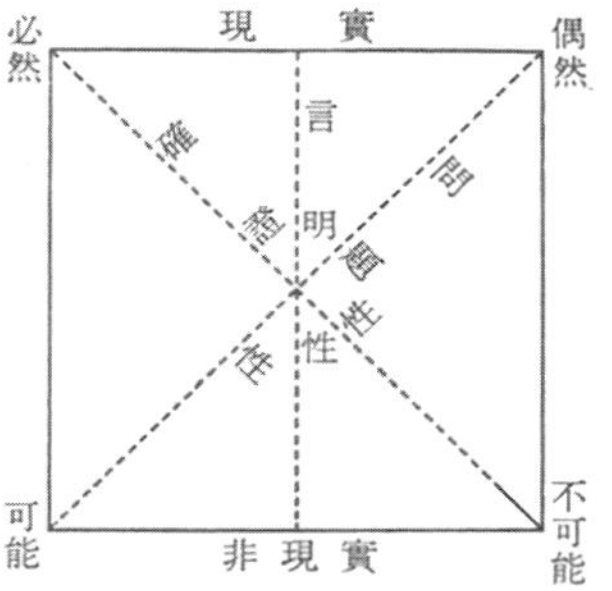

図1　九鬼による様相の図
（KSZ, 二, 一五九）

これで九鬼の様相論のすべての要素が出そろった。彼はそれを図にまとめている（図1）。

ここで彼の様相論の特徴を確認しておこう。彼は論理学の用語を用いているし、自身の試みを論理学だと主張しているが、現代において一般的な論理学とはモチベーションが随分と異なっている。(37) 彼は公理系に基づいた論理体系を形成しようとはしていないし、論理的真理には関心を持っていない。彼が行っているのは存在者と非存在者のステータスの分類である。別の言い方をするならば、何の理由もなく、ただ現実に存在して

いるこの世界の分析である。それゆえ自身の試みを存在論理学と称し、形式論理学を批判する。彼の形式論理学批判は今では完全にお門違いにしか見えないが、その背景には「現実」と「存在」を哲学、あるいは論理学によって学問的に分析することへの使命感がある。これは『「いき」の構造』から一貫するものである。このことは以下の引用に端的に述べられている。

形式論理学の世界がすべてであったならば、或は偶然性という概念は生じなかったかも知れぬ。然しながら現実は形式論理学の中和的主張に反抗して迄も偶然性の概念を産むことを要求したのである。（KSZ、二、一八一、傍線は筆者による）

このように九鬼がルイスやベッカーの論理を批判し、特異な「存在論理学」を主張した理由は「現実」にある。そしてその「現実」は「偶然性」と深く関係している。彼は様相を用いて世界の捉え方を三パターン提示する。これで彼の哲学における現実性と偶然性の位置とその問題が明らかになる。

世界を把握する：様相の三種の体系

九鬼は六つの様相を用いて三種類の様相の体系というものを示すのだが、ここで彼の言う体系は一般的な論理学で示されるような公理系ではない。彼が「体系」として示しているのは存在と非存在を把握の方法、つまり世界に対する観点の取り方である。本節ではこの三つの体系を分析していくが、第一体系、第二体系と第三体系の間には大きな差異があるので、まずは第一体系と第二体系について検討したい。第一体系と第二体系は

以下のようになっている。(38)

第一体系

(一)「存在」を「端的に肯定」する⇓現実

「存在」を「端的に否定」する⇓非現実

(二)「存在」を「可能なり」と肯定する⇓可能

「存在」を「可能ならず」と否定する⇓不可能

(三)「非存在」を「可能なり」と肯定する⇓偶然

「非存在」を「可能ならず」と否定する⇓必然

第二体系

(一)「存在」を「端的に肯定」する⇓現実

「存在」を「端的に否定」する⇓非現実

(二)「存在」を「可能なり」と肯定する⇓可能

「非存在」を「可能なり」と肯定する⇓偶然

(三)「存在」を「可能ならず」と否定する⇓不可能

「非存在」を「可能ならず」と否定する⇓必然

それぞれに三つの対がある。この対の組み方が九鬼の言う「体系」である。様相論の導入は基本的に存在の分類を論じる「事実」の問題であったが、この「体系」は分類された存在と非存在を関係づけることによって、

図2　九鬼による第一体系と第二体系の様相の関係の図（KSZ, 二，一六三）

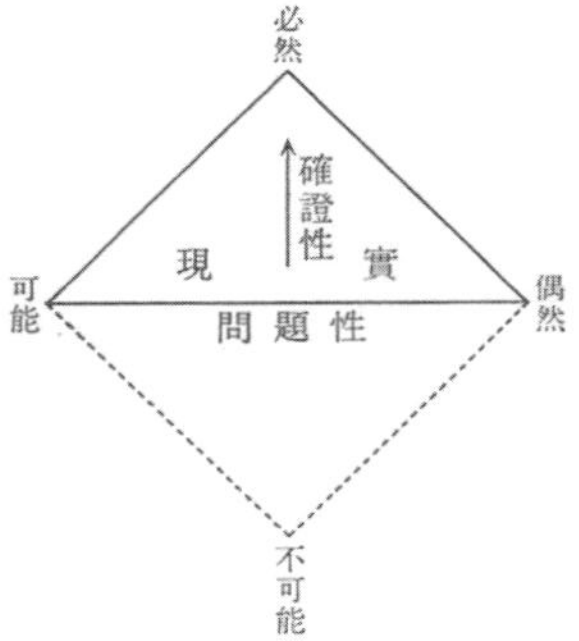

図3　九鬼による様相の第二体系の立場からの図2の変形（KSZ, 二，一六六）

特定の性格を強調しながら世界を把握する方法を論じている。

九鬼はそれぞれの体系を説明するにあたって伝統的な論理学の対当関係を用いる。第一体系は各対が矛盾対等の関係にある。「現実」と「非現実」、「可能」と「不可能」、「偶然」と「必然」、これらはいずれも両立しない。それゆえ彼は、第一体系は現実を静的に見る立場であると主張する。第一体系の立場において一番の関心事は「現実」に存在するか「非現実」の非存在かであり、二番目の関心事は、「存在」の場合は「非存在」が可能か否か、「非存在」の場合は「存在」が可能か否か、である。第一体系では「実在」と「虚無」は採用されないので、第一体系は形而上学的な様相論の領域から逸脱しない。ただただ現在においてここに存在するか否かが問われている。第一体系における「現実」は事実として存在しているものである。

第二体系は第一体系よりも複雑になっている。「必然」と「不可能」の対は反対対当の関係にある。「必然」と「不可能」は両立しないが、「必然」でも「不可能」でもない「問題的のもの」、つまり「偶然」と「可能」、が中間にある。その「偶然」と「可能」は小反対対当の関係にあり、「可能」と「偶然」は両立すると九鬼は主張する。この「可能」と「偶然」こそが第二体系の「現実」であり、これは両者が弁証法をなすことによって必然性へと展開していくと考える「動的」な見方であると彼は言う。

ここで九鬼はライプニッツの『モナドロジー』三三節の「思考の真理は必然であり、その反対は不可能である、事実の真理は偶然であり、その反対は可能である」[39]やG・W・F・ヘーゲル（一七七〇－一八三一）の『小論理学』の議論を参照しながら第二体系を論じることで、論理学としての議論の位置づけを整理している。近代哲学の論理学を借りながら九鬼が説明しているのは「偶然性」と「可能性」の間で「存在と非存在の二契機をその厚味の中に含んで常に問題を展開させている」[40]ものとしての「現実」である。第二体系の立場では「現実」はただ存在するものというだけではなく、存在と非存在の間へと位置づけ直される。彼がこのような観点を取る背景には「実在性」と「虚無性」からなる「質」の軸への注目がある。そしてなかでも特に、ライプニッツの「実在性」概念の影響をここに見出すことができる。ライプニッツは、実在性を現実に存在することを可能にする本質と捉えた。それゆえ可能は実在性によって裏打ちされており、可能は現実に存在することを指向する。このライプニッツのアイデアを基にして、九鬼は非存在である可能と存在である必然の間には実在性の程度の差しかなく、可能は必然へと展開するという見方をここでは示している。そしてこの実在性の裏には虚無性の運動がある。九鬼は、虚無性を本質が不在であるがゆえに非存在が可能であることと捉える。存在である偶然と非存在である不可能の間には虚無性の程度の差しかなく、本質を持たないにもかかわらず存在する偶然は非存在へと向かってしまう。このような観点から世界を把握するならば、現実は絶対的で静的なものではなく、揺れ動く動的なもののように考えられる。それゆえこの第二体系の観点は可能世界論へと行き着く。

実際我々はアメリカ人でもフランス人でもエチオピア人でも印度人でも支那人[41]でもその他いずれの国人でもあり得たのである。我々が日本人であるということは偶然である。我々はまた虫でも鳥でも獣でもあり得たのである。虫でもなく鳥でもなく獣でもなく人間であることは偶然である。(KSZ, 二, 二〇五—二〇六)

第二体系の観点に立つならば、「我」はこの世界では偶然に日本人であるが、別の世界では外国人であったかもしれないし、はたまた虫や鳥や動物であることも可能であったと考えられる。このような無数の可能世界と存在する唯一の偶然世界からなる「現実」を第二体系は捉えている。九鬼の「可能」は「未来(将来)」や「実現しなかった世界」など、現在「我」が直面しているもの以外のすべての実在性を持つ離接肢を含んでいる。この「質」の軸に依拠した動的な「現実」という観点を支えているのは人間の観念である。もちろん、現在において直面する事実としては可能な離接肢は存在せず、偶然な離接肢だけが存在する。しかし、人間は直面する事実を受けて、他の実在性のある可能世界を考える。その時しばしば、「我々はまた虫でも鳥でも獣でもあり得たのである。虫でもなく鳥でもなく獣でもなく人間であることは偶然である」と可能世界と偶然世界の交換可能性が強く感じられることがある。それゆえ可能性は必然性へと展開し得るように、そして偶然性は非存在へと向かい得るように、思われる。このように世界と直面する人間の想像を含み込んだものとしての広義の「現実」が第二体系では示されている。

第一体系は現実を事実として存在しているものごととみなす立場であるが、第二体系は現実を「存在」と「非存在」の間に位置づける。第一体系は淡々と事実を捉えて分析しようとする一方で、第二体系は事実を引き受けて想像を展開しているのだ。第一体系と第二体系のどちらの観点も必要であるし、どちらかが優れているというものでもない。とはいえ人間学を標榜する九鬼の哲学が注目するのは第二体系である。可能世界論へと行き着き、「我」が「他なるもの」であることも可能だったと考えているとき、「我」が直面しているのは人間の実存に対する問いである。この実存の問題と関わるのが、第三体系である。

第三体系は第一体系とも第二体系とも大きく異なる。まず、九鬼は他の体系の議論のように第三体系の導出過程を論じることはしない。彼はただ様相の対を提示するだけで、先に第一体系と第二体系を論じる際に示したような四角形あるいは三角形の図を用いることもない。第三体系は以下の三対である。[42]

第三体系
（一）現実
　非現実
（二）必然
　可能
（三）不可能
　偶然

「必然」と「可能」は実在性の対、「不可能」と「偶然」は虚無性の対になっている。このように第三体系では、第二体系では部分的に採用されていた「質」の軸を全面的に展開していて、形而上学的な離接性モデルの観点は取られていない。ここで九鬼は「必然」と「可能」の対と「不可能」と「偶然」の対は大小対当の関係にあり、「可能性」増大の極に「必然性」があり、「偶然性」増大の極に「不可能性」があるとする。このような「質」カテゴリーを全面展開した「可能」が増大し「必然」になる、「偶然」が増大して「不可能」になる、という観点はどのような場合に用いられるものだろうか。この第三体系の観点が用いられるのは、第三体系が登場する直前の「離接的偶然」の章の第五節「偶然性と不可能性との近接関係」に列挙されている例を見る限り、それは確率である。[43] 九鬼が挙げる例を二つピックアップしてみると、まずクローバーの中でも四葉のクローバーは可能性が低く、偶然的なものであるという例が挙げられている。もう一つは、九鬼が京都から東京へ向かう特急燕号の満員の食堂車で宮崎県に住む義弟の隣席にたまたま座った話を挙げている。九鬼は「その瞬間に自分は不思議さに打たれた」[44] そうだが、よく考えてみるとどちらも翌日の岳父の法要に参加するために西日本から上京する状況だったので、同じ日に同じ特急燕号に乗り込むことは「大いに可能性を有っている」ことだったと結論付けている。この二つの例で彼が検討しているのは経験上の都合を考慮に入れた場合にその離接肢が実現する確率の大小についてである。ここで検討されている「可能」と「偶然」は「明日は寒冷前線の通過が予想されるため、雨が降る可能性が高い」や「偶然にも、濃霧のために搭乗を予定していたフライトは欠航になった」といった現代の日本において日常的に使われる経験的な水準における確率を加味した認識である。第三体系の立場は推理や想定、価値判断などを行っている場面で示される観点であるということができる。このようにして、彼は行為を決定するための人間の想像を論じる際に、「実在性」と「虚無性」からなる「質」の軸を導入している。

ここまで第一体系、第二体系、第三体系と確認してきたが、ここまでの分析の結果として、第一体系から第三体系へと向かうにしたがって離接性モデルから「質」カテゴリーへと議論の軸が移っていき、それにつれて存在の分析から人間の想像へと議論の関心が移っていると、まとめることができるだろう。

実在を生産する：偶然性を起点とする生産原理

しかし、九鬼による第三体系の議論にはまだ続きがある。第三体系を理解する上での最大の困難は彼が第三体系の説明として偶然性を起点とする「生産原理」を図で提示していることである。この生産原理は第三体系の図解であると彼は主張しているが、生産原理と第三体系の間には様々な齟齬がある。この生産原理は第三体系で論じられていた経験の水準における確率をめぐる議論とは別の問題であり、彼は抽象的な概念図でこれまで特に議論してこなかった論点を第三体系のものとして唐突に提示している。彼の言葉を額面通りに受け取ってこれを第三体系の図として理解することは難しい。それゆえ私はこの生産原理を第三体系とは別物と考えたい。その上で生産原理は何を記述しているのかを考えたい。少し長いが生産原理の図と説明を引用する。

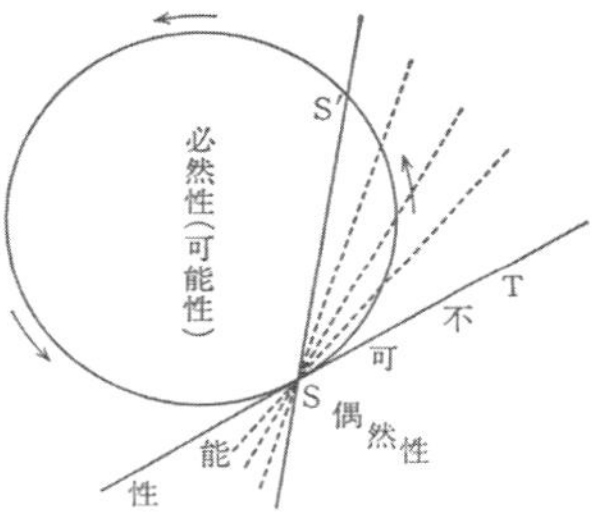

図４　九鬼による生産原理の図
（KSZ, 二, 一八六）

> この図に於て円周は必然性を表わし、弧は可能性を表わす。切線ＳＴは不可能性を表わし、切点Ｓは偶然性を表わす。切点Ｓが曲線の生産点として自己から出発し、矢の方向へ進行して全円周を生産し終ったときに静止する。静止の状態に於て把えられた円周と切点Ｓとが現実性を表わし、運動の状態に於て考えられた弧と切線ＳＴとが非現実性を表わす。
>
> 可能性を表わす弧が矢の方向に増大した極限は必然性を表わす円周となる。弧が次第に減少して矢の方向と反対にＳ'が限りなくＳに近づき、直線ＳＳ'が限りなく直線ＳＴに近づき、遂にその極限として直線ＳＳ'が直線ＳＴに合し、Ｓ'がＳに合した場合に、偶然性としてのＳが浮出て来るのである。

換言すれば偶然性は不可能性を表す切線STが可能性を表わす曲線に接する切点としてのSである。偶然性は不可能性の直線上に位置を有っている無に近いものである。そうして円周の否定が点である如く、偶然性は必然性の否定である。また円周上にS点以外に無限数の切点が思惟せられる如く、偶然性は離接的なる可能性の統体の一離接肢に過ぎない。しかも偶然性は自己が生産点たることを自覚するや極微的可能性より出発して曲線を連続的に充実し、遂に可能性を必然性の円周にまで展開し得る現実の力である。

（KSZ、二、一八六―一八七 強調原文）

この説明には三つのステップが記述されている。

①　切点Sが曲線の生産点[45]として自己から出発し、可能性を生産する。

②　全ての可能性（＝必然性）を生産し、点Sが静止する。静的に捉えられた必然性と偶然性が現実性、動的に捉えられた可能性と不可能性が非現実性である。

③　可能性が次第に減少しその極限において切点Sだけが残されたとき、不可能性にさらされた存在としての偶然性が浮き出てくる。

①の生産する切点Sと③の偶然性として浮き出てくるSは、どちらも偶然性であるが、強調されている側面が異なる。①の生産する切点Sは「産み落された現実性としての偶然性[46]」であり、「曲線の生産点として自己から出発」という記述は始原としての原始偶然がスピノザの「自己原因」やシェリングの「自己偶然」と重ね合わせられていることと一致するので、①の生産する切点Sは始原としての原始偶然に相当していると推定できる。[47]始原としての原始偶然である①のSで強調されているのは偶然性が現に存在するということ、つまりは事実

性である。一方③のSは可能性が極限にまで減少した際に浮き出てくる不可能性と接する偶然性であり、こちらで強調されるのは偶然性の「虚無性」である。この生産原理は始原としての原始偶然から可能性と必然性が生じ、可能性が潰れることによって虚無性としての偶然性が浮き出るという構図になっている。ではこの生産原理は何を記述しているのか。

この抽象的な議論を考える上でヒントとなるのは、右記の引用直後で偶然性が「我」、可能性が「汝」と言い換えられていることである。[48]『偶然性の問題』においては基本的に「汝」は「我」の外部一般を意味しているので、[49]ここで記述されているのは偶然的な存在である「我」がその外部である「汝」の可能性と「展開された現実性」である必然性を生産する過程である。これはつまり「事実」として存在するが「虚無」にさらされた偶然から可能と必然の「実在」を生産する過程である。では「我」が「汝」を生産するとはどういうことか。この偶然性から始まる生産原理と相当程度対応している『偶然性の問題』の結論の記述が手掛かりになるだろう。

> 我々は偶然性の驚異を未来によって倒逆的に基礎づけることが出来る。偶然性は不可能性が可能性へ接する切点である。偶然性の中に極微の可能性を把握し、未来的なる可能性をはぐくむことによって行為の曲線を展開し、翻って現在的なる偶然性の生産的意味を倒逆的に理解することが出来る。「目的無き目的」を未来の生産に醸して邂逅の「瞬間」に驚異を齎らすことが出来る。（KSZ，二，二五九，傍線と強調は筆者）

以上の記述からこの生産原理で論じられているのは存在を分類し、把握したうえで「行為」することだとわかる。つまり九鬼の議論は離接性モデルによって現在直面する事実としての存在を分類し、実在性と虚無性からなる「質」の軸によって人間の想像を導入し、そして生産原理によって行為する主体を形成し、さらに実在を生産し、最後にこの現実の虚無性を知るという過程をたどっている。これは様相の第一体系で示した存在の静的な認識と第二体系の動的な存在の認識を経て、第三体系でこの世界が現実化したことの偶然性を理解し、そしてそのはかなさを受け止めつつ行為を展開するという実存の行為のプロセスになっているとみなすことができる。言い換えると、これは事実としての現実を認識し、次に事実とは異なることも現実には可能であったと想像し、そして次の現実を生産するために行為を展開するというプロセスである。この生産原理は九鬼の様相の三つの体系を総合して実践的な行為を生産するための理論なのだ。彼はこのようにして離接性モデルの導入から生産原理に至る一連の議論によって無根拠性にさらされた「我」が現実を生産し、行為するまでの仕組みを描いている、とまとめることができるだろう。

九鬼周造の『偶然性の問題』における「現実」

ここまで九鬼の『偶然性の問題』における「現実」について分析を行ってきた。彼は離接性モデルを用いることで事実の層を、実在性と虚無性からなる「質」の軸を用いることで人間の想像の層を、それぞれ捉えようとしている。この事実の層が狭義の現在直面する現実であり、事実と観念からなる実践の層は広義の現実である。そして生産原理によって「我」が偶然から実在を伴った現実を生産し、行為する主体を形成する。彼はこのようにして「我」＝原始偶然の一点から実在を伴った現実を再び生み出し、行為を展開していった。

詳細は次章に譲ることになるが、この九鬼の生産原理と重ね合わせながら彼の議論の展開について概略を述べておきたい。生産原理のモデルを手引きに『偶然性の問題』などの議論を分析すると、九鬼の現実を生産し、行為する仕組みは具体的には以下のようになっている。

Ⅰ．「我」が「与えられた現実」[50]に産み落とされる。（①原始偶然としての切点Sの誕生）

Ⅱ．「我」が他なるものである「汝」の可能世界を、そして神の「永遠の相の下」において無数の可能世界からなる世界全体を、想像する。（①―②可能性と必然性の生産）

Ⅲ．過去・現在・未来からなる時間の下に生きる「我」の歴史としての運命を自覚することによって、「我」は現在における「汝」との邂逅を受け止めつつ行為主体を形成する。（③偶然性の浮き出）

この行為主体の形成を経た結果、『偶然性の問題』の「結論」では「我」は孤独から抜け出して離接肢の連続体としての歴史を生産するものと考えられるようになる。その時、「我」は非連続な原始偶然ではなく、連続性を持った必然になる。そして「汝」は現在において「我」が邂逅する直接的な体験としての偶然に重ね合わされるようになる。このようにして、『「いき」の構造』発表後に見失われていた時間的連続性と他者との共同体が、生産原理に則った「汝」との邂逅によって再建されるのである。

九鬼の様相論理学は哲学史を踏まえつつも彼の独自の発想に基づいた非常に独創的なものだ。次章に移る前にこの哲学のポテンシャルについて考えておこう。彼の端正な表現につられて見逃されがちだが、現在を原始偶然、つまり事実として存在しているが無根拠なもの、と捉えて経験的な時間の連続性を疑問視し、原始偶然から行為主体の再構築を図るという彼の哲学の行程は、一般的に言って、非常に不安定で危ういものである。「我々」と時間の連続性を退け、「我」の直面する現在だけを確実なものとする彼の哲学は、デカルトの誇張懐疑と同様のモチベーションであり、プライベートの困難の中で練り上げられた九鬼の思想の軌跡としては、納得のいくものではある。しかし、哲学史や彼の軌跡といった文脈から切り離してそれだけを見たとき、やはりそれは極端に孤独な考え方であり、例えば彼と東京帝大の同級にして京都帝大の同僚だった和辻の「間柄」を基底に据える倫理学とは真っ向から対立する。そして九鬼が共同体と時間の連続性を再構築するにしても、結局のところ、彼の行為主体が生産する連続性は、それが虚無性に根差した原始偶然に基礎を置いている以上、その偶然性に由来する無根拠性を抱え続ける。彼は西田に倣って自己のことを「自己とは実体のような単なる連続ではなくて、非連続の連続という構造」[51]だと述べているが、それはあくまで原始偶然に基礎を置いた非連続の連続であり、常に非連続へと解体して破綻する危険にさらされている。彼の理論はあくまで危機をかろうじて乗り越えるための危ない橋の再建なのだ。

この点を小浜善信は肯定的に読み替える。小浜は九鬼の永遠回帰論についての論文の結論において、彼の時間論は「いつでもその都度の今を「始まり」にすることもできれば「終わり」にすることもできる、あるいはまた、終わりにすることもできれば「始まり」にすることもできるということである」と解釈し、「「希望と再生」の思想」として見直すことを提案している。[52] 小浜の提案は大変美しく、苦境にある人を勇気づけるものである。

小浜の解釈は魅力的ではあるが、しかし私は九鬼が描く主体の脆さの否定的な側面を見逃すことはできない。彼が過去、未来による支えを失った無根拠な現在からもう一度存在を把握し直し、再構築する過程はあまりにも偶然任せであり、築かれる行為主体はあまりに脆く、容易に破綻を迎えてしまう。彼の哲学が再建する連続性はあまりに脆い。このような脆い主体でもって生きることには、やはり苦しみがある。[53]

しかしこの脆い自己こそが現実に生きる人間の真実ではないか。忘れられない過去がある反面、記憶は曖昧となるし、しばしば偽の記憶も作られる。どうしようもなく決定づけられた未来もあるが、計画通りには進行せず、偶然の出来事によって思いもしない未来が到来する。唯一確実なものは目下直面する「我」の現在しかない。確定した事実と、不確実な観念の間で人間は、時に失敗しながらも、常に自己を再構築し、未来へと行為していく。人生は常に危ない橋なのだ。九鬼の哲学が提示しているのは、事実の層から人間の想像を生産し、「我」の行為を可能にする道筋である。原始偶然に直面し、その脆さを知り、そこにある破綻と再生を背負いながら現実を生産していく人間のあり方こそ、彼が『「いき」の構造』から『偶然性の問題』にかけて追い求めてきた「生きた現実」である。

第三章　世界を創る：『偶然性の問題』の行為論

第二章では九鬼の主著『偶然性の問題』の「離接的偶然」の章でなされている様相論を読み解いた。第三章では「離接的偶然」の章の議論を行為論として解釈し、彼の哲学の実存の哲学としての側面を明らかにする。九鬼の論文集のタイトルが『人間と実存』であることからも明らかなように、「人間」と「実存」は彼の哲学の最重要テーマである。彼にとって「実存」はExistenzの訳語「現実存在」を略したものだが、これは現実にただ存在しているだけという意味である。この「現実」は様相の第一体系の意味での「現実」であり、物理的身体を備えたものとして今ここに事実としてただあるということである。ゆえに実存は歴史や社会さえも持たずに、本当に孤独で偶然的な存在であるとみなされている。一方の「人間」は「三つのしん」という理念によって支えられた存在であり、いわば実存と観念の複合体であると考えることができる。本書における「行為」は「実存」が自己の歴史性と他者との関係を取り戻し、社会の中で主体を形成していくための自己の意志的な行動のことである。つまり「実存」が「人間」になるプロセスが行為である。これこそが『「いき」の構造』以降、歴史と社会を見失っていて孤独になっていた彼が連続性を再建するために必要だった議論である。

偶然性とは何か

前章とは少し違う角度から、もう一度九鬼の哲学における偶然性の定義を確認しておこう。次に引用したのは『偶然性の問題』の冒頭である。

偶然性とは必然性の否定である。必然とは必ず然か有ることを意味している。すなわち、存在が何等かの意味で自己のうちに根拠を有っていることである。偶然とは偶々然か有るの意で、存在が自己のうちに十分の根拠を有っていないことである。すなわち、否定を含んだ存在、無いことの出来る存在である。換言すれば、偶然性とは存在にあって非存在との不離の内的関係が目撃されているときに成立するものである。有と無との接触面に介在する極限的存在である。有が無に根ざしている状態、無が有を侵している形象である。（KSZ，二，九）

偶然は「否定を含んだ存在、無いことの出来る存在」であり、存在の問題である。それはすなわち偶然は形而上学の問題であることを意味する。そして「偶然性とは存在にあって非存在との不離の内的関係が目撃されているときに成立する」とあるので、偶然性は目撃されることによって成立する。つまりこれは存在の認識の問題、言い換えると形而上学の認識論である。偶然は「偶々然か有る」存在であり、偶然性は観測者がそれを認識することによって成立する。そして九鬼が著書に『偶然性の問題』と命名したことは、彼の関心の中心が偶然そのものよりもむしろ、それを認識する人間の方にあったということを示している。九鬼は偶然を「定言的偶然」「仮説的偶然」「離接的偶然」の三つに分けるが、いずれにあっても偶然性を見て取る人間の存在が示唆されている。例えば第一章の「定言的偶然」では『列子』の范氏子華の客たちは商丘開が高楼から飛び降りても無傷だったことを「孤立的事実を偶然と考えた」という話が一例として挙げられている。これは判断の主体である「范氏子華の客たち」が発生した事象である「商丘開が高楼から飛び降りても無傷だったこと」に偶然性を認識したから、偶然と判断されたのである[1]。前章でも触れた「木を植えるために穴を掘っていたら地中から宝物が出てきた」という仮説的偶然も、宝物を掘り当てた植木職人たちがその時に偶然性を感じたからこそ偶然として判断される。「我々はまた虫でも鳥でも獣でもあり得たのである。虫でもなく鳥でもなく獣でもなく人間であることは偶然である」という形而上学的な感慨も、「我々」がその偶然性を認識したからこそ湧き立つものである。人間がそこに偶然性を認識するからこそ、偶然は生じる。前章で確認したように彼が当初この種の離接的偶然を心理的なものに分類していたことをここで思い出しておこう。彼は人間が偶然性を認識し、事象を偶然と判断することを重視している。たとえ判断する主体がいなくても偶然と判断され得る事象は存在するだろうが、偶然性は認識する主体なしには生じ得ない。

「離接的偶然」の章で展開される九鬼の形而上学では、この偶然性を見て取る人間は行為主体となる孤立した個人に位置づけられる「我」である[2]。前章で予告した通り、それゆえ「我」は『偶然性の問題』の中心軸であり、偶然性と偶然は「我」の認識と世界の存在を論じるための装置となっている。

『偶然性の問題』における「我」と「汝」のデュアリズム

この「我」が他者と邂逅して根源的な間主体的社会性を構成し、共同体の中で行為できるようになることが、以下の引用が示すように、『偶然性の問題』の「結論」で示される九鬼の哲学の到達点の一つとなっている。

偶然を成立せしめる二元的相対性は到るところに間主体性を開示することによって根源的社会性を構成する。間主体的社会性に於ける汝を実存する我の具体的同一性へ同化し内面化するところに、理論に於ける判断の意味もあったように、実践に於ける行為の意味も存するのでなければならない。（KSZ, 二, 二五八—二五九）

『偶然性の問題』の形而上学では孤独な自己が「我」と「汝」のデュアリズムを基盤に行為を構成し、世界を再建することが課題となる。もちろん、この二元性はかつて『「いき」の構造』にあった「平行線のデュアリズム」ではない。パリ滞在期の詩「偶然性」にあった不思議な平行線の交差である。それは『「いき」の構造』では否定的に評価された「恋」であり、偶然性であり、「因果の浪の寄するがまま」に二人で真珠玉を拾う邂逅の瞬間である。この不思議な「我」と「汝」の邂逅から、間主体的共同体を形成することが九鬼の形而上学の課題なのだ。だが彼はもう一段ラディカルに、課題を設定する。『偶然性の問題』の形而上学において破綻しているものは共同体だけではない。そもそも行為を構成する「主体」さえも一度解体している。彼は本当にただただ今、ここに現実に存在しているとしか言えない孤独な実存から議論を開始する。

孤独な自己としての原始偶然

九鬼が『偶然性の問題』において直接与件と認めたものは、前章で確認したように「原始偶然」である。この概念については前章でも簡単に確認したが、ここでは別の角度から再度検討してみよう。この原始偶然はもともと後期シェリングの積極哲学で言及される概念である。しかし九鬼はシェリングの考えをそのまま受け継ぐのではなく、彼自身の手で大きく改変して独自の概念にしている。原始偶然は、まず『偶然性の問題』では「仮説的偶然」の章の最終節「一一　仮説的偶然から離接的偶然へ」において導入された。

我々は経験の領域にあって全面的に必然性の支配を仮定しつつ、理念としてのxを「無窮」に追うたのである。しかしながら我々が「無限」の彼方に理念を捉え得たとき、その理念は「原始偶然」であることを知らなければならない。（KSZ、二、一四六）

九鬼は、経験の水準において必然性の支配を認めた場合は、因果系列を無限にさかのぼった彼方にある最古の究極の原因として、理念としての原始偶然が現れると主張する。これは、世界は経験としては確かに存在しているが、その領域を支える形而上学的な根拠はない、という彼の存在論の基本的な考えの表明である。そしてこの「無限」の彼方にある理念は、シェリングの積極哲学においては歴史の起点としての原始偶然と呼ばれた、と九鬼は考える。

この「無限」の彼方にある理念としての原始偶然は、歴史に起点を想定するという考えで、これは現代でいうところの宇宙の起点としてのビッグバンである。九鬼が理念としての原始偶然を物質の因果の水準で考えていて、現代に生きていればそれをビッグバンと同一視したことは彼が『偶然性の問題』の手澤本の全集版一四六頁に相当する個所に書き込んだ図（図5）を見れば容易に推定できる。橋本崇は、シェリングの原始偶然は神の現実性を背景に持った直線的なキリスト教的歴史観の始原であるが、九鬼の偶然性の形而上学は「「単なる現実としての現実の現実性」である偶然性を、更に「瞬間としての永遠の現在の鼓動」に於いて、直接体験に

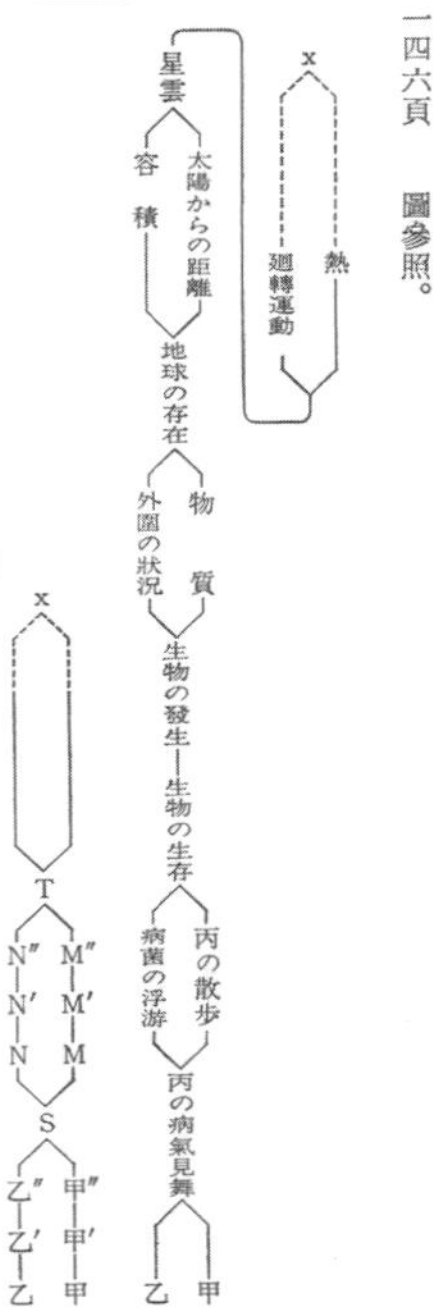

図５　九鬼による理念としての原始偶然導出の図（KSZ, 二, 二六二）

よって正視することを目指す」ものであるとまとめている。[3] この「単なる現実としての現実の現実性」は物質の因果性の水準のことである。このように同じ語を用いながらも両者の意味は根底から異なっている。九鬼の原始偶然はシェリングのそれとは対照的に無根拠性を示す概念なのだ。彼は「驚きの情と偶然性」においてシェリングの原始偶然を論じた後で次のようにまとめる。

西洋の哲学がキリスト教の影響の下に立っている限りは、純粋な偶然論、純粋な驚きの形而上学は出来て来ないのである。ライプニッツは「より善きものの原理」に従う決定論になってしまったし、シェリングは自由意志論を主張したに過ぎないのである。（KSZ, 三, 一六三）

シェリングが原始偶然の象徴として、神話のエバが誘惑に負けて知恵の実を食べた話やペルセポネがハデスに差し出されたザクロを食べてしまったエピソードを挙げていることを踏まえて、九鬼はシェリングの原始偶然は畢竟、自由意志による選択論でしかないと批判する。彼は、真の原始偶然の立場は自由意志論ではなく、偶然に起こる出会いに世界の起源を見出すものであると、シェリングの議論を換骨奪胎しながら主張した。一九世紀のロマン主義に生きたシェリングは原始偶然の背後に神の選択を見ることができるが、二〇世紀の科学の時代に生きた九鬼は、シェリングの哲学に魅力を感じつつも、世界の外側にそれを支える何かを確実なものを見出すことはできない[4]。とはいえ原始偶然がこのような意味であるならば、この理念としての原始偶然は本章の課題である実存の行為による人間の形成という問題からは縁遠いように思われる。

前章で確認したように、九鬼は形而上学的な存在論に取り組む「離接的偶然」の章において、原始偶然は「無限」の彼方にある理念ではなく、目下現在において直面する現実にこそ見出されるものだと主張していた。離接的判断の水準の形而上学的立場からは「現在」が原始偶然であり、この瞬間こそが無根拠ながらも現に存在するものと見なされるようになっていた。正視されるものは現在の一点だけであり、過去と未来は現在から斜視的に目撃される二次的なものに位置づけられる[5]。現在が原始偶然であるとするならば、存在者は「無に等しい現在に於て危く成立する[6]」瞬間的なものとなる。「仮説的偶然」の章では経験の水準を論じていたので、因果系列として過去から現在を経て未来へと流れる時間が前提とされていたが、形而上学の水準を論じる「離接的偶然」の章ではその連続性を自明のものとしない。ただ危うく成立する現在の現実だけが無にさらされながらも、しかし確かに存在する原始偶然と認められ、過去、未来との連続性は二次的に目撃される。そしてこの過去と未来から切り離された現在の瞬間としての原始偶然に「我」は位置づけられる。『偶然性の問題』で論じられている「我」は「無に等しい現在に於て危く成立する」ような時間的にも孤立したものであり、言い換えると自己の歴史的根拠を喪失した状態にある。つまり「我」は社会的に孤独なだけでなく、歴史的にも孤立しており、つまりはあらゆる意味で点的な存在なのである。

このように『偶然性の問題』の「離接的偶然」の章は現在の瞬間としての原始偶然を直接与件としているので、「我」は共同体と歴史性を喪失している。そして『偶然性の問題』の「離接的偶然」の章の議論を分析すると、そこで展開されている様々なトピックは孤立した「我」が共同体と歴史を再構築するための探求であることが見えてくる。

偶然性を起点とする生産原理

その「離接的偶然」の章における共同体と歴史の再構築の理論モデルが様相の三種の体系の第三体系の図で表された「生産原理」であることは前章で示した。繰り返しになるが、確認しておこう。

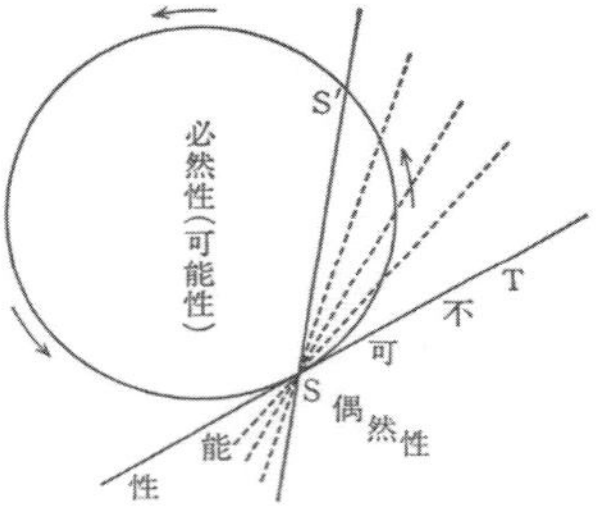

図6　九鬼による生産原理の図
（KSZ, 二, 一八六）

この図に於て円周は必然性を表わし、弧は可能性を表わす。切線STは不可能性を表わし、切点Sは偶然性を表わす。切点Sが曲線の生産点として自己から出発し、矢の方向へ進行して全円周を生産し終ったときに静止する。静止の状態に於て把えられた円周と切点Sとが現実性を表わし、運動の状態に於て考えられた弧と切線STとが非現実性を表わす。

可能性を表わす弧が矢の方向に増大した極限は必然性を表わす円周となる。弧が次第に減少して矢の方向と反対にS'が限りなくSに近づき、直線SS'が限りなく直線STに近づき、遂にその極限として直線SS'が直線STに合し、S'がSに合した場合に、偶然性としてのSが浮出て来るのである。換言すれば偶然性は不可能性を表す切線STが可能性を表わす曲線に接する切点としてのSである。偶然性は不可能性の直線上に位置を有っている無に近いものである。そうして円周の否定が点である如く、偶然性は必然性の否定である。また円周上にS点以外に無限数の切点が思惟せられる如く、偶然性は離接的なる可能性の統体の一離接肢に過ぎない。しかも偶然性は自己が生産点たることを自覚するや極微的可能性より出発して曲線を連続的に充実し、遂に可能性を必然性の円周にまで展開し得る現実の力である。（KSZ、二、一八六―一八七　強調原文）

右記の図と説明は非常に抽象的であるが、要約するとここには三つのステップが記述されていた。

①　接点Sが曲線の生産点として自己から出発し、可能性を生産する。

②　すべての可能性（＝必然性）が生産され、点Sが静止する。静的に捉えられた必然性と偶然性が現実性、動的に捉えられた可能性と不可能性が非現実性である。

③　可能性が次第に減少しその極限において接点Sだけが残されたとき、不可能性にさらされた存在としての偶然性が浮き出てくる。

前章で確認したように、この接点Sが原始偶然であることは明らかだろう。そして上記引用の直後で「偶然性」が「我」、「可能性」が「汝」と言い換えられているので、[7] Sは「我」でもある。『偶然性の問題』の第三章「離接的偶然」の後半ではこの生産原理に従った議論が断続的に展開され、「結論」の邂逅の倫理へとつながっていく。そこから組み立てられる九鬼の行為論のステップは以下のようになっている。

Ⅰ．「我」が「与えられた現実」に産み落とされる。（①原始偶然＝我としての切点Sの誕生）

Ⅱ．「我」が他なるものである「汝」の可能世界を、そして神の「永遠の相の下」において無数の可能世界からなる世界全体を、想像する。（①―②可能性と必然性の生産）

Ⅲ．過去・現在・未来からなる時間の下に生きる「我」の歴史としての運命を自覚することによって、「我」

は現在における「汝」との邂逅を受け止めつつ行為主体を形成する。(③偶然性の浮き出)

前章から引き続いて、このステップの実態を明らかにすることが本章の目標である。

可能世界の想像

「I.「我」が「与えられた現実」に産み落とされる。(①原始偶然＝我としての切点Sの誕生)」については既に検討してきたところである。「我」は第一に共同体と歴史性を喪失した孤独な実存として存在する。

続いて「II.「我」が他なるものである「汝」の可能世界を、そして神の「永遠の相の下」において無数の可能世界からなる世界全体を、想像する。(①―②可能性と必然性の生産)」に進もう。ここで九鬼は「①接点Sが曲線の生産点として自己から出発し、可能性を生産する」の具体的な展開として可能世界論を検討している。彼の可能世界論が詳細に検討されるのは執筆年不明の未発表原稿「偶然化の論理」[8]と一九三九年の「驚きの情と偶然性」であるが、議論の骨組み自体は『偶然性の問題』で既に現れている。両論文も参照しながら、偶然性による可能性の生産を考察しよう[9]。

九鬼は可能世界論を検討する時には第一にライプニッツの『弁神論』にあるセクストゥス・タルクィニウスの挿話を参照する。セクストゥスの物語を通じてライプニッツは無数の可能世界があるが、神によって創造されるのは最善世界だけであると主張した。九鬼はライプニッツが無数の可能世界を論じた点については評価するものの、神によって最善世界が選択されたと考えたことは独断論であると批判する。この批判には二つ含意がある。まず指摘できるのはライプニッツが可能世界を神の創造としている点への批判である。九鬼が可能世界を論じる際に念頭に置いているのは、人間のごく日常的な想像である。『偶然性の問題』で彼は具体例として競馬を挙げる。[10] あるレースでA馬が一着であったとする。[11] この時、A馬が二着や三着である場合も可能な離接肢として考えることができるので、A馬が一着であることは偶然であると、彼は論じる。確かに、レースが終わった後に外れ馬券を買った人たちが、例えば「もっと外に出して末脚を活かせばB馬が勝っただろうに」などとぼやく姿はしばしば目にする光景である。B馬が一着でA馬が二着の可能世界を私たちは容易に想像できる。彼は他にも、明日、月が地球に落ちてくる、人間が木星に住んでいる、日本人ではなく外国人である、さらには人間ではなく虫、鳥、動物である、等の例を列挙している。このような人間の想像力こそが可能世界の原動力である。

九鬼の可能世界論は実存が自身の投げ込まれた偶然的な現在を引き受けたうえで展開する想像である。彼の可能世界は、自分は地球に住む日本人で、競馬のレースではA馬が勝った、という偶然に存在するこの世界を与件に繰り広げられる想像となっている。彼の議論によるとこの想像の範囲は広く、存在しなかった過去（A馬が二着になった）、存在しない現在（人間が木星に住んでいる）、「我」以外の他者である「汝」（外国人、虫、鳥、動物）、そして存在することになるかどうかわからない未来（明日、月が地球に落ちてくる）が含まれている。これはつまり、現在存在する「我」とかつて存在したもの以外のうち、人間が少しでも実在性を看取することができるものすべてである。彼の可能世界論は「我」が投げ込まれた偶然存在する現実と、それに応じた「我」による想像の問題である。

九鬼は偶然存在する世界は原始偶然であり、世界が存在することの根拠は不十分であると考えた。神の立場から世界を考えるライプニッツは神が最善世界を選択し、創造したと考え、他の可能世界については共可能性がないことを理由に退けた。先にシェリング批判を確認した際に引用した個所で「ライプニッツは「より善きものの原理」に従う決定論になってしまった」と九鬼は記していた。ライプニッツのように無数の可能世界は神によって最善の世界に収れんさせられてしまったと考える筋合いはないと九鬼は考える。有限な「我」の主観から世界に臨むならば、偶然に「我」が投げ込まれたこの現実に存在する世界が最善世界であると考える根拠はないし、逆に実現しなかった可能世界の方が最善であると考えない理由もない。無数の可能世界のすべてに対して共可能性の不在を見る必要もない。「我」の立場からすれば世界は無根拠に存在している。ひょっとすると「我」が知らないだけで世界は無数に存在しているのかもしれない。「我」が鳥として生きている世界が存在していても問題はなかったのではないかと考えられるし、その世界が「我」が人間であるこの世界よりも劣ると断言することもできない。何が最善なのか、なぜ「我」はこの世界に偶然存在しているのか、それは「我」にはわからない。

九鬼の可能世界論はライプニッツの可能世界論を参照しつつも、それを神による創造の問題から「我」による想像の問題へと換骨奪胎することによって世界存在の根拠を否定している。そしてその代わりに偶然に存在する世界と無数の存在しない可能世界からなる「我」による想像力を駆使した世界の捉え方を提示する。「我」はただ一点存在する現在の現実を受けて無数の可能性を想像する。その極限において、離接肢の総体である「絶対的形而上的必然」[12]という理念に「我」は思い至ることになる。「②すべての可能性（＝必然性）が生産され、点Sが静止する。静的に捉えられた必然性と偶然性が現実性、動的に捉えられた可能性と不可能性が非現実性である」である。この形而上学的な視点である「絶対的形而上的必然」まで観念を巡らせた後で「我」はもう一度現実の、偶然性の水準へと帰ってくる。[13]それが「③可能性が次第に減少しその極限において接点Sだけが残されたとき、不可能性にさらされた存在としての偶然性が浮き出てくる。」である。これは「Ⅲ．過去・現在・未来からなる時間の下に生きる「我」の歴史としての運命を自覚することによって、「我」は現在における「汝」との邂逅を受け止めつつ行為主体を形成する。（③偶然性の浮き出）」であり、行為の完成段階である。

可能性の収束、偶然性の浮上

このようにして目下直面する現在としての原始偶然に直面した「我」は無数の可能性を想像するが、「我」の現実に将来し、現実に存在することになるものは未来の可能性の一部だけである。九鬼は時間論を論じる際には未来だけを可能性とする。そして現在を偶然性、過去を必然性に位置づける。未来には多くの可能性がある。例えば子どもの頃は様々な「大人になった時の自分」を思い描くことができるが、成長するにつれて選択肢は減っていき、実際に実現したのは「この自分」である。このように可能性は時間の流れとともに「現実」によって制限を受けて縮小し、現在の一点に収束する。そして、その一点は過去へと体積していく。彼はその時間の流れを次の図7で表した。

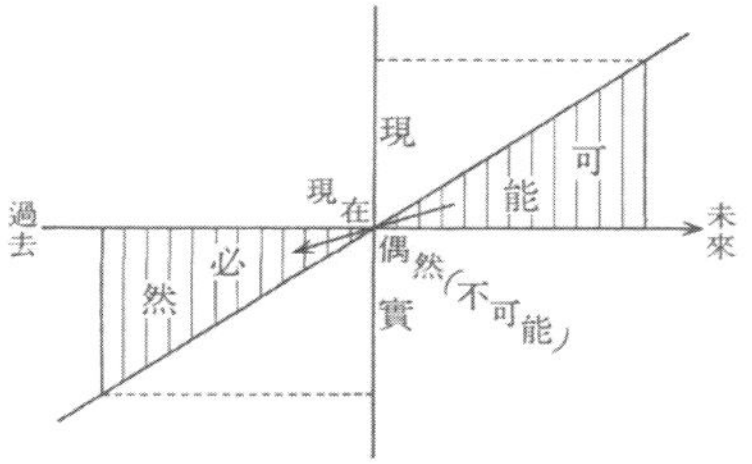

図７　九鬼による可能と必然と偶然の時間性格の図（KSZ, 二，二一二）

「我」は偶然に与えられた現実を引き受けて、他の可能性を想像する。そして展開された可能性は現実性のフィルターと時間の経過によって減少していき、現実である現在の一点にまで収束する。この可能性の展開によって「我」は偶然に存在する一点から世界へと時間的、空間的に展開する。その展開した可能性は「現実」によって再度一点へと収束する。この展開と収縮を繰り返しながら、人間は行為を形成していく。結論にある、九鬼による『偶然性の問題』の行為論の要約を見てみよう。

我々は偶然性の驚異を未来によって倒逆的に基礎づけることが出来る。偶然性は不可能性が可能性へ接する切点である。偶然性の中に極微の可能性を把握し、未来的なる可能性をはぐくむことによって行為の曲線を展開し、翻って現在的なる偶然性の生産的意味を倒逆的に理解することが出来る。「目的なき目的」を未来の生産に醸して邂逅の瞬間に驚異を齎すことが出来る。……（中略）……「遇う」のは現在に於て我に邂逅する汝の偶然性である。「空しく過ぐるもの無し」とは汝に制約されながら汝の内面化に関して有つ我が未来の可能性としてのみ意味を有っている。不可能に近い極微の可能性が偶然性に於て現実となり、偶然性として堅く掴まれることによって新しい可能性を生み、更に可能性が必然性へ発展するところに運命としての仏の本願もあれば人間の救いもある。無をうちに蔵して滅亡の運命を有する偶然性に永遠の運命の意味を付与するには、未来によって瞬間を生かしむるよりほかはない。（KSZ 二、二五九―二六〇）

現在の一点への収束を引き起こすのは「我」と邂逅する「汝」の偶然性である。あらゆる可能性は「我」と「汝」の邂逅によって生じる偶然性によって制約され、一つの現在が偶然に現実化する。それは偶然による収束なのだが、しかし「我」が行為を展開することによって、偶然に与えられたはずの現在にも意味が与えられる。「我」と「汝」は「因果の浪の寄するがまま」に二人で真珠玉を拾い、それによって邂逅の瞬間に驚異と未来の可能性を倒逆的に与えるのだ。この現在に対する意味付け方こそが自身の行為の形成に決定的な影響を与える「運命」である。

運命の構築

九鬼は一九三七年のラジオ講演「偶然と運命」において「偶然な事柄であってそれが人間の生存にとって非常に大きい意味を有っている場合に運命というのであります[14]」と述べている。彼によると、無数の可能世界が考えられるにもかかわらず、偶然にこの世界が現実となって存在している。そしてこの世界が偶然にも実現していることが人間にとって重大な意味を持つ場合、それは運命と呼ばれる。これだけであれば、それは一般的な運命の語義とさほど変わらない。彼の哲学の真骨頂は運命と思い至るまでの過程で偶然性と必然性との異種結合があることを指摘し、それこそが運命の基礎づけであると論じたことにある[15]。この異種結合は『偶然性の問題』の第二章「仮説的偶然」で導入されている。ある事象が一方からは偶然であると認識されるが、他方からは必然でと認識される状況を指す。前章でも仮説的判断の因果性の水準を徹底すれば定言的偶然も仮説的偶然も離接的偶然も、この世界が存在するという原始偶然の一点を除いて、全て必然に回収されることを確認したが、あらゆる偶然は見方を変えることによって必然になり得る。先ほど例に挙げた競馬のレース結果は、形而上学的な無数の可能世界を総覧する立場を取れば、偶然実現した世界であるが、世界内部の経験の水準に降り立つならば、そこには勝因と敗因がある。馬の適性やコンディション、騎手の手綱さばき、馬場の状況などから因果を説明し、勝敗を必然に回収することができる。このように視点を変えると、目下直面する現在の形而上学的偶然は因果的必然との異種結合に巻き込まれ、時系列と外的要因との関係の中に位置づけられる。

この形而上学的偶然と経験的必然の異種結合はもう一つの異種結合を「我」に思い至らせる。九鬼は「目的なき目的」として、目下直面する現在としての偶然と目的的必然の結合が起こることに着目した。ある偶然の出来事に対して、「我」はそこに遡及的に目的性を付与してしまう。そして「我」はそれによって意味を生成し、ライフストーリーを、そして行為する主体を、形成していく。この例として織田作之助（一九一三―一九四七）の小説「競馬」(16)を考えてみよう。主人公の寺田は亡くした妻の名前「一代」にちなんで、全財産どころか会社の金まで使い込み、ひたすら一番の馬に賭け続ける。この時寺田は一番に賭け続けることによって、一代と邂逅し、彼女に入れ込んだ自身の過去から「一」に入れ込んだ人生という意味を創り出し、他の未来を捨て、「一」という目的に生きるようになる。寺田は「汝」である一代との邂逅によって「一」以外の可能性を削り取り、「「目的無き目的」を未来の生産に醸して邂逅の瞬間に驚異を齎《もたら》」し、歴史性と空間性を踏まえて行為を形成していく。この時もはや「我」は目下直面する現在にただ偶然に存在しているのではなく、「汝」と共に自身の歴史と他者との関係の中から行為を形成している。「一」という運命を自覚した寺田は瞬間的な偶然的実存ではなく、「一代」と生きた歴史を引き受けて連続性を生産した必然的な人間である。

この主体の形成を経た結果、「我」は目下直面する現在の一点だけではなく、偶然的な現在の連続体としての歴史を持ち、外部と関わりながら行為を形成するものと考えられるようになる。それゆえ『偶然性の問題』の「結論」では「我」は「偶然」ではなく「必然」に位置づけられるようになり、「汝」は現在において「我」が邂逅する直接的な体験として「偶然」に重ね合わされるようになる。

脆く壊れやすい主体

『偶然性の問題』において目下直面する現在としての原始偶然から、与えられた「我」の一点を起点として想像を展開することによって世界を把握し、行為する主体を形成する過程を明らかにした。最後に九鬼が提示する主体像の特徴を考えておきたい。

九鬼が提示する主体は「無の深淵の上に壊れ易い仮小屋を建てて住んでいる[17]」ような非常に脆く壊れやすいものである。彼はしばしば里見弴（一八八八―一九八三）の「不幸な偶然」という小説に言及する[18]。これは主人公が汽車の窓から投げたガラス瓶が誰かに当たってケガをさせてしまったのではないかと心配するあまり、精神に異常をきたしてしまう話である。この里見の小説の主人公は偶然の出来事に対して想像を基に不適切な必然性を構築し、そのために精神に異常をきたしてしまう。先に例として挙げた「競馬」はストーリーテラー織田作之助の面目躍如たる快作だが、この全財産と会社の金を使い込み一番に賭け続ける主人公は、「一」によって「汝」との共同性と歴史性を創設した一方で、一般的な意味での倫理は喪失している。寺田はもはや競馬に入れ込み、会社の金を横領した犯罪者以外の何者でもない。「我」による必然性の付与はそれが「我」に由来するがゆえに過ちを犯しやすいものである。この世界が最善であるとは、たとえ里見弴や織田作之助の小説の主人公ほどの悲惨な状況ではなかったとしても、とても断言することはできないと考える人は少なくないだろう。九鬼がこのような脆く壊れやすい主体しか提示することができなかったことは、批判されるべき点かもしれない。主体の問題に取り組む哲学者の仕事は十全で健康的な主体像を提示することだと考える立場もあるだろう。しかし主体が抱える壊れやすさこそが私たちの実存であり、その上で「我」は人間として生きているということは否定できない。「生きた哲学は現実を理解し得るものでなくてはならぬ[19]」と『「いき」の構造』の「序」には記してあるが、彼は偶然性の研究を経て脆く壊れやすい主体に寄り添った実践の哲学へとたどり着いた。

永遠と「三つのしん」

本章では九鬼周造の『偶然性の問題』を行為論として解釈した。はじめに『偶然性の問題』で提示される形而上学が「我」を基底とする立場であることを確認した。次にこの共同体と歴史性を喪失し、孤立した状態にある「我」が、唯一の直接与件である現在としての原始偶然を起点として、想像力によって可能性を展開し、それを「現実」によって現在の一点へと収束させて行為を作り上げていく過程を明らかにした。このようにして偶然の現在にある経験を受け止めることで間主体的共同性と歴史性の中から意味を付与して運命を構築し、可能な連続性を持った主体を形成し、行為を実践していた。こうして明らかになった彼の描く主体は脆く壊れやすいものであった。この脆く壊れやすい主体を持ちこたえさせ、世界の中で行為していくことこそが『偶然性の問題』における彼の偶然性の哲学の主題であった。

これによって九鬼は『「いき」の構造』以降、破綻して見失っていた世界の再建に成功した。この『偶然性の問題』出版後は、彼のテキストに「三つのしん」が再び登場するようになる。次章と次々章では彼の哲学における二つの絶対的なものを俎上に載せる。次章では彼の形而上学的な絶対である永遠回帰について、次々章では形而上学も含みこんだより大きな見地である人間学的な絶対としての「三つのしん」とナショナリズムについて論じる。

第四章　永遠回帰する宇宙：詩の美と実存

これまでの章では九鬼の『「いき」の構造』から『偶然性の問題』までを「破綻と再建」の視座から論じてきた。これは概ねとして、「我」と「汝」の平行線のデュアリズムが平行のままなのか、交差するのか、交差はどのようにして起こるのかをめぐる問いであった。そしてこの問題は「我」と「汝」の関係が理念を共有することで成立する「種」としての「我々」と偶然的に存在する孤独な「個」としての「我」の関係にもつながるものである。これまでの議論では触れずにいたが、彼の哲学にはもう一つ「永遠回帰」という大きな柱がある。これは可能な離接肢の総体である必然としての「類」と偶然に現実化した「個」の関係をめぐる形而上学的な議論である。この永遠回帰こそが彼の哲学の全てを支える基盤となっている。永遠回帰があるからこそ、これまでの章で見てきた日本精神論や偶然性を中心とした彼の論理学と行為論が可能になるのである。本章では彼の哲学の最深部を見ていく。

ポンティニー旬日懇話会での講演録『時間論』と「形而上学的時間」

九鬼の永遠回帰論は彼の学界デビューとなる一九二八年のフランスのポンティニーでの講演録『時間論』に遡る。デビュー作には著者の全てが詰まっているとはしばしば言われるところであるが、特にその前半である

「時間の観念と東洋における時間の反復」は坂部恵[1]が絶賛して以来、小浜善信[2]、伊藤邦武[3]、古川雄嗣[4]など、九鬼についての単著を出版した研究者のほとんどから九鬼の哲学の最高到達地点の一つとされている[5]。しかし私はこの主流となっている見解には与しない。この章ではポンティニーでの講演録『時間論』は未だ発展途上にある著作であることを示す。彼は「時間の観念と東洋における時間の反復」を一九三一年に日本語でリライトした「形而上学的時間」において小さな変更を加える。これこそが九鬼の哲学の成熟と大きな転回を現している。しかしそれを確認するためにはまず『時間論』の前半である「時間の観念と東洋における時間の反復」をよく読まなければならない。

「時間の観念と東洋における時間の反復」のねらい

『時間論』は一九二八年の八月一一日と一七日にフランスのポンティニー旬日懇話会で発表されたフランス語講演の「時間の観念と東洋における時間の反復」と「日本芸術における「無限」の表現」の二編をまとめて出版したものである。主に前者が東洋思想を踏まえた永遠回帰論である。後者でも日本の芸術における無限論の一環として永遠回帰に言及されてはいるが、むしろより広範に日本の芸術における無限の表現を探求するものとなっている。この小著は後の九鬼の哲学でも頻繁に言及される重要なテーマを扱っているが、一方でフランスの研究者を中心とした知識人たちに東洋思想を紹介するという姿勢で書かれているためか、後の九鬼の論考には見られない特徴も備えている。本章では最初に「時間の観念と東洋における時間の反復」を通じて九鬼の永遠回帰論を把握する。

「時間の観念と東洋における時間の反復」は「時間の観念」と「東洋における時間の反復」の二部構成になっ

ている。冒頭の「時間の観念」論は短く、全集では二ページにも満たない。一般的には「時間の観念」は長大に論じるべきテーマであるが、九鬼はごくごく簡単に片づけてしまう。

時間とは何か。時間は意志に属するものである。私が時間は意志に属するというのは、意志がなければ時間は存在しないからである。テーブルやイスにとって時間はない。もしそれらに時間があるとすれば、それは意志である限りの意識がそれらに時間を与えたからである。それらにとって時間が存在するのは、意志への、意識への関係においてのみである。（KSZ 一，二九五（五四）／四〇〇）

九鬼は、時間は意志と意識に属すると言う。テーブルやイスのような無機物に時間はなく、もしあるとすれば、それは意志である意識によって時間が与えられたからだと主張する。そしてこの立場にある哲学者としてジャン＝マリー・ギュヨー（一八五四—一八八八）[6]、ヘルマン・コーヘン（一八四八—一九一八）、ハイデガー、そしてベルクソンを列挙する。九鬼はフランスの生の哲学とドイツの新カント派と現象学を「これらの見解はすべて時間を意志によって構成されたものと考える点で一致している」とあながち間違いというわけではないものの、それぞれいささか性格が異なるはずの思想潮流を大づかみにまとめてしまう。先に紹介したように九鬼は「絶対」を蘇生させ、形而上学への意欲を取り戻させてくれた哲学者としてベルクソンを受容し、そこで獲得した絶対を直観する哲学への関心に導かれて現象学を学んだ。このとき絶対として直観されたものが後に九鬼のベルクソンとハイデガーの解釈を継承した中井正一によって「流動する生」と呼ばれることは本書の「はじめに」で確認した。これを踏まえると、九鬼は自身の思想を生命中心主義の形而上学的時間論の系譜に位置づけたいと考えていたであろうことが推測される。それゆえに意志のないところには時間はないと考え、無機物の時間は意志によって与えられたと主張するような極端な立場が打ち出されたのだろう。この永遠回帰論では離接的偶然の観点においても、それでもなお揺らぐことのなかった唯一の事象のである「世界がある」という事実、言い換えると原始偶然のあり方が論じられている。それは「生命の流れがある」ということであり、つまり「原始偶然」とは「流動する生」があるということなのだ。

しかし九鬼は、この論文ではベルクソンやハイデガーの哲学には簡単に触れるだけにとどまる。彼は、この種の時間を意志的なものとみなす思想はウパニシャッド哲学や仏教等の東洋の形而上学的時間論にも見られると述べて、話題を転換する。そしていくつかの聖典の見解を総合しながら、東洋思想の時間論の特徴を以下のようにまとめる。

① 無明から意志が生じた。
② 意志から時間が発生した。
③ 無明から発生する時間に始まりは考えられないからこの時間は円環を成す回帰（輪廻）の時間である。

そしてこの時間の回帰の中でも最も注目すべきは「人間が永遠に繰り返して再び同一の人間になる場合である」[7]という。よく知られている輪廻転生の思想では、生者は死後に業によって六道のいずれかに生まれ変わると考えられている。例えば悪業を働いたものはその報いとして虫に生まれ変わるといわれる。これは行為の結果として転生先が決まるという思想であるから、因果応報、つまり因果論に支配されているということができる。それを確認した上で九鬼はここでいささか奇妙な主張をする。「虫に生まれ変わる人々はすでに虫けらのような生を送っていたのである」[8]として、因果律は突き詰めれば同一律と一致するのだと述べる。原因の中には既に結果が含まれており、因果律の徹底は全く同じものの反復に行き当たる。ゆえに全く同じ宇宙の永遠回帰こそが回帰的時間論の典型であると言う。(9) そして彼はこの回帰的時間を「生きられた時間」「測定された時間」と並ぶ第三の時間に位置づける。この回帰的時間は古代ギリシアのピュタゴラス派やストア派の「大宇宙年」(10) という概念に見られるものだという。彼らは、宇宙は循環していて全く同じ宇宙が永遠に繰り返していると考えた。しかし古代インドやギリシアの神秘的な教説を持ち出して、彼はいったい何を主張したかったのか。

これを論じる際に九鬼はフッサールの「形相的単体性（eidetische Singularität）」というフッサールの現象学のそれほど有名でもない概念に言及する。(11) この概念で指示されているものは単体でありながらエイドスであるということ、つまり全く同じものでありながら多数であることだと九鬼は言う。全く同じ宇宙が永遠回帰すると考えるならば、この時間と全く同じ時間が無数にあるということになる。「現在」は既に「過去」にあったし、これから「未来」にもあると考えられる。これによって「現在」に無限性というエイドス（本質）を付与することを彼は目論んでいる。そしてこの時間はもちろん「想像的な」(12) ものであろうと彼は断っている。

先ほど九鬼のベルクソンとハイデガーの解釈を継承した中井が両者の思想を「流動する生」を直観する立場だと言っていたことを確認したが、それはより正確には、現実の絶対拒否によって確固たる自我意識が消失し、ただ時間の中を流動する生を見つめ直すしかなくなった時代の哲学者だとみなしていたことを思い出しておこう。流動する生はどこまでも不安で、寂しいものである。このような状況では意志に属する時間は不安定なものとなる。ゆえにハイデガーは先駆的決意性によって確固たる意志を形作ろうとする。しかしその先駆的決意性を可能にする道具立てが「死」であることに九鬼は満足できなかったようだ。(13) そこで「生きられた時間」「測定された時間」から構成される現実的な時間に対して、回帰的な時間という想像的な神秘の時間を提唱し、時間に本質を帯びさせようとした。時間を想像によって強固にするというのが彼の永遠回帰論の目標であった。

このことを九鬼はハイデガーの存在論を参照しながら論じ直す。ハイデガーは未来、現在、過去からなる時間をエクスタシスの三つの様態として説明することで自身の現象学的存在論を特徴づけた。しかしそもそもエクスタシスは宗教的儀礼の際に体験される神秘的な境地のことである。九鬼はこれに回帰的時間の神秘主義的なエクスタシスを加えることで、本来の意味でのエクスタシスを取り戻そうとする。彼はハイデガーが『存在と時間』で論じた現象学的存在論を評価しつつも、それが本来のエクスタシスである神秘的な瞬間を見逃しているために「不安」を核とした哲学になっていることに満足できなかった。そして未来、現在、過去からなる水平的な現象学的存在論のエクスタシスと回帰的時間からなる垂直的な神秘主義的形而上学のエクスタシスの現在における交差、これは現実面と想像面の交差とも言い換えられる、こそが時間の構造であると九鬼は論じる。[14]

観念的で独我論的な時間論

その上で九鬼は回帰的宇宙論についていくつかの注意点を記す。一つ目は、大宇宙年は第一大宇宙年、第二大宇宙年、第三大宇宙年と連続するものではなく、それぞれが独立に始まり、そのたびに完全にリニューアルすることである。さもないとそれぞれの大宇宙の完全な同一性が保たれず、永遠回帰の持つ時間の可逆性が保たれないと彼はいう。これと同じ理由から時間の回帰を毎年の農耕や祭祀の繰り返しと重ねる見方も退ける。[15]彼が時間の可逆性にこだわる理由は彼の永遠回帰論を読むだけでは判然としないが、そのヒントは彼の生前未発表随筆「音と匂――偶然性の音と可能性の匂」の末尾にある。

今日ではすべてが過去に沈んでしまった。そして私は秋になってしめやかな日に庭の木犀の匂を書斎の窓で嗅ぐのを好むようになった。私はただひとりでしみじみと嗅ぐ。そうすると私は遠い遠いところへ運ばれてしまう。私が生まれたよりももっと遠いところへ。そこでは可能が可能のままであったところへ。
（KSZ、五、一六八）

「私が生まれたよりももっと遠いところ」ははるか遠くの経験の彼岸にあると想像されるところであろう。そこでは全ての「可能が可能のまま」である。それは『偶然性の問題』で示された全ての可能的離接肢の総体である「形而上学的絶対者」と一致するだろう。それは未来、現在、過去からなる現象学的時間よりも根源にある形而上学的な場所である。「流動する生」がまだ流動していない場所と言い換えることもできるだろう。九鬼の時間の可逆性へのこだわりはこの「可能が可能のまま」である形而上学的絶対者への憧憬である。永遠回帰とは、すべての離接肢の総体という形而上学的な想像的対象をこの経験的現実と一致させること、言い換えると現実を「可能が可能のまま」であるところと一致させる荒業である。

もう一つ重要な注意点は、時間が個人の意志によって創造されるものとされていることである。

さらに詳しく言えば、問題はとりわけ一つの大宇宙年から他の大宇宙年への推移のうちにある。異なった大宇宙年を連結する鎖が問題である。「樹にかけた綱をつかんで人が堀を飛び越えるように」一つの大宇宙年は新しい大宇宙年に飛び移るのである。この人は受動的に時間に揺られる愚者であろうか。「傍観者」を必要とする幼児であろうか。むしろ、みずから時間を新たに創造する巧みな魔術師ではあるまいか。我々は何よりもまず時間が意志に属するものであること、そして意志の存在しないところに時間は存在しないということを明らかにした。ゆえに絶対孤独のうちにあるこの魔術師は真の魔物であり、彼は自己の存在を終結させ、かつまた再生せしめ得る力のわざ、あるいはむしろ意志のわざを有している。おそらくその死とその再生の間には、彼の意志は現勢的には存在しないであろうが、それでもなお潜勢的には存在しているのである。問題は「潜勢的意志」というこの観念に集中されている。大宇宙年の観念の全逆説はおそらくこの点に関する思考の曖昧さから生じたのであろうが、それは豊かで幸福な曖昧さであった。この曖昧さが壮大な形而上学的思弁の誕生を可能にしたのであった。（KSZ，一，二八九（六〇）／四〇六，強調原文）

ここで九鬼は大宇宙年間の「推移」という課題を論じる。[16] それは絶対孤独な魔術師である人間が潜勢的な[17]意志のわざ[18]によって自己の存在を終結・再生させるのだという。「傍観者」云々というのはおそらく神のことで、神によって見守られたり、神に時間を創造してもらったりするのではなく人間こそが時間を創造するのだという人間中心主義的な主張だろう。問題はこの時間を創造する人間がun hommeと単数で記されていることである。先に彼がテーブルやイスのような無機物に時間があるとすれば、それは意志によって時間を与えられたからだと述べていたことは確認した。そうであるならば、彼はここで大宇宙のすべてが一人の人間の意志によって創造されるという独我論を提示してしまったのではないだろうか。これは前章までに確認した彼の偶然性論での議論とは随分異なる。偶然性論においては世界の起源は原始偶然であり、世界は無根拠に存在しているのである。しかしこのポンティニー旬日懇話会での講演では一人の人間の潜勢的意志によって大宇宙は生み出されている。それはあまりにも観念的で、まさに絶対孤独の大宇宙である。ここに原始偶然の入る余地はない。

九鬼はこのような時間論を踏まえて最後に東洋的な道徳的理想を論じ、「時間の観念と東洋における時間の反復」の講演を締めくくる。彼は永遠回帰に対する東洋的な道徳における対応として二つ挙げる。第一が仏教的な解脱である。仏教的にいうならば時間を生み出す意志とは欲望であり、つまりは滅すべき煩悩である。意志を否定して時間から解脱し、涅槃に至ることこそが仏教的な道徳的理想となる。第二は仏教的な解脱とは真逆に位置する武士道的な意志の肯定である。彼は武士道とはカント倫理学と同様に善意志こそが絶対の価値を持つと考えるものであり、真・善・美という理念への満たされることのない意志であると解釈する。[19]ここで注意しなければならないのは真・善・美という理念の完成は実現不可能ということである。真・善・美を意志し、努力することにこそ武士道の絶対的価値があると彼は考える。それゆえ永遠回帰の中で、永遠に実現されない真・善・美の完成という理念に向かって努力し続けることが望まれる。つまり永遠回帰を意志して生の中で永遠に努力し続けることを肯定するのである。

九鬼は仏教的な解脱を死ぬために知性によって時間を否定する立場と考え、武士道的な道徳を真・善・美の探求の無際限の繰り返しの中で真に生きるために時間を気にしない立場とまとめる。生の哲学を標榜する彼が擁護するのはもちろん武士道である。理念に向かう意志によって永遠回帰する時間を生み出し、永遠の努力に生きる人間を彼は理想として描いた。

この講演についての九鬼のコメントを下村寅太郎が書き残している。「フランスでこれを講演された際、「日本人は直ぐ「武士道」をもち出す」と批評されたと言って、先生〔引用者註：九鬼のこと〕は笑われた[20]」とのことである。九鬼はこの講演でオリエンタリズムやジャポニスムに便乗しようとしたのかもしれないが、聴衆に冷やかされてしまったらしい。[21]結局のところ彼が東洋的な時間論として取り出したものは想像力に依拠した観念的時間論であるとまとめられるだろう。未来、現在、過去からなる水平的な現象学的存在論のエクスタシスが構成する現実面は意志に属するものであり、回帰的時間からなる垂直的な神秘主義的形而上学のエクスタシスが構成する想像面は、もちろん想像に属するものである。この時間論において形而下と形而上の一切を生産しているのは一人の人間の観念だけなのだ。この時間論において物質性は考慮に入れられていないし、他者の意志についても全く無視されている。これだけを読むならば、彼が後に『「いき」の構造』で身体や表象によって物質的に「いき」を表現する方法を延々と論じるとも、『偶然性の問題』で原始偶然や我と汝の邂逅を論じるとも思えないだろう。この理由の一つには彼がこの講演でオリエンタリズムやジャポニスムに便乗しようとするあまりに、過度に観念的な主張をしてしまったことがあるだろう。この後、日本に帰ってからの九鬼は「可能が可能のまま」である形而上学的絶対者への憧憬と水平的な現象学的存在論のエクスタシスと垂直的な神秘主義的形而上学のエクスタシスの交差による時間への本質の付与を保持しつつ、永遠回帰論に他者性と物質性を議論に導入して偶然性論との両立を可能にするように、永遠回帰論を変化させることになる。

「形而上学的時間」の新境地

九鬼が次に回帰的時間を論じるのは一九三一年の『朝永博士還暦記念哲学論文集』で発表された「形而上学的時間」においてである。京都帝国大学の哲学研究を草創期から支えてきた朝永三十郎（一八七一―一九五一）の記念論文集への寄稿ということで、九鬼も力作を提出したものと推察される。実は彼自身は「時間の観念と東洋における時間の反復」と「形而上学的時間」の間にはあまり違いはないと述べている。[22]

本論文の主意は拙著Propos sur le Temps（Paris, 1928）のうちに述べたが、その後ベッカーもJahrbuch für Philosophie und Phänomenologische Forschung, Husserl-Festschrift（1929）所載の論文中で同様の問題に触れているので、彼の考をも類似の思想としてここに附加することが出来た。（KSZ、三、一九七）

確かに「時間の観念と東洋における時間の反復」と「形而上学的時間」はどちらも水平的な現象学的存在論のエクスタシスと回帰的時間からなる垂直的な神秘主義的形而上学のエクスタシスの交差を論じているので、主意は変わらないと言っても間違いではないのかもしれない。しかし、よく読んでみると両者の間には決して見過ごせない異同がある。そしてそれら違いは永遠回帰論と偶然性論との接続を可能にするものとなっている。特にこの引用でも言及されているベッカーの論文は単に「同様の問題に触れているので、彼の考をも類似の思想としてここに附加」したと言うよりはむしろ、九鬼の永遠回帰論の性格を大きく変更するものとして機能している。ベッカーこそが彼の永遠回帰論、そしてそれと強く結びついた彼の文藝論の最も重要な発想の源である。ベッカーからの影響に注目しながら「形而上学的時間」を紐解いていこう。

二つの論文の第一の違いは、「形而上学的時間」では、「時間の観念と東洋における時間の反復」のように時間が個人の意志に帰属してはいないことである。「時間の観念と東洋における時間の反復」では東洋の時間論の解明を課題として設定したために、東洋的時間の性格に議論全体が引っ張られてしまった。そして九鬼は主に東洋的時間を踏まえて時間は意志に属するものだと論じたために非常に観念論的な時間論を提示することになった。しかし「形而上学的時間」では論文の課題を「時間の絶対的根拠[23]」に設定し、それを「無限[24]」と見なした。そして無限な時間を最も合理的に説明する方法として、円環を成して回帰する永遠回帰を議論の俎上に上げた。

彼はこれによって時間を意志の問題から遠ざける。彼は「形而上学的時間」では未来、現在、過去からなる水平的な時間が意志に属するものであるとも、テーブルやイスに時間はなく、もしそれらに時間があるとすればそれは意志が時間を与えたからだとも主張しない。この論文では回帰的時間は潜勢的無限に位置づけられる。「時間の観念と東洋における時間の反復」では大宇宙年から大宇宙年への推移の瞬間が潜勢的なものとされていたが、「形而上学的時間」では回帰的時間の全体が潜勢的な無限とされる。それゆえ回帰的時間は相変わらず「仮想面」[25]と呼ばれる想像的なものである。しかし大宇宙年が個人の意思によって終結・生産されるという主張はこの論文では述べられない。「時間の絶対的根拠」を課題設定にした「形而上学的時間」であるが、時間の起源への問いはこの論文では回避され、全てが潜勢的な無限の水準で展開されている。この点を批判することはできるかもしれないが、「時間の観念と東洋における時間の反復」においても時間は円環を成して回帰するといわれているのであるから、「時間の観念と東洋における時間の反復」で魔術師の意志のわざによる大宇宙年の終結と再生による大宇宙年の推移という問題を論じていることがそもそもおかしいのである。「形而上学的時間」で時間の起源への問いを回避していることについては片手落ちのようにみえるかもしれないが、仕方ないものと私は考える。世界の起源という問いは『偶然性の問題』で原始偶然論において論じられ直したのである。永遠回帰論は現実の世界の起源の問いよりもさらに一回り大きな世界全体を支える想像的な原理と考えるべきだろう。では永遠回帰論の世界全体を支える想像的な原理とはどのようなものだろうか。その問いを明らかにするためには九鬼がベッカーの哲学から受け取ったものを明らかにしなければならない。

マクロコスモスとミクロコスモス

九鬼が参照しているのはベッカーの「美のはかなさと芸術家の冒険的性格について」（一九二九）である。[26] ベッカーはフライブルク大学でフッサールとハイデガーに学び、その後一九三一年からは長くボン大学で教鞭をとった。『数学的実存』（一九二七）や「美のはかなさと芸術家の冒険的性格について」が収録されている『現存在と現前存在』（一九六三）などの著作をはじめとして、現象学者として数理哲学、数学史、様相論理学、そして美学の分野で広く論文を発表した。ボン大学に赴任する以前のベッカーは日本から留学してきた田辺や九鬼に現象学を教えたので、彼らを通じて主に数理哲学と美学の方面で日本の哲学に広く影響を与えることになった。九鬼はベッカーの様相論を『偶然性の問題』ではあまり評価しなかったが、美学は永遠回帰論や文芸論において高く評価した。

九鬼が注目するのはベッカーが「美のはかなさと芸術家の冒険的性格について」で提示した「パラ実存カテゴリー[27]」としての「被担性（Getragenheit）」という概念である。[28] この概念を通じてベッカーは、古代ギリシアにおいて星々は天球に担われて「浮遊（Schweben）」しながら円形運動をしていると考えられていたように、「永遠の現在」である「運命」に私たちの実存は担われて円形運動を成しているという神秘的な想像を提示した。[29] この円形運動を成す「永遠の現在」は未来や過去といった現象学的な時間地平から切り離されて完結したものでありながら、同時にそれらの全てを含むものであり、ゆえに「大宇宙的」であるとベッカーは主張する。[30] 九鬼はこのベッカーのパラ実存カテゴリーとしての被担性を自身の回帰的時間論と同一のものと考える。つまり彼は「形而上学的時間」では永遠回帰の原理を、一人の人間が生み出したものではなく、我々を担う「運命」としてのマクロコスモス（＝大宇宙）としているのである。

古代ギリシア思想において天体は神々であったから、このマクロコスモスとミクロコスモスが織りなす宇宙論は汎神論的な神々の存在を肯定するものであると考えられる。そして九鬼も一九三八年の「人間学とは何か」においては世界の起点としての現勢的な無限[31]の時間と空間を論じる際には、その時間的理念を表すものとしては『古事記』において天地開闢の際に最初に現れた神々として「造化三神」とも呼ばれるアメノミナカヌシ、タカミムスビ、カミムスビを、[32]空間的理念を表すものとして高天原を挙げている。[33]回帰する大宇宙は現勢的な無限の理念の力としての神々を支える潜勢的な無限の想像の力に位置づけられている。ここで九鬼がベッカーを引き合いに出しながら論じているのは現実の遥か彼方にある理念的な汎神論の神々を支える想像的な仕組みである。それは潜勢的な無限の理念であり、世界を定める運命である。ではこの想像的なマクロコスモスは、どのようにして我々の現実と関わるのだろうか。

永遠回帰するマクロコスモスとしての原始偶然と「我」としての原始偶然

ところでベッカーの「美のはかなさと芸術家の冒険的性格について」はタイトルの通り、「美」についての論文である。彼は美の特徴として「はかなさ」を主張する。美は本来的にはマクロコスモスの水準にあり、それ単体では潜勢的なものである。それが美的体験や作品において現勢化する。現勢化した美的体験と作品は外部の日常性の影響を受けない「小宇宙的な」構造をした「尖端」を行くものであり、それゆえに非常にはかなく壊れやすい。芸術家はマクロコスモスとミクロコスモスの間を橋渡しする中間的な存在とされる。表題にある「冒険的性格」は芸術家がマクロコスモスにある潜勢的な美を現実にミクロコスモスとして現勢化することを指している。ベッカーはこのような脆く壊れやすいものとして「美」を論じている。[34]現勢的な無限は具体的には芸術作品として現れるのである。九鬼はこの小宇宙（＝ミクロコスモス）としての「美」に押韻論で言及する。彼は音と音との偶然の邂逅による美として詩における押韻の美しさを論じ、そして日本語の詩には韻を踏む習慣がないが、ぜひ日本語の詩にも押韻を導入し、日本語の詩で偶然の美を取り入れ、生の鼓動を詩に象徴化するべきだと熱心に主張する。[35] 彼はベッカーの議論を永遠の相にある潜勢的な美が偶然の音の邂逅によって現勢化し、詩にはかない小宇宙を形作ると読み替えるのである。[36] このように偶々邂逅を果した音によって形作られる生き生きとした詩にミクロコスモスの美が位置づけられている。ベッカーはこのマクロコスモスとミクロコスモスの間を結ぶ芸術作品を「世界を愛する」契機であるとし、そして芸術作品を「宇宙との共感」であるとする。[37] この共感を可能にするのが芸術家なのである。

このベッカーの議論を踏まえて九鬼の永遠回帰論の仕組みを考えてみよう。彼は「形而上学的時間」では永遠回帰する大宇宙を個人の意志が生み出すものとはしなかった。つまり人間が神のような全宇宙の生産者であると考えるのではなく、永遠回帰する大宇宙という運命に我々は担われているという想像を人間がしているという立場に切り替えたのである。永遠回帰は想像的な原理で、形而上学的な水準において神々を支えるものである。この時人間は自分一人の意志だけで大宇宙を創造したとは考えない。世界には他者がいるし、物質もある。そして想像的な永遠回帰の水準と、偶然存在するこの現実を橋渡しするのが芸術家であり、押韻詩を作成する詩人である。ベッカーは芸術を非日常的で特権的なものに位置づけたが、九鬼は一九三八年に「芸術と生活の融合」という論文を発表して民衆が生活の中から創り出した短歌を評価しているので、この点に関しては同意していなかったであろうことがうかがえる。彼は誰もが詩人としてマクロコスモスと現実をつなぎ、ミクロコスモスの美を生産できると考えていただろう。つまり人間とはただただ存在する実存に創造的なマクロコスモスをつなぎとめてはかないミクロコスモスを生産するものなのである。このようにして、彼は「可能が可能のまま」である形而上学的絶対者への憧憬とはかない偶然からなる現実の直視から成る彼の形而上学を形作る。水平的な現象学的存在論のエクスタシスと垂直的な神秘主義的形而上学のエクスタシスの交差や、他者性と物質性の導入による永遠回帰論と偶然性論との両立は、永遠性とはかなさの両立を希求するものである。偶然存在する実存に可能的に存在する想像を帯びさせ、はかない永遠を垣間見させるのが人間である。しかし、あくまでこの形而上学は想像である。マクロコスモスは仮想的なものであり、マクロコスモスとミクロコスモスのつながりを考えることははかなさと脆さを湛えた芸術的な想像である。彼の哲学が示す世界観は壮大なマクロコスモスの「美」にまで射程を広げたが、それでも偶然と偶然性が根底にあることに由来する不安定さの中にとどまっている。

このはかない永遠としてのマクロコスモスが前章では十分に論じられなかった原始偶然の第三の側面である「理念として離接肢の総体である「絶対的形而上的必然」」に相当することは明らかだろう。人間が永遠回帰を直観することを、前章で論じた九鬼の『偶然性の問題』の行為論に位置づけるならば、「②すべての可能性（＝必然性）が生産され、点Sが静止する。静的に捉えられた必然性と偶然性が現実性、動的に捉えられた可能性と不可能性が非現実性である」に当たる。ゆえに彼の行為論は次のようにも言い換えられるだろう。世界に臨む実存としての「我」としての原始偶然が想像力を展開して「絶対的形而上的必然」としての原始偶然を直観する。それが偶然に左右されながら収縮して具体的な実存に結実すると、はかない現実が形成され、行為が生産される。そしてこのはかない現実との邂逅を空しいものとしないように、つまりこの邂逅を美しいものとするように行為せよと言うのが『偶然性の問題』の命じるところであった[38]。このようにして彼は人間の想像力によって生産されたマクロコスモスとしての運命が、あたかも自分に先んじて存在したかのように振る舞うことで、他者との邂逅を世界の中に秩序付けて受容し、自身の行為の形成を倒逆的に基礎づけた。つまり永遠回帰とは行為の可能性を担保して彼の偶然性の哲学の生産原理を根底で支える、基盤としての想像力なのである。

『偶然性の問題』までの九鬼周造の哲学の変遷「類」「種」「個」

ここまでの成果を基に『偶然性の問題』までの九鬼の哲学の動きを「類」「種」「個」の位置づけに注意しながらにまとめてみよう。

九鬼の留学中の思索としてはまず日本精神への関心があり、それはトリロギーとデュアリズムから成る「いき」の研究として現れた。そして「いき」が破綻して平行線が交差した際に現れるものとして偶然性が示された。その後に宇宙全体を包摂する形而上学としての永遠回帰が論じられた。しかしその宇宙全体を生み出したのは一人の人間であった。つまりこの時点では大宇宙全体＝「類」と一人の人間＝「個」が同じものとしてあり、それと別のラインの議論として日本精神＝「種」を論じる「いき」論が走っていて、その裏には「いき」が破綻すると偶然の出会いが起こるようになり「我」と「汝」の共同体が形成されるという発想があった。まだこの時点では断片的なアイデアがあまり整理されないまま散発的に書き留められているだけであった。

帰国後の九鬼は『「いき」の構造』を執筆して具体的な事実＝「個」から日本の民族の生き方である「いき」＝「種」を解釈学的現象学の手法で取り出すことを試みた。しかしここでの「個」と「種」の間の矛盾や、家庭の破綻等を経て、数年間彼は「種」を見失った孤独な「個」となった。留学中から続けていた日本精神の研究も発表できなくなった。

しかしこの間も九鬼は永遠回帰＝「類」は見失っていなかった。かつてのように「類」＝「個」と直結させる見方は、既に維持していなかったが、全ての可能性の総体としての永遠回帰するマクロコスモスと偶然存在する実存をつなぐことによって想像的な美しくもはかないミクロコスモスを創造するという主張を彼はすることができた。つまり「個」は「類」に触れることで想像を展開し、行為を生産することが可能となるのである。行為の先には「私」と「汝」の邂逅があり、そこで再び根源的な間主体的社会性＝「種」を構成することに成功する。

こうして九鬼は「類」「種」「個」の位置を整理して秩序だった世界観を構築することができた。そして再び日本の民族の精神論／人間論を論じることができるようになった。次章ではもう一度冒頭で論じた「人間学とは何か」を読解して彼が『偶然性の問題』の後でたどり着いた世界観を明らかにする。それは『「いき」の構造』までのトリロギーとデュアリズムとも、偶然性論の世界観とも異なるものである。

第五章　トリロギーとナショナリズム：九鬼周造の人間学の再建

第二章と第三章で『「いき」の構造』のから『偶然性の問題』までの九鬼の哲学の変遷を追いかけた。『「いき」の構造』では九鬼はトリロギーとデュアリズムから成る日本の民族の生き方というノスタルジックな理念を「生きた現実」として論じてしまっていた。しかし『「いき」の構造』の中に既にあった議論の矛盾や実生活の破綻に直面する中で、真に存在する実存と向き合う偶然性の哲学を考え始める。その研究を通じて実存の立場から邂逅を経て再び理念を共有する共同体を構築するための理論を行為論として提示することに成功した。

第四章ではその行為論の基盤となる九鬼の形而上学的な時間論を研究した。彼の行為論は偶然にも存在するこの世界に基づいた可能世界の想像に依拠していたが、それを可能にするのが永遠回帰するマクロコスモスという形而上学的な時間論の想像であった。このように彼の形而上学は想像から力を得て創造するという仕組みになっている。

本章では九鬼が行為論を通じて再び理念を共有する共同体を構築できるようになった後、彼が改めて構想した共同体論を分析する。それはトリロギーとデュアリズムから成る日本の民族の生き方としての『「いき」の構造』の議論から一貫してトリロギーを軸にはしているのだが、その存在論的立場は以前よりもずっと安定的で強固なものになっている。

形而上学と世界観と人生観

本題に入る前に一度ここで偶然性の哲学に集中的に取り組んでいる時期の九鬼の哲学における形而上学の位置づけを形而上学的時間論とは異なる切口から確認しておきたい。参照するのは『人間と実存』に収録されている論文「人生観」である。この論文は一九三四年に雑誌『理想』の第五〇号記念特集号「人生観の哲学」に編集者から寄稿依頼されたもので、雑誌掲載時は「我が人生観」というタイトルであった。この論文は以下のようにして始まる。

人生観というものと世界観というものとは離すことはできない。殊に現代のように人間学とか実存哲学とかいうようなものが哲学の中心問題であることがはっきり意識されてくると、人生観と世界観とを区別することさえも無理だと考えられてくる。人生観に根ざさない世界観はあり得ないし、世界観の形を取らない人生観も実際としてはないであろう。

世界観の観ずる問題は結局は形而上学の攻究する問題にほかならない。形而上学の根本問題は昔から霊魂不滅に関するもの、自由意志に関するもの、神に関するものの三つに要約されている。（KSZ，三，九五）

およそ人生観を述べようとすると、この三つの問題〔引用者註：霊魂不滅に関するもの、自由意志に関するもの、神に関するもの〕に対してどう観じているかを述べなければならないことになる。…（中略）…私の観方を簡単に述べてみよう。（KSZ，三，九六）

「人生観」ではこのようにして九鬼の形而上学が開陳されるのだが、それはここでは追わない。重要なのは、彼が人間学や実存哲学が哲学の中心問題となってきている時代において、人生観とは世界観であり、それは形而上学の課題だと述べていることだ。彼が開陳する形而上学は「我が人生観」であり、「私の観方」なのだ。形而上学というと一般的には経験される事象の水準を越えた普遍的な真理についての学問であるが、彼は形而上学が普遍的な真理であるとは考えていなかったことがうかがわれる。人間学、実存哲学の時代に人間が論じることのできるのは私的な形而上学観であって、それらは普遍性を持っていないと、この時期の九鬼は考えていた。それゆえに、第二章と第三章の結論で述べたように、偶然的な実存に基づいている形而上学は、想像に基づいたいつでも容易に破綻しうるはかないものである。この形而上学は九鬼によって構想され、九鬼によって展開され、そして九鬼の死によって終わる。[1]

『偶然性の問題』執筆に向けて偶然性の哲学に集中していた頃の九鬼はこのような形而上学観を持っていたように思われる。しかし『偶然性の問題』出版以降の彼の形而上学観はここから少し変化していると私は考えている。『偶然性の問題』出版後の彼は、既に述べたように、共同体の形成理論を回復したために再び日本精神論を発表することができるようになった。この時期の彼の哲学の特徴としてナショナリズムへの傾倒が鮮明であることは坂部[2]が指摘したところであり、また田中[3]も部分的に認めている。そしてこの時期の九鬼の哲学のキータームが「自然」であることは田中[4]と古川[5]が論じてきた。これらの先行研究によって、この時期の九鬼は偶然と必然が調和して、万事が自然に上手く流れていく状態を日本の理想として描いていることが明らかにされている。この自然と言う境地は確かに彼自身の主張を素直に読むと見えてくるものである。しかし私はもう一段踏み込んでこの時期の彼の哲学の特徴が「自然」に象徴されるような調和的なものになった理由を探求し、彼の哲学を現代的な視点から見れば明らかになる課題を論じるところまで進まなければならないと考えている。本章では主に一九三八年の「人間学とは何か」の読解を通じて『偶然性の問題』出版後の彼の形而上学の構造を精査する。すると彼の後期の哲学が抱える危険性が明らかになってくる。研究の先には『偶然性の問題』出版以降、戦争の激化によって近代日本の文化が終焉を迎える直前の最後の光を放っていた時代に、彼が到達した地点が見えてくるだろう。

「人間学とは何か」の特徴と構成

「人間学とは何か」は一九三八年に理想社の『人間学講座』の「I 人間の哲学的考察」に発表され、翌年には岩波書店から出版された九鬼の論文集『人間と実存』の巻頭に収められた。彼はこの論文を論文集のタイトルにある「人間」の意味を説明するものとして特に重要なものだと考えていたようだ。論文のタイトルでもある「人間学とは何か」という問いに彼は次のように答える。

人間学とは、人間の本質を明かにすることを課題とする学である。『古事記』に伊邪那岐命が伊邪那美命に向って「汝が身は如何に成れる」と問うたとあるが、この問いを徹底的に問い、この問いに徹底的に答えるのが人間学である。（KSZ, 三, 七）

一九三七年の「風流に関する一考察」で風流の本質構造を研究していたのと同様に、この論文でも「人間の本質を明かにする」こと、つまり本質についての問いが立てられている。そして彼はこの問いの模範を『古事記』

のイザナギとイザナミの神話に求めている。このような具合に、九鬼はこの論文で自身の主張の模範を『古事記』と『日本書紀』で語られる日本の神話に繰り返し求め続ける。中でもイザナギとイザナミの神話は特に頻繁に参照される。「人間学とは何か」での記紀神話の参照はあまりにも執拗で、「人間学とは何か」は哲学の論文としてはいささか破格のものになってしまっている。彼はとにかく日本の神話を模範例に挙げながら人間の本質を論じていく。

「人間学とは何か」の内容を概観しておこう。第一節では人間学が哲学、科学、文芸、宗教の四部門を含むと論じられる。第二節ではカント、メーヌ・ド・ビラン、マックス・シェーラー（一八七四―一九二八）、レオン・ブランシュヴィック（一八六九―一九四四）が参照され、人間学の論じ方が人によって様々であることが示される。第三節では、本論文の第一章で私が定式化した「三つのしん」が登場し、ようやく九鬼本人の哲学が論じられる。そして第四節では「身」である自然的人間の人間学が、第五節では「心」である歴史的人間の人間学が、最後の第六節では「神」である形而上的人間の人間学が論じられる。後半の自身の哲学を論じる部分は特に記紀神話に模範例を求める場面が多い。

私はこの章で九鬼の人間学の議論の詳細をたどり直しはしない。先に言っておくが、私は「人間学とは何か」で論じられる人間学そのものは全く評価できないものであり、詳細に検討するほどのものではないと考える。「人間学とは何か」には、「「いき」の本質」から『偶然性の問題』まで時期の彼が志向していた本質を退けて具体的な事象に基づこうとする姿勢がない。その理由は、第一章でも確認したように、個々の事象から事象の本質へと研究対象を変更したからである。それどころかむしろ、彼はこの論文では、事実から本質を取り出すどころではなく、本質によって実存のあり方を規定しようとさえする。次の記述はまさにその典型であろう。

いったい動物の認識能力は一方に知性と、他方に本能とに分れて二岐的発展をしたと見られているが、黄色人種としての東洋人の認識類型である直観は、知性と本能との総合と考えることができるであろう。白色人が知性に偏し、黒色人が本能に止まるとき、黄色人が直観的認識を特色とすることは、何等かの自然科学的根拠を有つものであろうか。このことを明かにするのは、自然的人間の人間学の課題の一つであろう。（KSZ，三，二二）

ジャン・ジャック・ルソーは、何よりもまず人間であれと言うが、それは男性に向って言われているのである。女性に向っては単に人間であれと言うことはできない。女性は必ず誤解する。女であれ、または女らしい人間であれと言い聞かさなくてはならない。女子と小人とは養い難しとは孔子の教訓であり、女の許へ行くに笞を忘るるなとはニイチェの忠言である。貝原益軒の『女大学』はその根本精神に於ては永久に廃れる筈のないものである。（KSZ，三，四〇―四一）

現代では決して許されない典型的な人種差別と女性差別である。要するにここでは自分が属する黄色人種の男性が他の肌の色の人間や女性よりも優れていると九鬼は主張しているのだ。ここには「白色人が知性に偏し、黒色人が本能に止まる」や「女性は必ず誤解する」といった独断的で偏見に基づいたレッテル貼りとしか言いようのない間違った本質中心主義的で不当な言説がある。それどころか「女であれ、または女らしい人間であれと言い聞かさなくてはならない」という独断によって形成された間違った本質によって個々の実存を規定しようとする態度が見られる。これは彼が偶然性論で示した偶然的な実存を起点とする哲学の真逆である。なぜ彼はこのような主張をするようになったのか。彼はどうしてこうなってしまったのか。私は次節ではこの原因として「人間学とは何か」における彼の形而上学の仕組みの変化を指摘する。『偶然性の問題』頃までの私的な想像としての形而上学に軸を置く立場から誤った普遍的な理念としての形而上学へと、彼の哲学は変化している。

「人間学とは何か」の現勢的無限の形而上学

「人間学とは何か」で形而上学が論じられているのは、第六節の形而上的人間の人間学である。しかしここで論じられるのはマクロコスモスとミクロコスモスの織り成す形而上学的時間論ではない。九鬼は形而上学の課題である絶対者をここでは潜勢的無限（infini en puissance）と現勢的無限（infini en acte）の二つに分ける。彼は「形而上学的時間」では永遠回帰するマクロコスモスを潜勢的無限に位置づけて論じてきたが、現勢的無限については「必ずしも矛盾したものではない」が、「兎も角も問題的のもの」であるとして論じることを避けていた[6]。それが「人間学とは何か」では現勢的無限こそが形而上的人間が触れる絶対者であるとして議論の俎上に上げられる。

九鬼は無際限である潜勢的無限が、現勢化されたものが現勢的無限であるとする。彼はルイ・クーチュラ（一八六八―一九一四）[7]の議論等を踏まえて次のように述べる。

現勢的無限の観念はもとより経験から来たものではない。経験の対象はすべて有限である。またこの観念は想像によって構成されたものでもない。想像は感覚的与件を反復し多様にすることより外には出来ないから、無際限としての潜勢的無限より産み得ない。現勢的無限の観念は知覚にもよらず、想像にもよらぬものであるから、アプリオリなものとして理性に属するのである。…（中略）…時間を過去へ遡って現勢的無限の状態に於て考えた場合に世界の起始というようなものが考えられる。世界の起始ということは形式上から云えば時間の有限性を主張することのようであり、実際またそういう主張がされている場合もあるが、実はそうでなく却って現勢的無限としての時間を考えている場合が多い。「天地のはじめの時、高天原に成りませる神の名は、天之御中主神、次に高御産巣日神、次に神御産巣日神、この三柱の神は、みな独神成りまして、身を隠したまいき」とは時間の有限性に於て言われていることではなく、現勢的無限の時間として時熟しているのである。（KSZ、三、四四－四五）

そしてこれと同様に現勢的無限としての空間も考えることができて、それはニコラ・マルブランシュ（一六三八－一七一五）の「叡智的延長」であり、プラトン的な理念としての無限の空間であり、日本神話でいうところの「高天原」であると九鬼は述べる。[8]「叡智的延長」はマルブランシュの哲学の重要概念である。詳細に論じようと思えば大変な労力を要する概念であるが、ここでは、神の内にある観念で創造されうる事物の原型となるものという、一般的な意味を押さえておくだけで十分だろう。「叡智的延長」を「プラトン的な理念」と言い換えていることからもわかるように、ここでは九鬼は細かいところまでは注意することなくこの語を用いている。

九鬼は現勢的無限を、経験にも想像にも拠らないアプリオリな理性に属するものと論じる。そして世界の始まりは現勢的無限の時間として時熟であり、『古事記』の造化三神の誕生と身を隠したことに相当すると述べる。つまり現勢的無限は実存の行為に依ることなく実在する観念的なものとして論じられている。なお現勢的無限としての世界の始まりは、『偶然性の問題』の議論に照らし合わせるならば、シェリングの哲学を参照して主張される仮説的判断の水準で無窮に因果系列を遡った先に見出される理念としての原始偶然である。この引用個所の直後で九鬼は現勢的無限としての原始偶然にも言及している。彼はシェリングの哲学で提示された概念として原始偶然を紹介する。そしてイザナギとイザナミが天浮橋から天沼矛を海に突き刺して、それを「こおろこおろ」にかき回して「おのころ島」を生んだことは原始偶然であるとする。[9] そして現勢的無限としての空間は「叡智的延長」であり、プラトン的な理念としての無限の空間であり、日本神話でいうところの「高天原」であると論じている。これらの主張を総合すると、この現勢的無限は日本の神々の場所である。そして先に確認したように、日本の神々の神話での行為は人間学の理念、あるいは人間のあるべき姿を指し示すものとされている。ゆえにこの現勢的無限は神々が行為して「三つのしん」の原型を生産する観念的な場所であると彼が考えていたことがわかる。

この現勢的無限という観念は超越的でありながら実在性があり、具体的に存在者の行為に影響を与えるもののようである。『偶然性の問題』出版までの時期に論じられてきた潜勢的無限としての永遠回帰は偶然的な実存に根拠を持つ想像的なものであった。それゆえに永遠回帰論が提示する形而上学はいつでも容易に破綻しうるはかない「私の観方」であった。永遠回帰の実践である押韻の美はあくまではかなく壊れやすく、現在における瞬間的で偶然的なものであり、そこには実在と非実在のあわいの曖昧さが残されていた。[10] しかし永遠への憧憬は彼に偶然的な実存と想像的な理念の破綻への抵抗感を覚えさせる。彼は僧正遍照の「天つ風 雲の通ひ路 吹きとぢよ をとめの姿 しばしとどめむ」を好んだのだ。彼は美しいものを前にして、その破綻を悲しみ、「吹きとじよ」と命じ、「しばしとどめむ」と祈る。偶然に依拠する理念のはかなさと脆さは彼には耐えがたかったのかもしれない。それでも『偶然性の問題』出版までの九鬼は現勢的無限を論じることを控えていた。それは現勢的無限という実存を越えた理念の実在性を望みつつも、それに確信を持って主張することができなかったからだろう。しかし彼はこの困難を日本神話の導入によって解決した。その解決策を採用した理由を理解できないことはない。日本の神話の神々の多くは自然現象と深く結びついたものである。また『古事記』も『日本書紀』も、神話を含んでいる歴史書であるから、日本の歴史でもある。記紀神話には日本の自然と歴史と神が揃っている。記紀神話こそが「三つのしん」のプラトン的な理念であると考えることは、彼の哲学の傾向と当時の時局を鑑みればまさに自然な成り行きである。彼はこれに満足したのかもしれないが、しかしこの日本神話を通じた現勢的無限の導入は彼の哲学にとって致命的な過ちだったと私は思う。少なくとも、偶然性の哲学にあった実存の生き生きとした輝きはこの方法では失われてしまう。

「個」への眼差しの喪失

「人間学とは何か」で提示される九鬼の哲学は、それ以前までの偶然性の哲学とはすっかり逆のものになってしまった。先に指摘してしたように、彼はこの論文では間違った本質主義で実存にレッテルを張り、自分と異なる属性の人間を差別する。そして自分が属する黄色人種の男性こそが最も優れた人間であると主張する。それは人間の本質の起源を記紀神話に求め、その存在を現勢的無限に位置づけることで実在とみなしたからである。この記紀神話という現勢的無限に支えられた「三つのしん」は実存に先立つ本質として機能してしまう。

自然的人間と歴史的人間の議論を確認してその様子も見ておこう。

自然的人間は肉体と心の合一とされるが、議論の内容は相当散漫で、全体を通して九鬼が自然的人間として論じたかったものは、はっきりしない。ただ肉体と心、特に情緒がつながっていることを彼が主張したいことは読み取れる。一九三七年の「日本的性格」では日本的性格の一つとして自然が論じられ、そこでは「天地の心のままにおのずから出て来たもの」としての自由が日本の自然な道徳として称揚され、「道とは天地に随った神ながらのおのずからな道である」から自然と調和的な道徳、芸術が日本的であると主張される。[11] これと同じ主張は「人間学とは何か」の歴史的人間の項でも述べられ、そして「東洋の歴史的人間は自然的人間を高い次元で実現しようとするものであるということも出来るであろう」[12] とまとめられているので、彼は自然的人間として肉体と心が連続して調和的にあることを主張したかったようにも思われる。しかし重要なのは先に引用した個所での「白色人が知性に偏し、黒色人が本能に止まるとき、黄色人が直観的認識を特色とする」に代表されるように、自然的人間についての議論が定言的判断か仮説的判断の水準における必然的な論述に終始していることである。そこに具体的な個へのまなざしはなく、彼はひたすら間違った本質主義に従ってまとまりのない議論を続けている。

歴史的人間は自由の歴史を創造するものだと九鬼はいう。要するに歴史と釣り合いを取りながら自由に未来を選択して新しいものを創造していく実存を歴史的人間として称えるのであるが、重要なのはこの歴史的人間は社会的人間であるという主張が現れていることである。

> 歴史的人間は、孤立した唯一の存在と考えることはできない。既に自然的人間の肉体的機構に於ても、相互塡補性は他者へ環顧していたのであるが、特に歴史的人間は他の歴史的人間と共に社会を造ってのみ存在し得るものである。(KSZ，三，三六)

そして社会的人間としての歴史的人間の関主観的客観性を担うための特殊化として言語人、叡智人[13]、芸術人、道徳人、法律人、宗教人があると述べる。その上で彼は歴史的人間について次のようにまとめる。

以上、歴史的人間に関する問の展開に当っても、単に抽象的な人間に関して問おうとしたのではなく、人間一般と共に特に日本人に関して、伝統と歴史の中に、人間を問い且つ答えようとしたことは、おのずから明らかであろう。…（中略）…そして自由と自然との関係が新しい形に於て再びここにも現われて来て、思索を特に難渋ならしめるのである。伝統は民族的習慣による自由の自然化と考えられるからである。

（KSZ，三，四二一―四二二）

『偶然性の問題』は孤独な実存が根源的社会性を開く邂逅の瞬間への希求に貫かれていたが、ここでは人間はそもそも社会的であるという前提で議論が進められている。『「いき」の構造』では言語によって社会の存在を担保していたが、「人間学とは何か」ではそれに加えて学問、芸術、道徳、法律、宗教も動員して、人間が社会的存在であることを殊更に強調する。その際に最も多く参照されるのはイザナギとイザナミの国生み神話である。イザナギとイザナミが日本の国土を創生したことなどを日本民族の歴史と宗教と伝統として模範にしているから、自分は具体的な歴史的人間を論じていると彼は主張している。これは日本民族の歴史と伝統に自然と寄り添うことで真に自由な人間となるという典型的なナショナリストの主張である。ここには『偶然性の問題』まではあった個々の存在者への眼差しが全く見られない。彼はこの論文で、自分がマジョリティとして所属する「黄色人種の男性」の優位性を誇るための学術的な裏打ちが何もない彼の独断と偏見をあたかも具体的なものであるかのように論じているに過ぎない。
このように日本神話を通じた現勢的無限の導入によって九鬼は「個」への眼差しを失い、自然に歴史と宗教と伝統に寄り添って民族の理念を自ずから実現するような理想的な人間となることを主張する凡庸なナショナリストになってしまった。

戦争の哲学者としての九鬼周造

先に確認したように戦中期の九鬼のナショナリズムへの傾倒は坂部や田中などが論文「日本的性格」に顕著であると指摘してきたものであるし、彼の本質主義的傾向も既に野田によって指摘されている[14]。私のこの章の研究に意義があるとすれば、先達の指摘の理論的背景を「人間学とは何か」から抽出して示した点にあるということになるだろう。

これまで九鬼のナショナリズムへの傾倒の理論的背景が十分検討されてこなかったがために、この問題の深刻さは十分受け止められていなかった。例えば野田は九鬼の本質主義的傾向を指摘していたにもかかわらず、「われわれの受けた印象では、当時の他の論者に見られない公平な、日本精神論だった。日本の伝統の中に人間性の全体の表現を認め、だからこそ世界精神と矛盾するはずはないと結論されていたと思う[15]」として彼の日本精神論を擁護する。おそらく野田は「日本的性格」の結論にある「日本文化を指導する原理は日本主義的世界主義または世界主義的日本主義というような一見逆説的なものでなければ本当でない[16]」などを踏まえているのだろう。同様に古川は二〇一七年の「日本主義という呪縛――九鬼哲学を解放する――」で九鬼の邂逅論と日本精神論を接続することで、彼が当時の同一化への圧力に抵抗して日本主義ないし国粋主義を否定し、世界に開かれた多元主義的思考を提示しているのだと主張する。そして古川は坂部による九鬼の偏狭なナショナリズムへの傾倒という指摘は不当であるとして「なんとなれば、日本の民族的特殊性や文化的特殊性といった概念が強調されるや否や直ちに下されるこのような断罪的な評価こそ、むしろナショナリズムはすなわち閉鎖的であり、閉鎖的であることはすなわち悪であるという、いわば平凡な戦後的イデオロギーに大幅に屈服しているように見える」(17)と批判している。

確かに野田や古川の言うように九鬼の視点は「世界主義」にも開かれていると見なすこともできるのかもしれないし、彼の論調が同時代の過激な国粋主義者と比べるとずっと公平であることは事実かもしれない。しかし『偶然性の問題』出版後の彼が日本神話に支えられた「種」的な本質中心主義に抵抗を持たなくなり、その結果「個」を見なくなったことは否定できない。それに伴って現代では決して容認されない差別的な主張が彼の論文に現れるようになっていることを、私たちは批判しなければならない。野田の言うように、世界精神のことも考えているから、あるいは他の人よりもマシだからといった理由で九鬼を研究する私たちがこの問題を看過するべきではない。また古川のように、九鬼の邂逅論と日本精神論の間の差異や彼のナショナリズムと結びついた差別的言説を考慮に入れずに彼を擁護し、坂部の批判を「平凡な戦後的イデオロギーに大幅に屈服している」と見なすことは、問題を矮小化して九鬼の哲学の一つの側面を見落とすことであると私は思う。彼のナショナリズムへの傾倒は私たちが真剣に研究するべき問題だ。

九鬼のこの問題は当時の日本の時局と結びついていて、これまで考えられてきたよりもずっと深刻なものなのだ。彼の哲学のナショナリズム的展開はまさに時局に乗ったものであり、日中戦争、そしてアジア・太平洋戦争へと突き進んで行く日本の動向と通じている。日中戦争(当時は支那事変と呼んでいた)が始まって間もない一九三七年一〇月に彼は『文藝春秋』に「時局の感想」という随筆を寄稿する。そこでは盧溝橋事件を経て日中の全面戦争となった状況についての彼の感想が綴られている。随筆は第一次世界大戦のころに亡き父にブートルーの戦争論を読んで概要を報告するように命じられた思い出から始まって、自分が直面している日本と中国の戦争についての感想がそれに続く。

「戦争ということは人類文化の弁証法的発展の上からは重大な意義を有っていると考えられる[18]」と九鬼は記す。そして戦争を通じて「日支共栄の自覚が日支両国民の心理に本当に強く湧き上って来たならば、今回の事変に十分の文化史的意義を見出せると思う[19]」と述べる。過去には日本人は中国人から多くを学んだが、今の日本人には中国人に教えるべきものが多くあるとして「我々は西洋人に対して彼等支那人を常に東洋の兄弟として庇護すべきである[20]」と主張する。そして次のように続ける。

　我々は、しかし、今度の事変では是非とも支那に勝たなければならぬ。戦争に勝つか負けるかは軍備の優劣にあるのではなく、軍隊が如何なる哲学を有するかにあるという意味のことを云った者がある。まことにその通りである。我々日本人は支那に勝つことによって日本哲学の精神を彼等支那人に明確に教えねばならぬ。武士道の形を取った理想主義の哲学を彼等の肺腑に感銘させることによって彼等の祖国の再興に精神的助力を与えることが我々日本人の重要な文化史的課題ではあるまいか。支那国民の精神的再生に我々は寄与を吝しんではならぬ。不可能と云ってしまえば世の多くのことは不可能である。可能という信念によって世界は動いて行く。

　今日の支那人一般に欠けているものは云うまでもなく理想主義の哲学である。…（中略）…我々日本人は輝かしい伝統に於て理想主義の哲学を奉ずる国民である。我々の理想主義が我々をして戦争に勝たせるのである。(KSZ, 五, 三八―三九)

中略した部分では、中国人が自分の身を大事にする一方で、日本人は自身の命を顧みずに戦うことや、日本人女性が中国人女性のために物資を支援したことが述べられる。九鬼は自身の命を顧みずに戦う姿勢を称揚したが、この風潮は彼の死後にますます強まり、特攻として軍によって若者に命じられるものになる。この随筆で示される日本の理想主義とは、日本という「種」の理想のために「個」が進んで命を捨てることを指しているようである。それゆえこの随筆では戦争を有意義に終わらせるために「日支文化共栄」[21]理念の下に経済と学術も総動員することが主張される。そして最後に「私はこの事変が日支国交の弁証法的発展の一段階として回想の中に止揚せられる日の一日も早く将来される事を願ってやまない」[22]と締めくくられる。

日本人には優れた理想主義があるが、中国人にはない。それゆえに戦争で打ち負かして中国人に日本人の理想主義を教えて日本と中国を共に栄えさせなければならないと九鬼は説く。日本人には武士道と言う理想主義があるけれど、中国人にはないという間違った本質主義を振りかざして彼は日中戦争を肯定する。この随筆の内容は明らかに「日本的性格」や「人間学とは何か」と同じ思考の型に基づいて執筆されたものであるが、私はこの随筆を中国人に対して公平な思想である、あるいはこれこそが世界に開かれた多元主義的思考であるなどとは、とてもではないが言えないと思う。ここに偶然性の哲学の面影はない。彼は戦争の暴力という現実を日本人の武士道という理想主義のノスタルジックなファンタジーによって覆い隠してしまった。それは『「いき」の構造』が「いき」というファンタジーで花街の現実を覆い隠していたこと同様の悪質な態度である。そしてこれは「五族協和」と「王道楽土」をスローガンにして日本の傀儡国家の満洲国が建国されたこと、あるいはこの後に「八紘一宇」を理念として東亜新秩序や大東亜共栄圏を主張し、日本が中国と東南アジアへの侵略を正当化したことと方向性を同じくする。偶然性の哲学者が、自身の哲学をおそらく無意識のうちにねじまげて時局に迎合し、理念のために人を殺せ、自分の命を捨てよと主張したことを私はとても悲しく思う。戦争によって発展した資本の力で知を得た彼はこのようにして戦争を推進する哲学者となった。彼の哲学は中国との戦争に勝つための哲学として大日本帝国に奉仕するものになってしまった。戦争によって形成された彼の哲学はさらなる戦争の暴力と近代日本の終焉につながっていたのである[23]。

トリロギーとナショナリズム

本章では九鬼の後期の論文「人間学とは何か」の検討を通じて九鬼の哲学の仕組みの変化とナショナリズム的展開を明らかにした。これまで先行研究では「人間学とは何か」はあまり検討されてこなかったが、この論文こそが破綻と再建の末に九鬼がたどり着いた一つの到達点であり、そしてその哲学の抱える重大な問題を如実に示すものであった。

「人間学とは何か」ではこれまで九鬼が回避してきた「現勢的無限」の実在が積極的に主張されていた。それが可能になったのは現勢的無限として記紀神話を導入したからであった。「三つのしん」を理想的に兼ね備えた現勢的無限である日本神話を模範とすることで、種である日本民族の理念が十分な根拠を持って形成されるようになった。そしてその理念である「三つのしん」を理解して実践することができる日本人男性が最も優れた人間に位置づけられていた。それゆえ九鬼の主張は自分がマジョリティとして属する集団を最も優れたものとみなして、他の民族や女性といった他者を差別するものであった。

以前から九鬼が時局に流されてナショナリズムに傾倒している点は指摘されてきたが、その危険性は十分に論じられていなかった。「時局の感想」の記述からは、それが日中戦争やアジア・太平洋戦争において日本が他国への侵略を肯定するために用いた理論と方向性を共有していることもうかがわれた。

偶然性の哲学の持つはかなさを忘れて間違った本質主義に傾倒した九鬼の後期の哲学には帝国主義的な戦争にのめり込む日本の動向と足並みをそろえた差別的で危険な側面があった。これもまた日本哲学史の重要なポイントであり、日本哲学を研究する者こそ見逃してはならないものである。次章では結論として本書のこれまでの議論を総括して九鬼の哲学の流れと全体像を確認する。その上で、この「いき」と偶然性と戦争の近代日本の哲学者のことを改めて考えていく。

第一部　結論
現代の人間科学へ

第一部では九鬼周造の哲学の特徴を近代の人間学と見定めて、その軌跡を主に破綻と再建という観点から読み解いてきた。ここでは近代の特徴として主に孤独と戦争の二点を挙げた。近代日本の発展と歩調を合わせて成長してきた九鬼であったが、人生の躓きによって近代人の抱える孤独に直面し、そこから脱出する方法を探求するようになる。偶然に存在する孤独な実存が想像力によって共同体に開かれて他者と出会い、人間となる。しかし人間となった実存は自身の偶然性を忘れて、自分たちこそが最も優れた人間であると思い上がるようになり、他者を見下して自分の思想に従わせようとするようになる。これが彼の哲学の歩みであった。それと軌を一にして肥大した大日本帝国はアジアの盟主という野望を抱いて侵略戦争に突入し、彼の死からほどなくして破綻する。この結論では今までの議論を総括して彼の哲学の全体像をクリアにするとともに、残された課題とその解決の方向性を示す。

「はじめに：近代に人間であること」

「はじめに」では九鬼を近代の申し子に位置づけるとともに、中井正一の近代論を参照して「近代」について論じた。日露戦争と第一次世界大戦を経て大日本帝国は極東の大国となる。九鬼をはじめとする日本の哲学者たちは戦争の暴力で獲得した資本によって第一次世界大戦の戦場となって疲弊したヨーロッパで当時の最先端の学知を習得する。大阪財界の資本に支えられていた九鬼はまさに近代日本の暴力と資本が生み出した最高の哲学者である。

九鬼と親しく交流し、彼から多くを学んだ中井は九鬼の哲学の美点と欠点を鋭く見抜いていた。中井は師である深田康算の議論を踏まえて一九世紀的近代を個人主義がリードする「天才」「独創」「唯美」の時代と論じる。しかしこの個人主義が極端になると近代の三つの特徴は他者からの理解を失って「放恣」「孤立」「非真実」に転落し、天才は孤独に苦しむこととなる。この近代の性格は二〇世紀に至って変質する。国家と工業が織りなす巨大機構が引き起こした第一次世界大戦は人々の心身を深く傷つけた。中井は二〇世紀を主体が失われ、自我がただ感情に任せて全てを拒絶して分裂していく時代と見る。この時代を代表する哲学者はただ時間の中を流動する生を見つめ直すベルクソンとハイデガーであった。九鬼は両者の哲学から非常に多くを学んだが、しかし自身の哲学としては流動する生を見つめるよりはむしろ、流れ去るはかない瞬間を詩歌の美によって永遠に「しばしとどめむ」ことを望んだ。

序論：九鬼周造小伝

序論では周造の父である隆一と母の波津子のことから始めて、周造の生涯をたどり直した。周造の生涯と哲学の関係について、隆一と波津子、そして岡倉覚三の間での三角関係が周造に大きく影響したことは多くの先行研究の指摘するところであるが、本書では周造自身の交友関係や妻の縫子の実家である中橋家との関係、そして縫子との離婚騒動も周造の人生と哲学に大きく影響していることを示した。特に周造の親友である岩下壮一と天野貞祐の献身的なサポート、大阪財界の中心にいた中橋家の経済的支援、甥である継子たちとの関係悪化と自身の女性関係に由来する離婚騒動といった重要な伝記的事実はこれまで軽視されてきた。幼少期に両親の離婚騒動によって親から引き離されて育てられた時期を持つ周造が、自身のヨーロッパ留学によって継子たちを母親から引き離した点は特に注目するべきだろう。孤独な少年期を過ごした周造が継子に孤独を味わわせてしまい、その結果として周造の家庭は破綻したのである。彼の経済的、家庭的安定が離婚騒動によって揺らいだ時期に、彼は日本精神論を執筆することを止めて偶然性論に集中的に取り組み、孤独な実存が共同体へと復帰するための理論を研究していたことは見逃してはならない。彼の偶然性の哲学そのものには個人主義的傾向が見られるが、しかし彼自身は孤独な個人ではなかった。彼の哲学の進展は彼の置かれた社会的状況に大きく左右されている。その哲学が哲学者の生きた時代とその生涯と無縁であることは決してない。時代と社会の中に哲学者は生きているし、常にその影響を受けながら哲学は形成される。具体的な事象を踏まえた生の哲学の研究に取り組んだ九鬼周造の哲学を研究するのであれば、この点を見逃すべきではない。

第一章：トリロギーとデュアリズム――九鬼周造の人間学の破綻

第一章では九鬼の哲学の第一の特徴として「トリロギーとデュアリズム」を指摘した。彼の思考の根底にトリロギーがあることは野田又夫や坂部恵などによってすでに指摘されてきたことであるが、本書ではこれを「身」「心」「神」からなる「三つのしん」と呼ぶこととした。この「三つのしん」は『「いき」の構造』や「日本的性格」などの九鬼の日本精神論に登場しているほか、人間学について論じた「人間学とは何か」でも論じられていた。これは後期の彼が日本精神論と人間学を同じ枠組みで捉えていたことを示している。この「三つのしん」の登場する日本精神論は彼の哲学者としての活動の初期と後期にのみ発表される。この空白期間に彼は『偶然性の問題』の出版に向けて偶然性論の研究に取り組んでいた。この時期の彼が日本精神論を執筆することを止めた理由には、上述のように彼の置かれた社会的状況の変化もあるが、同時に彼の哲学が抱えていた矛盾も指摘できる。『「いき」の構造』では「三つのしん」によって客と花街の女性の間で平行線に象徴されるようなつかず離れずのデュアリズムの関係を保つことが主張されていた。彼はこの構造を日本の民族に伝統的な生の理想に位置づけていたが、しかし本当は「トリロギーとデュアリズム」は彼自身の認識フレームによって構築された彼のノスタルジックなファンタジーであった。彼は自分の幻想を日本の民族の理念であると錯覚してしまっていた。

しかし『「いき」の構造』にはこのファンタジーを破綻させる傾向も潜んでいた。彼は『「いき」の構造』ではフッサール現象学の本質直観を批判して、ハイデガーの現象学的解釈学によって具体的な体験を把握し、理解することを主張していた。しかし実際には、その主張通りに具体的な体験を論じることには失敗し、結局は「構造」という語を隠れ蓑にして「本質」を論じることになってしまっていた。だがこの具体的な事象を論じようとする意志によって九鬼は彼自身の偶然性論へとたどり着くことになった。彼はパリ滞在期に「偶然性」という詩を作成し、そこでは偶然性を平行線の交差に象徴させていた。「三つのしん」が崩れて平行線が交差するのは、つまり「いき」の破綻である。『「いき」の構造』において彼は具体的な体験として挙げられている事象に核心的意味という語でカモフラージュしながら「本質」を託した。それによって具体的な体験は存在論的に強固なものとなったので、彼は『「いき」の構造』においては躊躇することなく具体的な体験を抽象化して構造を取り出すことができた。『「いき」の構造』においては具体的体験こそが強固なものであり、彼が議論を通じて析出した「いき」という理念こそが見失われ得るような脆いものであった。しかし本当は具体的な事象もはかなく壊れやすい偶然的な存在である。その壊れやすい具体的な事象をある程度は固定、普遍化し、永らえさせるための道筋を彼は偶然性論を通じて探求することになる。

第二章：「現実」を求めて——『偶然性の問題』の論理学

第二章ではまず『偶然性の問題』に至るまでの九鬼の偶然性研究の歩みを確認した。次に『偶然性の問題』の全体像を概観した。その上で彼の『偶然性の問題』における形而上学の問題が論じられている「離接的偶然」の章に焦点を当てることとして第二章ではその基礎となる彼の様相の三つの体系の読解を試みた。

九鬼の偶然性研究はパリ留学時代の一九二七年の詩に遡ることができるが、それが進展し、『偶然性の問題』のような充実した論考に結実するまでにはかなりの時間を要していた。一九三〇年から一九三二年にかけて偶然性論が本格的に研究され、『偶然性の問題』の原型と呼びうる「博士論文　偶然性」が一九三二年に提出される。その後三年かけて議論が大幅に増強されて『偶然性の問題』が一九三五年に提出された。第二章で論じた彼の様相の三つの体系は『偶然性の問題』に至って初めて登場するものである。

『偶然性の問題』は「序説」「第一章　定言的偶然」「第二章　仮説的偶然」「第三章　離接的偶然」「結論」の五章構成となっている。九鬼は偶然を存在しないことのできるものと考え、それを「定言的偶然」「仮説的偶然」「離接的偶然」に分類する。『偶然性の問題』を通じて彼が問題としているのは実存と概念の、あるいは出来事と出来事の、そして世界と世界の間のそれぞれの関係が脆く壊れやすい偶然であること、そして関係は容易に断絶し、孤独へと転落してしまうことであった。定言的偶然は概念には含まれない非本質的徴表のことを指す。それはつまり一般概念に対する個の存在であった。仮説的偶然は二つの判断の間に必然的な関係が結ばれていないことを意味する。これは無関係なはずの個物や事象たちが邂逅して新しい出来事が起こることについての議論であった。これらは偶然と認識することも可能であるが、視点を変えれば容易に必然に転じ得るものであった。私の使用しているタブレット型パソコンが青色であることは定言的偶然であるが、仮説的判断の水準から見れば、「私が青色のタブレット型パソコンを購入した」という理由があるから、必然である。「木を植えるために穴を掘っていたら地中から宝物が出てきた」と考えるならばそれは仮説的偶然であるが、「宝物の上の地面を掘り返していったら宝物が出てきた」という因果系列の水準で見るならば、それは必然以外の何物でもない。因果系列を徹底的に精緻化してあらゆる事象を根拠づけていくとするならば、ほとんど全ての事象は因果律の下で必然となる。しかしそれでも、この世界が存在するということの形而上学的な偶然は残ると九鬼は考え、離接的偶然を論じた。離接的偶然とは無数の可能的離接肢がある中である一つの離接肢だけがこの世界で現実になったことである。「離接的偶然の核心的意味は「無いことの可能」として「無いことの必然」へ近迫すること」[1]だと彼は主張した。この世界は存在しなくてもよかったのに、偶然にも存在しているし、むしろ存在しないことこそが当然だったのではないかと考えられるようになってくるのである。離接的判断の水準は世界の存在と非存在をめぐる形而上学の大きな問いによって全ての規範を破綻させた後に現れるものなので、彼は「離接的偶然」の章では様相論の研究を通じて一から存在論のルール作りをするところから議論を始めなければならなかった。本書では「離接的偶然」の章を一度破綻した世界を再建する営みとして読み解いた。「仮説的偶然」の章から「離接的偶然」の章への移行部で、形式論理学と因果法則をかっこ入れしても、それでも残る形而上学的な偶然である理念としての原始偶然が議論に導入された。これは、世界は経験としては確実に存在しているが、その地平を支える形而上学的な根拠はないということであった。「仮説的偶然」の章で九鬼は最古の究極の原因 x を理念としての原始偶然として論じていたが、「離接的偶然」の章では現在において「我」が原始偶然に直面していると彼は論じた。「現在」は事実として存在しているがすべては形而上学的には無根拠であるというのが彼の存在論のテーゼである。「我」はこの原始偶然の一点から、他者とのつながりと過去から現在を経て未来へと広がる時間的連続性を構築し、行為する主体を形成していく。これが『偶然性の問題』における「現実」の把握である。

この「現実」の把握という課題は様相論という形で検討された。九鬼は様相論として三つの体系を提示する。第一体系はただ現在ここに事実として存在するか否かを問う静的なものであった。第一体系における「現実」は事実として存在しているものである。第二体系が捉える「現実」は無数の可能世界と存在する唯一の偶然世界からなる動的なものであった。第二体系は事実として存在するものと人間の想像が織りなす広義の「現実」を示している。第三体系は行為を決定するための推理や想定、価値判断などを行っている場面で示される観点である。第一体系から第三体系へ向かうにつれて存在の分析から人間の行為のための思考へと議論の関心が移っていた。

九鬼は第三体系の図として偶然性を起点とする「生産原理」を提示している。しかしこの生産原理と第三体系の間には様々な齟齬があり、両者を別物と考えるしかなかった。この生産原理は様相の第一体系で示した存在の静的な認識と第二体系の動的な存在の認識を経て、第三体系でこの世界が現実化したことの偶然性を理解し、そして行為を生産するという実存の行為のプロセスとなっている。この行為主体の形成を経て「我」は「汝」と邂逅し、非連続な原始偶然ではなく、連続性を持った必然とみなされるようになる。そして『「いき」

の構造』以降見失われていた時間的連続性と他者との共同体が、生産原理を軸とした他者との邂逅によって再建されるのである。

第三章：世界を創る――『偶然性の問題』の行為論

第三章では、前章で読み解いた九鬼の行為論の理論モデルを踏まえて、「離接的偶然」の章の議論を彼の行為論として解釈し、彼の哲学の実存の哲学としての側面を明らかにした。ここで論じられる行為は実存が自己の歴史性と他者との関係を取り戻し、社会の中で主体を形成して人間となっていくための自己の意志的な行動のことである。これこそが『「いき」の構造』以降、歴史と社会を見失っていて孤独になっていた彼が連続性を再建するために必要だった議論である。

九鬼によると偶然は存在の問題であるが、偶然性は観測者がそれを目撃することによって成立するもの、つまり認識の問題である。彼が著書を『偶然性の問題』と名付けたのは、彼の関心の中心が偶然そのものよりもむしろ、それを認識する人間の方にあったことを示している。「離接的偶然」の章で展開される彼の形而上学では、偶然性を見て取る人間は行為主体となる孤立した個人に位置づけられる「我」である。『偶然性の問題』の「離接的偶然」の章は現在の瞬間としての原始偶然を直接与件としているので、この「我」は共同体と歴史性を喪失している。『偶然性の問題』の「離接的偶然」の章で展開されている様々なトピックは孤立した「我」がそれらを再構築するための探求となっている。

生産原理から導き出される九鬼の行為論のステップは以下のようになっている。

Ⅰ．「我」が「与えられた現実」に産み落とされる。

Ⅱ．「我」が他なるものである「汝」の可能世界を、そして神の「永遠の相の下」において無数の可能世界からなる世界全体を、想像する。

Ⅲ．過去・現在・未来からなる時間の下に生きる「我」の歴史としての運命を自覚することによって、「我」は現在における「汝」との邂逅を受け止めつつ行為主体を形成する。

このようにして共同体と歴史性を喪失し、孤立した状態にある「我」は、唯一の直接与件である現在としての原始偶然を起点として、想像力によって可能性を展開し、それを「現実」によって現在の一点へと収束させる。このようにして行為は形成されていく。そして偶然の現在にある経験を受け止めて意味を付与し、運命を構築する。こうして間主体的共同性と歴史性を拓き、可能な連続性を持った主体を形成して行為を実践する。これが彼の偶然性の哲学における行為論であった。このプロセスを通じて構築された脆く壊れやすい主体を持ちこたえさせ、世界の中で行為していくことこそが『偶然性の問題』における彼の偶然性の哲学の主題であった。

第四章：永遠回帰する宇宙——詩の美と実存

第四章では九鬼の哲学のもう一つの柱である永遠回帰論を読み解いた。彼の永遠回帰論は一九二八年にフランスのポンティニー旬日懇話会で行った講演を出版した『時間論』に収録された「時間の観念と東洋における時間の反復」と帰国後の一九三一年に発表した「形而上学的時間」である。これまでの先行研究は前者を九鬼の哲学の最高到達地点の一つとみなし、前者の読解を中心に彼の永遠回帰論を研究してきた。しかし実際には、前者はまだまだ修正すべき点が多い発展途上の論考で、後者こそが彼の哲学の転回と成熟を示していた。

私たちは中井の議論を参照することによって「時間の観念と東洋における時間の反復」の背景には現実の絶

対拒否によって確固たる自我意識が消失し、ただ時間の中を流動する生を見つめ直すしかなくなった時代において自我を立て直すという課題があることを確認した。九鬼はポンティニー講演では回帰的な時間という想像的な神秘の時間を提唱した。これは想像によって時間に本質を帯びさせて、時間を強固にすることによってこの課題に答えようとするものであった。しかし、この講演は、フランスの知識人たちに東洋思想を紹介するという意図があったためか、あまりにも観念的な議論となっていた。この講演は「時間は意志に属するものである」というテーゼに基づいている。そして彼はこの講演で形而下と形而上の一切を生産しているのは一人の人間の観念だという独我論的な立場を示していた。この観念的で独我論的な立場は『「いき」の構造』や『偶然性の問題』の議論とは整合性がない。

一九三一年の論文の「形而上学的時間」では、彼は「時間は意志に属するものである」というテーゼを主張することなく、かわりに時間を潜勢的無限に位置づけることから永遠回帰論を開始した。そしてオスカー・ベッカーの「美のはかなさと芸術家の冒険的性格について」を参照することで、永遠回帰を、神々を支える想像的な原理とみなした。この永遠回帰するマクロコスモスという運命に我々は担われているという想像を人間がしていると彼は「形而上学的時間」において主張している。この立場変更によってポンティニー講演における永遠回帰論に見られた観念論的な性格は薄められ、彼の哲学に物質性や他者を導入する余地が生じた。この想像的で神秘的な永遠回帰の水準と、偶然に存在するこの現実を橋渡しするのが芸術家であり、押韻詩を作成する詩人である。永遠回帰とは行為の可能性を担保して彼の偶然性の哲学の生産原理を根底で支える基盤としての想像力である。それゆえに永遠回帰するマクロコスモスと偶然に存在する実存を橋渡ししてそれを音の邂逅に象徴させる押韻詩の美に彼は特別な意味を込めた。

第五章：トリロギーとナショナリズム――九鬼周造の人間学の再建

第五章では『偶然性の問題』出版後の共同体と歴史を取り戻して再び日本精神論を発表するようになった時期の九鬼の哲学について検討した。そして「人間学とは何か」の読解を通じて彼の哲学の仕組みの変化とナショナリズム的展開の危険性を示した。これまでの先行研究では「人間学とは何か」はあまり検討されてこなかったが、この論文こそが破綻と再建の末に彼がたどり着いた一つの到達点であり、そしてその哲学の抱える重大な問題を如実に示すものであった。

「人間学とは何か」は偶然性論とは逆の立場である本質主義的記述が目立ち、しかもその内容は日本人男性を最も優れた人間に位置づけて、他の人種や民族、女性を低く見る差別的なものであった。このような間違った本質主義を九鬼が採用するようになった背景には彼の形而上学の変化があった。彼は「人間学とは何か」ではこれまで回避してきた「現勢的無限」の実在を積極的に主張した。それが可能になったのは現勢的無限として記紀神話を導入したからであった。「三つのしん」を理想的に兼ね備えた現勢的無限である日本神話を模範とすることで、彼の思想の中で日本民族の理念が十分な根拠を持って形成されるようになった。そして彼は、その日本民族の理念を十全に体現できるのは自分の属する日本人男性であると主張して、他の人種や民族、女性といった他者を差別するようになった。

九鬼は同時期の「時局の感想」という随筆で戦争を通じて、日本人の理想主義を中国人に教えなければならないと主張し、日本の中国への侵略を肯定していた。この随筆で彼が示した間違った本質主義は日本が傀儡国家の満洲国を建国する際に用いたスローガンである「五族協和」と「王道楽土」、そして日本の中国と東南アジアへの侵略を正当化するための理念である「八紘一宇」等と方向性を共有していた。彼は戦争によって発展した資本の

二元の平行線のデュアリズムを「三つしん」で支える。
（「媚態」＝「身」「意気地」＝「心」「諦め」＝「神」）

図８　トリロギーとデュアリズムの図（筆者作成）

力で知を得て、そして戦争を推進する哲学者となった。戦争によって形成された彼の哲学はアジアと太平洋に対する暴力と近代日本の終焉につながっていたのである。

九鬼周造の哲学の変遷

本論文では九鬼の哲学の日本精神論、行為論、形而上学を研究した。これで彼の哲学の基本的な枠組みとその変遷を明らかにすることができたと思う。しかし本論文では第一章から第三章までかけて一九三〇年から一九三五年まで進んだ後、第四章で一九二八年の「時間の観念と東洋における時間の反復」と一九三一年の「形而上学的時間」へと時系列を一度遡り、そして第五章で一九三七年の「時局の感想」と一九三八年の「人間学とは何か」に進んだため、時系列的には少しわかりにくかったかもしれない。時系列に沿って九鬼の議論の体系の変遷を図解し、整理しておこう。

留学期から一九三〇年までの時期の九鬼は『「いき」の構造』に結実する日本精神論と観念的かつ独我論的な永遠回帰論を研究していた。そして偶然性はトリロギーと平行線デュアリズムが破綻した時に現れる平行線の交差に象徴されていた（図８）。このころの日本精神論である「いき」論では、十分には上手くいってなかったとはいえ、具体的な事例を解釈することで構造を取り出そうという意志があった（図９）。個々の事象を尊重した民族（種）――事象（個）論として「いき」論があったのである。

一方、観念的かつ独我論的な永遠回帰論はマクロコスモス（類）――実存（個）論であるが（図10）、類＝個となる特殊な構造をしていた。この「いき」論と永遠回帰論との間の関係は九鬼自身によっては論じられなかっ

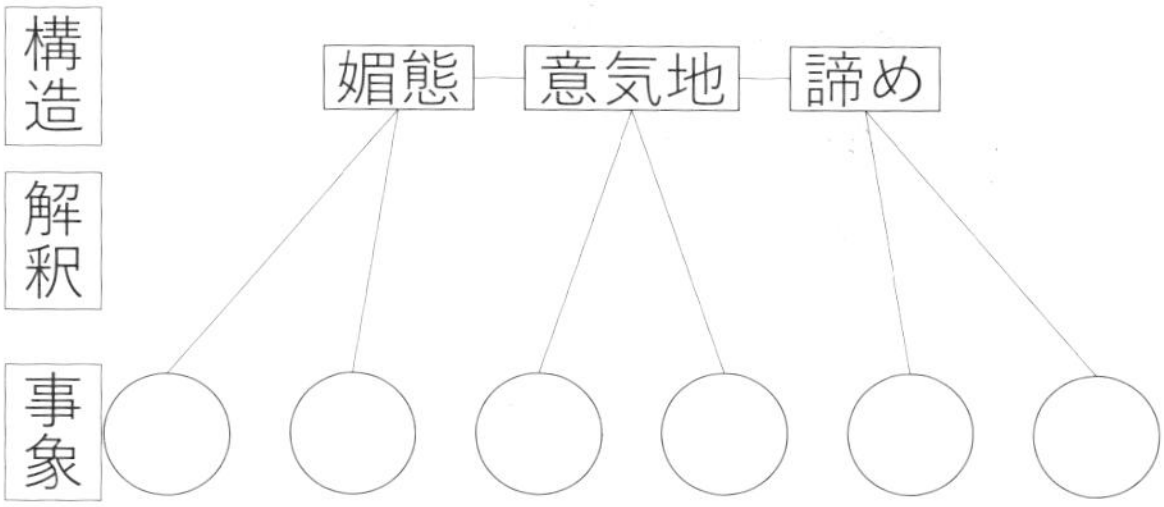

図9 『「いき」の構造』の方法論の図（筆者作成）

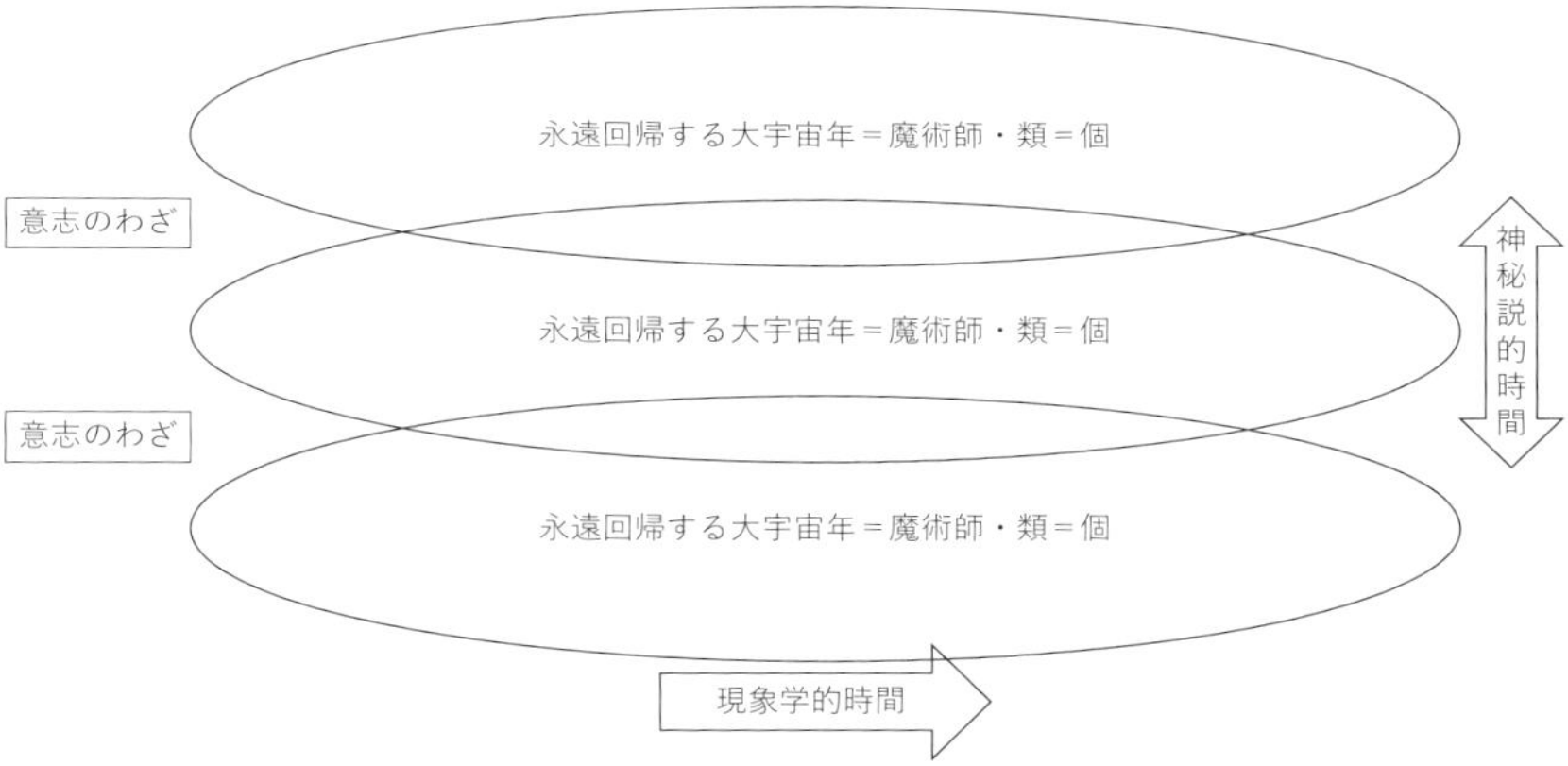

図10 ポンティニー講演の永遠回帰論の図（筆者作成）

たし、論理的にも両者は両立しないように思われた。この時期の九鬼はまだ自身の哲学を体系化することができていなかったようである。

その後、九鬼は「形而上学的時間」でマクロコスモスを個の想像によって生み出される形而上学的基礎へと位置づけ直した。これによって類と個が直結しなくなったので、物質性と他者性を議論に導入することが可能になった。『偶然性の問題』では、個は想像したマクロコスモスとしての運命があたかも自分に先んじて存在するかのように振る舞うことで、他者との邂逅を世界の中に秩序付けて受容

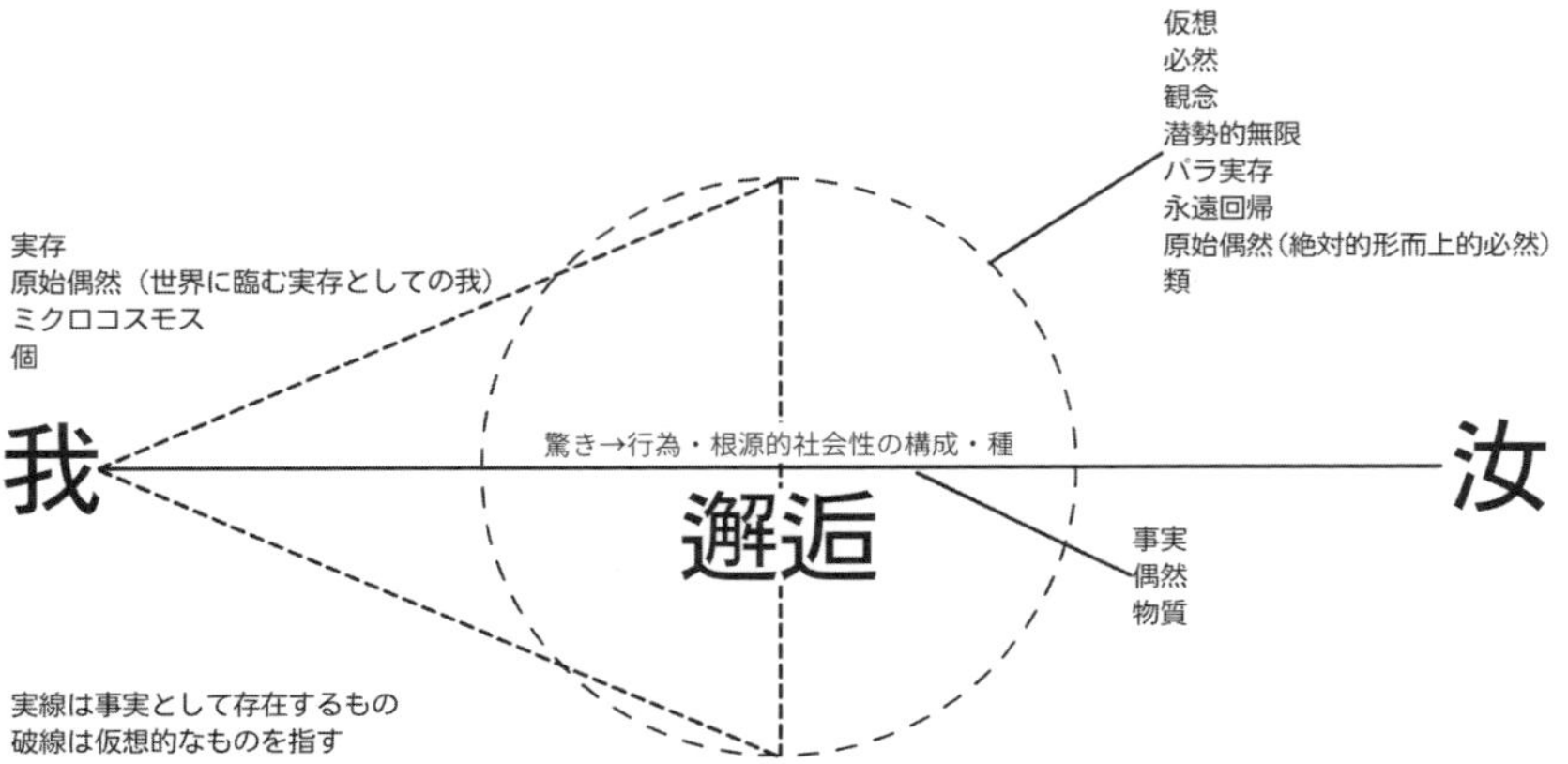

図 11　偶然性論における行為形成の図（筆者作成）

し、自身の行為の形成を倒逆的に基礎づけることができるようになった（図11）。あくまで個を中心とした議論で、個が自身の想像によって生み出した類にあたかも支えられているかのように振る舞うことで種を形成するという仕組みになっていた。これで類と種と個の位置が定められ、偶然性論は体系的な哲学となった。

しかしこの後、九鬼の中で類と種の役割が肥大化していく。偶然性論はあくまで個を中心として議論を組み立てていたために、はかなく壊れやすいという特徴があった。それゆえに彼ははかなく壊れゆくものたちに対して「しばしとどめむ」という願いを持った。しかし「人間学とは何か」においては個の想像に依拠する「潜勢的無限」だけでなく、記紀神話という形で実在性を帯びた「現勢的無限」を議論に導入し、日本精神こそが人間の理想であると考えるようになった。そして現勢的無限である記紀神話を模範とすることによって、種である日本民族の理念が十分な根拠を持って形成されるようになり、実存は民族の理念に従うことを求められることとなった。これまでとは逆に、個は類と種によって規定されるもの

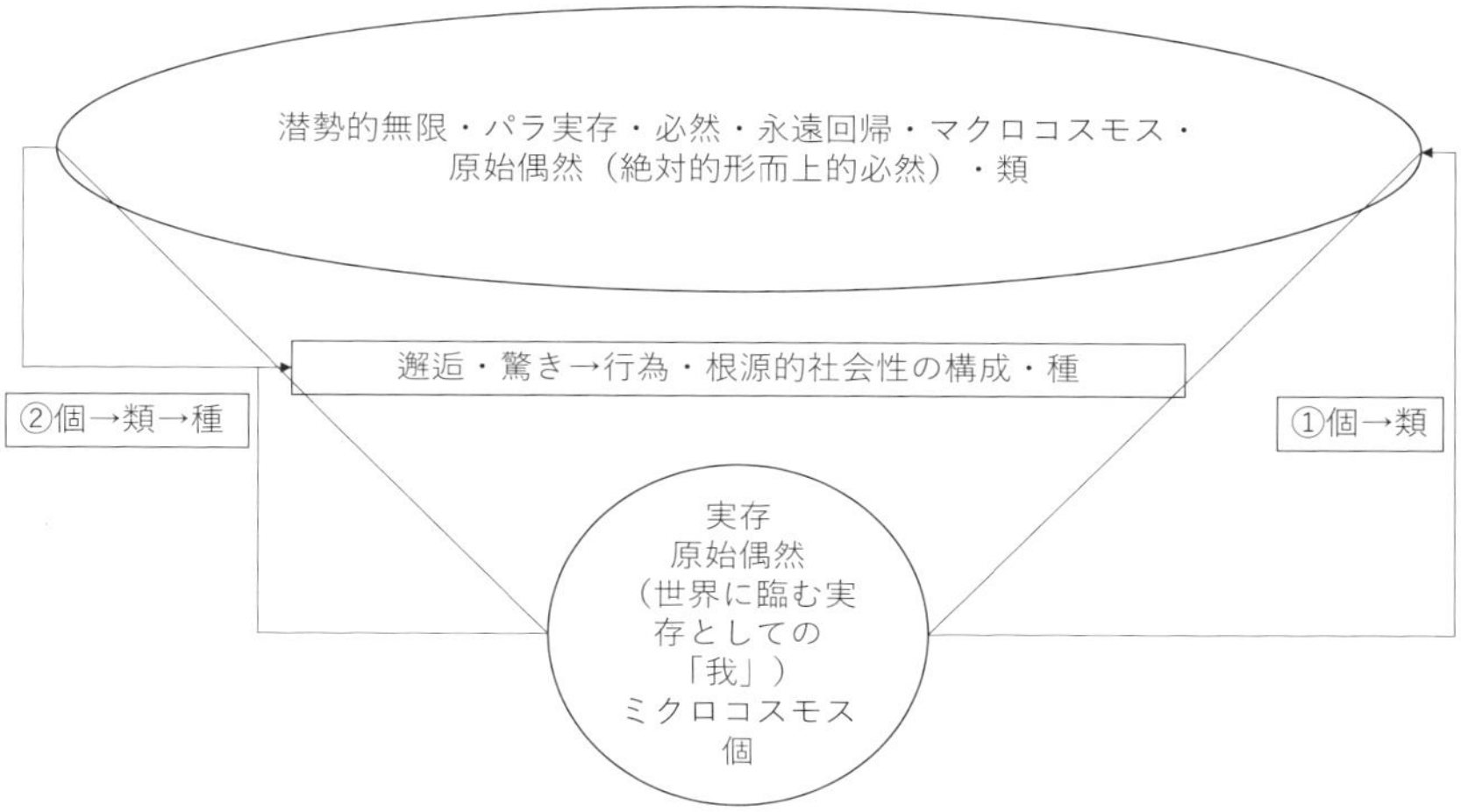

図 12　日本精神＝人間学の図（筆者作成）

となった（図12）。この体系は日本の自然と歴史と神話を理想的に兼ね備えている記紀神話が全体を支えているため、偶然性論よりもずっと強固な体制となっている。しかしこの強固さは個を差別、抑圧し、戦争を推進する危険なものであった。

このように、九鬼の哲学ははかなく壊れやすい偶然性論の体系と強固だが危険な日本精神＝人間学の体系の二つを生み出したとまとめることができる。

人間学から人間科学へ

本書では九鬼周造の哲学を彼がその生涯から紡ぎ出した生の哲学であり、人間学であると見定めた。彼の哲学は、「人間学とは何か」以外の論文においても常に人間の立場とその想像力を基盤に据えていた。私は彼の哲学は常に人間学であったと考え、本書の書名を『九鬼周造の人間学』とした。この人間とは想像によって形而上学を生み出し、行為し、他者と共に社会と歴史を生み出していくものである。『偶然性の問題』までの彼は、ただ現実に偶然存在するだけの実存でしかないものが想像によって行為を形成し、他者と邂逅し、世界へと開かれてゆく過程を研究していた。ここで鍵となる想像は個人の観念であるから、はかなく壊れやすいものであった。それゆえしばしば自己と社会は破綻する。その時はもう一度、偶然に存在するだけの実存から行為によって連続性を持った世界を再建しなければならない。この人間の行為論は脆さを抱えつつもその内にはかない美を湛えたものであった。

しかし、はかなく壊れやすいものたちを「しばしとどめむ」という執着に突き動かされて、九鬼は日本精神論を執筆し、ナショナリズムへと傾倒する。この時期の九鬼は記紀神話を強固な理念として導入し、類と種によって個を抑圧する危険な日本精神＝人間学を提示することとなった。そしてこの立場は日中戦争にまい進する当時の大日本帝国と足並みをそろえたものであった。彼の哲学に、戦争をするものという人間の危険な側面が現れてしまった。

九鬼に何が足りなかったのだろうか。私は彼に最も足りなかったのは社会と向き合い、それを研究することの自覚だと思う。「我」と「我々」は日本という理念を共有することによって結ばれると彼は考えていた。これは彼の日本精神論の全てに共通する特徴である。彼は、日本とは、民族とは何かという問いを観念的に考察するだけで、その現実を見なかった。本当の社会は、彼が考えたように確固たる理念を共有することで成立しているものではない。社会は多様な人間が織りなすものである。そこで集団が形成される理由は出身、血縁、身体的特徴、経済的理由、政治的理由、共通の趣味など様々であり、その集団の中にも無数の差異が含まれる。そして「我々」の共同体の外に生きる人間も社会には数多く存在する。自分の視点から世界に臨む具体的な体験を重んじすぎると、しばしば他者の視点が抜け落ちてしまう。彼は新カント派を勉強したものとして独断論に陥らないようにしなければならないと注意してはいたようだが、しかしそれでも彼の日本精神＝人間学は「我」を拡大して「我々」を理解しようとするものでしかなかった。

「我」にアプローチする研究と「我々」やその外に生きる人々にアプローチするそれとでは、それぞれ方法が異なる。人文学的なテキスト読解を通じて時代精神を象徴するような個別具体を論じる方法は有意義であるが、それだけで十分なわけではない。観察、実験、調査などによって一般や普遍を論じることも必要である。自然科学者や社会科学者は臆見を排して一般や普遍を明らかにするための実験や調査に大変な労力を費やす。様々なアプローチによって相互に補い合い、自身の思い込みを乗り越えていかねばならない。九鬼はそのことを十分に理解していなかった。私は、この問題を克服するための方法は人間学を越えて科学的で学際的な「人間科学」へと進むことだと考える。[2] 哲学だけに閉じこもることなく広く様々な分野と交流と接し、「我々」という集団やその外に生きる人々のあり方を学ぶことで独断に陥らないように努めなければならない。そのためには自分の立場に閉じこもらないことこそが重要だ。この問題を考える際に鍵になるのは近代の個人主義を批判して集団の美へと理論と実践の両面からアプローチした中井正一の思想だろう。もう一度中井による九鬼の批判を見ておこう。

存在論的考察の内面には、その鋭き視点の貫きにもかかわらず、いいしれぬ戦後的思想がその背後を覆うている。塹壕の臭いがする。

瞬間への信仰的な愛着。執拗な個人性への付着。はかない偶然性への戯れの驚き。かかるものがすることのなくなった個人主義文化の美しい幻である。（NMZ、二、三五―三六）

鋭い視点で「瞬間」「個人性」「はかない偶然性への戯れの驚き」を見出した後、次にどうするべきなのか。そのためには美的瞬間や神秘的理念の共有だけではなく、地道な実践のための組織形成の努力が必要となる。九鬼に足りなかったのは具体的な組織における実践への意識である。中井の「委員会の論理」は社会の中で実践するための組織のあり方について重要な示唆を与える。もちろん、中井の思想が九鬼の哲学を完全に乗り越えているというわけではない。中井の集団論的思考は、個を組織へと統一する方向性に傾き過ぎていて、偶然性を十分には考慮に入れられていない。個々の実存に寄り添う九鬼の偶然性の哲学と集団で協力しながら思考して実践する中井の集団の美学を接続して新しい社会論を研究することが必要となってくるだろう(3)。

九鬼の「あまりに強い矛盾」は人間の二つの側面を見せた。人間は想像によって美しくはかないものを生み出すものであり、そして想像によって戦争の暴力を引き起こすものである。彼の哲学は全く肯定できない日本精神＝人間学を到達点にした後、一九四二年の彼の死によって終わってしまった。しかし彼が戦後まで生きていれば、戦後の田辺のように、まだまだ新しい哲学を展開することができただろう。敗戦は彼の記紀神話というファンタジーを再び砕いただろう。その時はまたはかなく美しい偶然性論が新しい形で再建したかもしれない。あるいは彼が死の直前に試みていた新カント派とフランスの実証主義の科学哲学研究を進めていたならば、彼は日本精神＝人間学とは別の形で普遍や一般を論じることができたかもしれない。その先にはこれまでとは別の形で、戦後の人間学、あるいは人間科学が現れただろう。現実化しなかった離接肢は無数にある。私は彼の現実にはなることがなかった人間学の可能性を見てみたいと思う。彼の人間学は終わりを告げたが、私と、そしてあなたの人間学と人間科学はこれから新たに展開することができる。新たな未来を望み、想像し、現実化していくことがこれからを生きる人間の課題である。

第二部　存在と非存在を寿ぐ

第二部は九鬼周造と同時代の日本の哲学者との関係に注目しながら九鬼の哲学の可能性を探究した論文を収めた。第六章は中井正一と、第七章は田辺元と、第八章は岩下壮一とその妹亀代子との関係を取り上げる。これによって九鬼の哲学の輪郭を浮き彫りにすることを狙っている。結果としていずれの論文も「存在と非存在を寿ぐ」という課題を根本に据えることとなった。

九鬼とともに「すべてが詩のように美しい」と言う時、私たちはどこへ向かうのか。彼の肯定の哲学のその先を私たちはどのように創っていくのか。第二部はこの問いのための試論である。

第六章　平行線と脱走：九鬼周造と中井正一の隔たりについての思想

第一部では中井正一の近代論や九鬼への批判を一つの補助線とすることで九鬼の哲学の特徴を浮き彫りにしてきた。ここで一度、本格的に九鬼と中井の関係を論じてみよう。本章では九鬼周造が『「いき」の構造』で、中井正一が「気質《かたぎ》」（一九三二）、『美学入門』（一九五一）や『日本の美』（一九五二）で、それぞれ論じた「いき」を比較する。そして親しく交友していた二人の間の思想的関係を分析し、昭和前期における日本哲学の系譜の一つを、そのごく一部だけであるが、明らかにする。日本哲学というと、西田幾多郎と田辺元を中心とした京都学派が注目を集める一方で、九鬼や中井のような同じ京都帝国大学を拠点としつつも彼らからは一定の距離があった人物たちの系譜はまだ十分に研究されていない[1]。京都学派以外の日本哲学の実態と可能性を分析し、私たちの日本哲学への理解を広く精緻にしていくことは今後の日本哲学・日本哲学史の研究では重要となる。

私はこれまで九鬼の哲学の研究に従事してきたが、その中で気がついたのは日本哲学の中での九鬼と他の哲学者間のつながりがこれまで十分に明らかにされていないことである。京都学派のリーダーとして多くの弟子たちに囲まれていた西田や田辺と比べると九鬼を慕う人物は中井、桑原武夫、澤瀉久敬、野田又夫などごく少数であった。しかし中井は国立国会図書館副館長、桑原は京都大学人文科学研究所教授、沢瀉は大阪大学文学部教授、野田は京都大学文学部教授を務め、戦後の日本の学界で重要な役割を果たしている。ここから九鬼は戦後の日本の学術の展開に一定の影響を与えていることが推測されるが、この点については研究されていない。

本章では九鬼が影響を与えた上記の人物たちの中から特に中井に注目する。彼はもともと美学の分野でカント研究者の深田康算に指導を受けてカントの『判断力批判』の研究をしていたが、深田の亡くなった後は九鬼に師事していた。本書がこれまで論じてきたように、彼は九鬼から多くを学びつつも、基本的には九鬼の議論に対抗するように自身の議論を構築していく。また彼は九鬼が主著である『偶然性の問題』などの主要著作を出版していた一九三〇年代に、彼もオリジナルな集団論である「委員会の論理」（一九三六）をはじめとする重要な論文をいくつも発表している。中井は戦後にも重要著作を発表するが、彼の思想的基礎が形成されたのは一九三〇年代である。ゆえに九鬼と中井を比較することは一九三〇年代の思想家間の交流から生まれた日本哲学の豊かな成果を明らかにすることである。なおこの課題は私が発見したものではなく、既に久野収（一九一〇—一九九九）が指摘しているものでもある。

> 九鬼周造と中井正一との出あいの思想的意味は、ついに当事者によって発表されることなく、歴史のくらやみの中にかくされたままで残され、読者諸君の思想史的評価をまっているのである。（久野収「解題」、NMZ，二，三八八）

久野の指摘は一九六五年になされたものであるが、この課題は今でもほとんど手つかずのまま残されている。

また九鬼周造の哲学研究の側面からも中井の思想を研究する意義がある。本書でこれまで論じてきたように、九鬼の哲学には孤独な個を重視する偶然性の哲学の側面と類や種を重視するナショナリスティックな人間学や日本精神論の側面の二つがある。後者の議論は共同体論なのだが、これは成功しているとは言い難い。ゆえに九鬼の哲学を研究した人は現実的に有効な共同体論の不在という課題に直面することになる。宮野真生子による「いき」の現代的な読み替えや和辻哲郎の倫理学と田辺元の哲学の研究は、この課題へのアプローチとして理解できる。[2] 私は宮野とこの問題を共有するが、しかし私がその解決を求めて研究するのは中井の思想である。上述の通り、九鬼と親しく交流し、九鬼と積極的に意見を対立させながら中井は独自の集団論を構想した。私はここにこそ研究の可能性があると考える。本章では両者の「いき」に対する主張を分析することで、両者の性格のコントラストを示し、この課題へのアプローチの第一歩とする。[3]

九鬼周造と中井正一

九鬼周造と中井正一に関する一般的な事項を確認しておこう。九鬼は一八八八年に東京市芝区（現在の港区）の高級官僚の家庭に生まれる。東京帝国大学を卒業後、ヨーロッパに長期留学をして新カント派、現象学、そしてベルクソンを中心としたフランス哲学を現地で修めた。一九二九年に京都帝国大学で哲学史の教員を務めるために帰国し、哲学史やフランス哲学、現象学などを講じた。彼の講義録は哲学史の教科書として長く読み継がれている。また『「いき」の構造』を筆頭とした日本文化論や『偶然性の問題』を中心とした偶然性論などの独創的な研究も展開していて、これらは一九八〇年代以降に非常に高い評価を得ている。彼の独自の議論の中心は、その論文集のタイトルが示すように、「人間」と「実存」、言い換えるとはかない観念と物、そしてそれらの永遠の美との関係の探求であった。また二〇世紀の戦間期から第二次世界大戦初期にかけての激変する時代の中で生きる人間の戸惑いを哲学の言葉で語り直した人物と評価することもできるだろう。しかし彼は経済的に余裕があったからだろうか、成果の発表を急ぐことなくじっくりと研究に取り組んだため、初めての論文出版時点で四〇歳となっている。これは当時としても遅咲きの研究者である。そして彼は五三歳で亡くなるので、公刊した著作は多くない。彼自身はダンスや映画などの新しい文化にも親しんでいたが、彼の文化についての論考は日本の古典の研究が基本になっていて、保守的と評価できる。また彼の哲学は過去や未来よりも現在に重きを置いた時間論が基礎になっていて、どちらかというと空間論は手薄である。(4) 彼の偶然性論は他者との邂逅のための基礎理論の探求であり、『「いき」の構造』などの日本精神論や人間学、それに隣接する文芸論の核にあるのはむしろ出会いやそれに伴う変化とは対極にある永遠の静けさの希求である。

一方の中井は一九〇〇年に広島県竹原町(現:竹原市)の大きな商家に生まれる。京都帝国大学卒業後は雑誌『哲學研究』の編集を担当しながら美学の研究や教育に取り組む。その傍ら仲間とともに雑誌『美・批評』、雑誌『世界文化』、そして新聞『土曜日』などを刊行し、京都で反戦・反ファシズム運動を展開した。その結果一九三七年に治安維持法違反の名目で検挙される。一九四五年には尾道市立図書館長に就き、終戦直後に様々な社会教育を展開する。そこで高い評価を得た中井は一九四七年の広島県知事選挙へ出馬し、落選とはなったものの善戦する。その翌一九四八年に彼は歴史学者で参議院議員として国立国会図書館の設立に尽力していた羽仁五郎(一九〇一―一九八三)の推薦を受けて国立国会図書館の副館長に就任し、戦後の日本の図書館行政で活躍する。しかし彼は在職中のまま一九五二年に胃がんのため五二歳の若さで亡くなる。一般的に中井の思想はエルンスト・カッシーラー(一八七四―一九四五)を中心とする新カント派、ハイデガーの解釈学的現象学、そしてマルクス主義をベースに、構想力論と技術論を軸とした集団主義の美学を研究した人と紹介されるが、実際はさらに複雑である。彼は日本の思想家たちの議論を重視しながらユニークなテキスト読解を行う。深田康算のカント研究、三木清のハイデガー読解、戸坂潤（一九〇〇－一九四五）の空間論、板垣鷹穂（一八九四－一九六六）の機械美論、そして九鬼のベルクソンとハイデガー解釈が中井に与えた影響は大きい。九鬼と違って海外留学をしなかった中井は日本の議論を積極的に引き受けながら自身の思想を培った。日本の哲学・思想研究が成熟した一九二〇－三〇年代はそれが可能となった時代であった[5]。合わせて彼が仏教を深く信仰していたことも見逃してはならない。彼は浄土真宗の信仰が篤い家庭に育ち、旧制第三高等学校在学中の一九一八年には人生観に悩んで一年間休学し、大阪府三島郡如是村（現：高槻市）の常見寺にある行信教校で浄土真宗を本格的に学んでいる。彼の思想の根底に仏教の教えがあるという指摘は馬場やリュケンによってなされている[6]。中井の思想は当時流行していたモダニズムの潮流に乗ったものであるが、しかしその中核には宗教思想がある。彼の著作は多くなく、またいずれも短い。その理由には社会実践に忙しかったこと、あるいは治安維持法で検挙されたために執筆が困難だった時期があること、そして何より五二歳の若さで亡くなったことなどが挙げられる。しかし彼は二〇代のころからオリジナルな論文を発表していて、彼の二〇年以上に渡る研究と実践には注目するべき一貫性がある。

中井のテキストは常にある一つの課題に取り組んでいる。それは、私は隔てられているということである。彼が問題とする隔たりは二つある。一つは私と他者（集団）との間のものであり、もう一つは私とほんとうの私との間のものである。前者は空間的隔たりを乗り越えて集団で実践するためのメディア論として展開される。後者は意識的隔たりを乗り越えてほんとうの自分と邂逅するための美学として繰り広げられる[7]。そしてこの二つの隔たりを結びつけるものは技術であると彼は考える。それゆえにレンズの技術である映画や筋肉の技術であるスポーツが頻繁に論じられ、「うつす」や「リズム」が彼の思想のキーワードとなる。

このように一回り年の差のある師弟は様々な点で対照的である。九鬼は遅咲きで日本の古典を中心に分析し、比較的保守的な立場を取り、時間論に重きを置く。一方の中井は早熟で映画やスポーツなど近代の文化を中心に分析し、比較的進歩的な立場を取り、空間論に重きを置く。しかし両者はともに激動の時代の中で「私」が隔てられて孤独となっていることを問題に感じていた。中井はシンプルに隔たりの乗り越えを主張するだけであるが、九鬼の議論はより込み入っている。彼は「いき」論では隔たりを尊重し、隔てられたまま遊ぶことを主張するが、偶然性論では隔たりを越えて邂逅する様を描く。本章では、その両方を扱うことはできないので、「いき」に着目することで両者の性格の違いを具体的に分析していく。その第一の理由としては、中井は九鬼の議論を承知の上で意識的に対立する「いき」論を述べているので、両者の違いがクリアに現れるからである。第二には、『「いき」の構造』は九鬼が「隔たり」について論じた空間論として解釈されうるので、空間論を重視した中井の九鬼に対する不満点が明確になるからである。比較を通じてそれぞれの議論のキーワードが浮かび上がってくる。九鬼は「平行線」、中井が「脱走」である。

九鬼周造の「いき」

九鬼周造の「いき」については既に本書でも論じてきたところであるが、もう一度簡単に確認しておこう。まず「いき」は「わが民族に独自な「生き」かたの一つ」[8]である。そして「息」「行」「意気」とも関係するものである。[9]次の引用は有名な「いき」の定義である。

この豊かな特彩をもつ意識現象としての「いき」、理想性と非現実性とによって自己の存在を実現する媚態としての「いき」を定義して「垢抜して（諦）、張のある（意気地）、色っぽさ（媚態）」と云うことが出来ないであろうか。（KSZ、一、一三、強調原文）

「いき」は媚態、意気地、諦めの三つの契機から成る。まず基礎にあるものは媚態で、それが意気地の理想性と諦めの非現実性によって強化されて完成したものが「いき」とされる。では媚態とは何か。

> 「いき」の第一の徴表は異性に対する「媚態」である。…（中略）…媚態とは、一元的の自己が自己に対して異性を措定し、自己と異性との間に可能的関係を構成する二元的態度である。…（中略）…そうしてこの二元的可能性は媚態の原本的存在規定であって、異性が完全なる合同を遂げて緊張性を失う場合には媚態はおのずから消滅する。…（中略）…それ故に、二元的関係を持続せしむること、即ち可能性を可能性として擁護することは、媚態の本領であり、従って「歓楽」の要諦である。（KSZ、一、一六―一七）

しゃちほこばった言葉遣いであるが、つまりここで主張されているのは男女が交際関係に発展する可能性のある状況を、発展させることなく、そのまま維持することである。交際関係に発展するとそれぞれの独立性は失われ、お互いに誘惑することはなくなると九鬼は言う。つまりお互いに誘惑しあいながらも、しかし決して交際はしない状況である。それによって両者の間に隔たりを残しておくことが「いき」の基本となる媚態である。この媚態が意気地と諦めによって洗練される。意気地は江戸時代の武士の道徳的理想であり、安易に異性になびき一元化することを拒絶する武士の気位の高さとされる。諦めは繰り返される失恋の果てで獲得される仏教的な悟りの反映である。この二つの契機は媚態の誘惑の側面に由来する両者の接近を妨害し、「いき」の根本にある独立した二元の存在を徹底する。

そしてこの関係が平行線で象徴される。

然らば、模様としての「いき」の客観化は如何なる形を取っているか。…（中略）…さて、幾何学的図形としては、平行線ほど二元性を善く表わしているものはない。永遠に動きつつ永遠に交わらざる平行線は、二元性の最も純粋なる視覚的客観化である。（KSZ、一、五三）

つまり媚態・意気地・諦めの三つの契機によって平行線を平行線として保つことが「いき」なのである。[10] ゆえに既に予告したように「いき」とは隔たりを尊重し、隔てられたまま遊ぶことであると理解できる。[11]

また「いき」そのものだけでなく、『「いき」の構造』の方法論においても彼は隔たりの存在を強調している。「序説」ではそれぞれの言語の語が持つ意味は特殊な民族的色彩を帯びていて、例えばciel, sky, Himmelあるいはesprit, Geistなどはそれぞれ意味が異なることを主張し、その上で「いき」が西洋には見られない日本の民族的特殊性であると主張する。[12] ここで彼はそれぞれの言語の間に隔たりがあることを強調している。また「結論」で「然らば意識現象としての「いき」を西洋文化のうちに見出すことが出来るであろうか。西洋文化の構成契機を商量するときに、この問は否定的の答を期待するより外はない[13]」と述べて「いき」の日本への固有性を主張している。この点について、パリで執筆された草稿の「「いき」の本質」等では「いき」の西洋への輸出可能性を指摘している。それゆえ坂部は刊行された『「いき」の構造』では九鬼の中で二元の緊張がゆるみ、理論的に後退していると論じる[14]。

隔たりに着目すると、九鬼の「いき」は私と汝の間に隔たりを保ち、その距離を近づけたり遠ざけたりして遊ぶことであると整理できる。そして彼は日本の民族の文化現象である「いき」が西洋には見られないことを強調し、文化間の隔たりを主張する。また、彼は「いき」を「生」「息」「行」とも関係するものと論じ、「いき」が「自由に生きる[15]」ことであるとする。つまり隔たりを保ってそれぞれが独立しつつ関係することこそが日本の民族の生きかたであると彼は『「いき」の構造』において主張しているのである。

中井正一の「いき」

中井は「気質」で「いき」に少しだけ言及し、『美学入門』と『日本の美』である程度詳しく論じる。この点については先行研究があり、後藤嘉宏が彼の研究テーマであるメディウム、ミッテル概念の関係性の分析の過程で中井の「いき」を調査している[16]。後藤は九鬼と中井の「いき」の違いとして、前者が武士道における「いき」を論じるものであるのに対し、後者は町人階級が武士的な文化を否定するものとしての「いき」を論じたことに注目する。後藤はこの違いをそれぞれの出身の違い――九鬼は武士階級、中井は町人階級出身である――に求める。そして中井の「いき」の特長を自己否定的なミッテルの媒介とまとめる。本章では後藤の研究を踏まえてより詳細に九鬼と中井の「いき」を比較する。

まず中井は一九三二年の「気質」において次のように論じる。

数寄好みが一般に武家的性格であれば、いき好みが一般町人的趣味であろう。そして、武家で正しいことは町人にとって野暮であり、町人でいきなことは武家にとっては下品である。儒者と遊人との対立も、たびたびの江戸の弾圧にもめげずに激成されている。（NMZ，二，二〇七，強調原文）

この直後で中井は清朗・明晰・率直な日本精神が、公家気質としては雄麗・典雅・繊細、武家気質としては派手・重厚・豪華、そして町人気質としては意気・軽隼・洒落として表現されたと論じる。日本精神は歴史の中で時代とともに指導的ヘゲモニーを変化させながら表現されている。「いき」は江戸期の町人による日本精神の表現であると中井は考える。この中井の議論は一般的な日本文化史の見解を踏まえたものである。しかし注目すべきは、後藤が指摘しているように、中井は「いき」を町人の気質とすることで「いき」に武士の文化を含めた九鬼に対して積極的に対立していることである。[17]

その後一九五〇年代になって中井は「いき」をより詳しく論じる。その時期のテキストでは「意気」「粋」「いき」の区別があいまいになるものの、基本的には「気質」の議論が踏襲されている。しかし別の文脈も一部混じっている。『美学入門』では次のような記述がみられる。

自分の肉体が、一つのあるべき法則、一つの形式、フォーム、型を探りあてたのである。自分のあるべきほんとうの姿にめぐりあったのである。このめぐりあったただ一つの証拠は、それが楽しいということである。（NMZ，三，八）

ボートのフォームなどは、あの八人のスライディングの近代機械のような、艇の構造に、八人の肉体が、融け込んで、しかも、八人が同時に感じる調和、ハーモニー、「いき」があったこころもちが、わかってこないと「型」がわかったとはいえないのである。（NMZ，三，八―九）

ここではスポーツ選手たちが近代的な技術美、あるいは人間の創造物としての「型」に達して選手間の「いき」があった時に、彼らは楽しさを感じながらほんとうの姿の自分と邂逅すると主張されている。スポーツにおける筋肉の技術が私と他者との間の、そして私とほんとうの私との間の二つの隔たりの乗り越えを同時に実現する。その核心部を説明する際に、中井は「いき」という言葉を用いている。これは「気質」には見られなかった議論であり、彼も九鬼と同様に「いき」を「息」に通じる生命的、身体的なものと考えていたことを示している。とはいえ、平行線に象徴される花街の緊張感の漂う男女関係に由来する九鬼の「いき」に対して中井の「いき」は近代機械に例えられるボート競技の調和のあるチームプレーにおける楽しい筋肉の躍動に代表されている。両者の議論はそれぞれの具体的な経験に根差している。九鬼は花街でよく遊んでいたことが、中井は学生時代にボート部員として活躍していたことがそれぞれ知られている。この違いはそれぞれが生命の躍動を覚えた契機の違いを表しているだろう。九鬼は男女間の緊張感のある駆け引きの中で遊ぶときに、中井は漕艇時のチームの一体感のある筋肉の運動を楽しむときに、生命を感じたのである。そして中井は町人の人間像としての「いき」を主張する。

もはや江戸時代においては、町人が時代全体をにないつつあったのである。彼らはすでに、肉体の存在の無限に豊かな世界の発見、その自由を獲得しようとする反抗、つまりここに、町人としての新しい人間像が生まれはじめるのである。またしても、一つの大いなる脱走、脱落なのである。この世界こそ町人の粋の世界である。…（中略）…武家の着こんだ裃、長袴をみごとに「野暮」と捨て去って、幡随院長兵衛のように鍮のふすまの中に、裸一貫でとび込んでいくあの意気、あれが新しき町人の人間像、一つの美の類型となっていくのである。（NMZ、三、四五）

万葉の「さやけさ」という美のすがたでも、藤原朝の「わび」という美のすがたでも、中世の「すき」という美のすがたでも、町人文化の「いき」という美のすがたでも、そのすべてが、無理なもの、無駄な力んだもの、醜い重いものを、ほんとうのものからさらさらとほうり落して、自然さながらなるもの、鍛錬を貫いての裸のものになっていくことの美しさにおいてみな一つなのである。流動してやまないにもかかわらず、常に一貫した日本民族の「美の類型」には、変わらざるものがあるかのようである。芭蕉のいう「不易流行」流れ動くものの中に変わらざるものがあるという考えかたはここにあるかと思われる。（NMZ、三、四七―四八）

この時期のテキストでも中井は武士の文化に対立するようにして現れてきた町人の文化として「いき」を論じてはいるが、しかしそれよりもむしろ「いき」は「常に一貫した日本民族の「美の類型」」としての「大いなる脱走、脱落」に位置づけられていることに注目すべきだろう。一九三二年の「気質」の議論では清朗・明晰・率直とされていた日本精神の特徴は「大いなる脱走、脱落」に変更された。彼は「いき」を重たいものを放り捨てて軽やかにほんとうのものへと脱走していくこととみなし、それを松尾芭蕉（一六四四―一六九四）の「不易流行」でまとめる。ここで称揚されるのは侠客の身軽さと潔さである。そして翌年の『日本の美』では「いき」が芭蕉の「軽み」と重ねられながら、万葉集から続く日本の美の伝統の大団円のような位置づけで論じられる。

江戸の人々の好みの中で、一般に「いき」という好みがあります。これはついに江戸、東京のみならず、徳川時代の日本全体にゆきわたった一つの趣味であります。いわば、美の一つのかたちであります。江戸時代の文学者の代表というべき芭蕉は次のようにいっております。「西行の和歌に於ける、宗祇の連歌に於ける、雪舟の絵に於ける、利休が茶に於ける、その貫道するものは一なり。」（NMZ，二，二四二―二四三）

この主張を理解するときに鍵となるのは、芭蕉の生涯でも極めて重要だった「旅」である。

日本の美を形づくっていくにあたって、民族は、かかる世界に類例のない巡礼の旅、ピルグリムをしつづけたのであります。（NMZ，二，二四四）

芭蕉も一生のうちにいろいろのさまよいをいたしました。江戸の豪華の中にも住みました。吉原の爛熟と無縁でもありませんでした。しかし、彼が、この旅路の中の涯に見つけだしたのは、「軽み」という日本の美の世界でありました。これは、そのまま、江戸の「いき」にも深く貫き透るものなのでした。（NMZ，二，二四四）

旅人の軽やかさこそが重苦しい武士の文化を乗り越える「いき」の基盤となる。それは「美は、いつも、浅い川を水が自由に、自在に、みずからの道を流れ去るように、あくまで軽く、あくまでいさぎよく、新しくあざやかであるべきというのでありますという信念に支えられている。つまり中井が「いき」において重視するのは旅する芸術家の軽さと町人の型破りな潔さであり、そこでは隔たりがやすやすと乗り越えられている。九鬼が思い描く「いき」では媚態、意気地、諦めの三つの契機によって隔たりが隔たりのままに残されるのであるが、中井はむしろ隔たりから脱出し、軽やかにほんとうのものへと回帰することこそが江戸期の町人が理想とした「いき」であると考える。この議論はスポーツ選手の「いき」とは別の問題のように思われるかもしれない。しかしスポーツにおける「いき」の議論の主眼はチームのメンバーがほんとうの姿の自分との邂逅を妨げる力みから一緒に脱出し、みなでほんとうの姿と一致することによって調和を実現することである。両者は余計な重さやから脱走し、軽やかに隔たりを越えてほんとうの自分と邂逅するという点で一致している。この一致点にこそ中井の「いき」論の核心がある。中井の「いき」論が主張しているのは、ほんとうのものへの回帰である。メンバー全員が余計な重苦しい力から脱走してほんとうのものに回帰したときに、「いき」が合うのである。つまり、ほんとうのもの同士では対立は生じることなく調和が実現するのである[19]。中井はみなが「いき」を好み、「いき」を合わせればほんとうのものたちによって構成された調和のとれた集団を形成できると信じている。彼の集団性に対する肯定的で楽天的な態度の由来はここに求められるだろう。それゆえに中井の思想において「いき」は美学と集団論を結ぶ中井の思想の最重要概念である。

九鬼周造と中井正一：「いき」の観点から

本章では九鬼と中井のそれぞれの「いき」についての議論を分析した。二人の共通点は「いき」を「息」に通じる日本の文化の根本とみなしていること、そして江戸期の文化を取り上げながら論じていることである。しかしそれ以外の点では両者は対立する。これは後発の中井が九鬼に対して積極的に対立をしかけていったと考えるべきだろう。九鬼は媚態、意気地、諦めの三つの契機によって隔たりを保ちながらその距離感の変化を遊ぶことを「いき」とする。ゆえに彼は平行線で隔たりを保つことをポジティブにとらえる。中井はスポーツ選手たちの「いき」があったプレーや軽みをもって旅し、隔たり脱出する町人の精神こそが「いき」であると論じる。ゆえに彼は隔たりをネガティブな力による邂逅の妨害と捉える。そして自分とほんとうの自分の間の隔たりと自分と他者との間の隔たりを越えて、ほんとうへと脱走する運動として「いき」を論じる。あるいは九鬼は流れから距離を取ることで永遠の安定を目指すが、中井は流れの中で絶えざる変化の奥にあるほんとうのものを求めているということもできるだろう。

この議論の背景にあるのは日本の江戸期の時代精神の多様性よりはむしろ、二〇世紀前半の急激な時代の変化であると私は考える。明治維新から今に至るまで続く、日本の急激なグローバル化と、当時の戦争による社会の激変こそが両者の思想に影響しているのである。九鬼にあるのは目まぐるしいグローバル化の中での変化へのとまどいや、自由な振る舞いを妨げる現実の圧迫からの逃亡である。自己を守る壁としての隔たりを求めて彼は日本文化へと回帰する。一方の中井にあるのは目まぐるしいグローバル化の波を乗りこなして新しい社会を創っていこうとする情熱であり、変化の奥には常に変わらないほんとうのものがあるという彼の信念である。彼にとって隔たりはコミュニケーションの障壁であり、必要なものはそれを乗り越えるメディア、技術である。このように解釈すれば、中井の他にも田辺が「種の論理」を提唱し、和辻が「間柄」をキーワードに倫理学を構想していた一九三〇年代は媒介の思想の全盛期であったことに気がつく。この時代に反－媒介的な思想を述べていた九鬼の独自性が際立つ。

現代は九鬼や中井が活躍していた頃よりもさらに交通機関が発達し、人々が気軽に旅をするようになった。旅行は江戸時代よりも二〇世紀前半よりもずっと一般的で簡単に、軽く行える趣味である。そして情報技術が発達してインターネット回線が普及し、オンラインコミュニケーションが広く定着した現代は、他者との距離的な隔たりがもたらす障壁は小さくなったといえる。またインターネットでは自分の素性や所属するコミュニティを伏せて全く新しい自分になることもできる。ＳＮＳのアカウントの開設・廃止は容易であるから何回も新しくオンライン上の自分を作り直すことができるし、複数のアカウントを同時に運用することもできる。これはまさに軽くて隔たりのない流動的な生き方である。これをもって技術の発達によって中井の理想の一部が実現したといえるかもしれない。しかし彼が真に希求していたほんとうの私との邂逅がこれで可能に、あるいは容易になったとは言い難い。私たちは中井が予想していなかった数多くの弊害に直面している。二〇一九年から数年にわたって私たちを苦しめている新型コロナウイルス感染症（ＣＯＶＩＤ－19）がこれほどの勢いで世界中に拡大したのは交通機関の発達によって人々が世界中を移動したからである。軽やかに隔たりを越える流動性は死をもたらす病を流行させる。私たちはマスクやアクリル板、ビニールシートなどによって新たに隔たりを設けて生き残りを図らざるを得なくなった。またこの新型コロナウイルス感染症パンデミック下でますます活用されたＳＮＳ上では誹謗中傷、デマ、誤情報、陰謀論が絶えず発生し、それらは距離的な隔たりを越えて瞬く間に拡散する。これらの危険な言説は多くの人に多大なダメージを与えていて、それを苦に自殺する人もいる。またインターネットを通じて最も拡大した陰謀論の一つであるQアノンを信じた人々を大勢含む群衆は二〇二一年にはアメリカ合衆国議会議事堂襲撃事件を引き起こした。このようにオンラインコミュニケーションは中井が疎んだ「無理なもの、無駄な力んだもの、醜い重いもの」を歴史上これまでにない勢いで世界中に拡散していると考えることができる。彼の思想とは逆に、流動化がますます加速した現代では自分のほんとうの姿を見失っている人も多いだろう。インターネット上の玉石混交の情報の激流と自己の間に適切な隔たりを設けることは現代社会を生き抜くためには必須の能力となっている。このように大規模な移動が招いた世界規模のパンデミックや世界中に張り巡らされたインターネットが可能にしたオンラインコミュニケーションの弊害が深刻な社会課題となっている現在においては、むしろ反−媒介の九鬼の思想が魅力的なものとして映り、中井の思想の限界が見えやすくなっている[20]。

しかし九鬼の「いき」による隔たりの享受か、「偶然」による他者との不思議な邂逅か、という両極端に二分した思想は現代社会の諸課題の解決策のヒントにはなるにしても、それで十分であるとは言い難い。反−媒介的に、距離的な移動や他者との接触、またはSNSを中心としたオンラインコミュニケーションの利用を減らして、自分にとって真に重要な邂逅だけを抱えてしがらみから自由に生きていく姿は魅力的である。しかしすべての人がそれを選べるわけではない。例えば私たち研究者は発達した情報通信技術や交通機関を活用してグローバルに研究活動を行い、最先端の研究をフォローし、それを更新することが使命である。つまり積極的に媒介されていくことは研究者としての必須条件である。もちろん学術的交流は有意義な情報の交換が主であり、一般には学術研究の進展は世界にポジティブな影響をもたらす。グローバルな移動やインターネットを通じたコミュニケーションは私たちをしばしば苦しめるが、それを超えるメリットももたらしている。私たちは中井が指摘した隔たりを越えることのメリットを大いに享受しながら生きている。媒介を通じて現状から脱走し、次々と変化していく状況に適応するように自己を新しく形作り続けなければ、私たちは現代社会で生き残れない。

私たちは九鬼や中井と同様に目まぐるしいグローバル化の波と対峙することを求められている。両者の思想は私たちが現代世界での生き方を模索するうえでヒントになるが、しかし彼らのスタイルをただ模倣するだけでは、状況に十分に対応できない。彼らがそれぞれの隔たりに対する態度を形成していく背景やそれぞれの思想的影響関係を詳しく分析し、時代の流れに乗って将来を予見した中井の思想と、時代に流されずに独自の思想を論じた九鬼の思想のそれぞれの強みを継承していかなければならない。それを踏まえて、隔たりを柔軟に調整しながらしなやかに生きていく個人たちの新しい共同体論を模索していくことが私たちの今後の課題である。九鬼と中井の親しい交友と、それにもかかわらず歴然と存在する思想上の対立は様々な研究の可能性を秘めている。

第七章　なぜ「絶対無は絶対有にほかならぬ」のか…九鬼周造と田辺元

日本哲学の特徴は何か、と尋ねられたら「絶対無の弁証法」と答える人もいるかもしれない。それは間違いではない。西田幾多郎と田辺元を中心とした京都学派の主流派の特徴はまさに「絶対無の弁証法」である。しかし日本哲学は京都学派主流派だけではない。様々な立場の哲学者が相互に議論を交わしながら高度な哲学を構築しあっていたことこそが日本哲学の大きな魅力である。本書の主人公である九鬼周造は京都学派主流派に対して強いリスペクトを持っているのだが、しかし「絶対無の弁証法」を採用することはない。本章ではドイツ哲学からの影響に着目しながら、彼が京都学派主流派の「絶対無の弁証法」から距離を取った理由を研究する。本章では彼の論敵となる「絶対無の弁証法」の哲学者として田辺を取り上げる。もちろん、「絶対無の弁証法」を考える上では西田が第一である。おそらく九鬼が一番に念頭に置いていたのも西田であろう。それでも本章であえて田辺に着目する理由は、九鬼と田辺の間には双方の哲学の核心部分を論じあった往復書簡があるからだ。この往復書簡の翌年、九鬼は「絶対無」に対する自身の意見を述べるようになる。そしてその数年後には弁証法に対しても距離をとるような記述を残す。最終的に彼は「原始偶然」を核とした「実存哲学」を、田辺は「絶対無」の「弁証法」を主張することになる。本章はこの対立の背景にある両者の哲学の核心を取り出す。それは一九二〇―一九三〇年代の日本哲学史の重要な議論を明確にすることでもある。

絶対無ではなく絶対有、弁証法でも調和法でも構わない

まず注目すべきは一九三三年の論文「実存哲学」や同じ年の講義「文学概論」における九鬼の発言である。講義「文学概論」の方が若干補足情報が多いものの、議論の趣旨は同じで、いずれにおいても「存在」という節で存在論の一部として絶対無に言及している。

九鬼は、ハイデガーの『存在と時間』を念頭に置きながら、存在を定義することは絶対に不可能だと主張する。[1] 彼によると、存在は最も普遍的で単純な概念であるから、より普遍的な類概念で説明したり、そこに内包される諸概念の種差によって規定したりすることはできない。また「存在とはXである」と定義しようとしても、そのXに代入できるものは畢竟「存在」しかないので同語反復的命題となってしまう。「存在はXである」という時、この存在の定義は繋辞として定義されるべき「存在」を内包している。「従って存在の定義をすることは絶対に不可能である」[2] と彼は言う。

次に九鬼は存在の対義語である「無」を明らかにすることによって「存在」にアプローチすることを検討する。しかし、例えば「この花は赤く無い」といったような消極的な定義に私たちは満足できるだろうか。やはり「この花は白い」というように積極的に定義されなければ我々は満足できない。無によって存在を定義するのではなく、存在として存在を定義しなければ我々は満足できないと彼は考える。[3] そしてこれに続けて、彼は次のように「絶対無」を論じる。

一切の存在を否定した非存在というようなものも、何等かの形で立てれば、それと同時に有すなわち存在になってしまうという性質を有っている。絶対無という概念が永遠の今とか神とか絶対愛とかいうような積極的な意味を有って来るのもそのためである。厳密な意味の絶対無というものは考えることさえも出来ない。考えることに成功すればそれは厳密な意味では既に絶対無ではなくて有である。（KSZ、三、五六）

その上で彼は、我々は「絶対無」を考えることができるのだから、それは「意識的事実」として存在すると主張する。さらに「絶対無」には定義があるから、それは「意味」としても存在すると述べる[4]。それにもかかわらず絶対無という概念が提唱されるのはなぜだろうか。九鬼はその理由を、相対的無（Xはない）を無限に継続していった先で全ての存在を否定した絶対無に到達すると我々はしばしば勘違いしてしまうからだ、と論じる。しかし無と存在は相補的なものであり、無が生じてもそれは有によって充たされるから、「皆無は全有にほかならぬ。絶対無は絶対有にほかならぬ[5]」と九鬼は主張する。

この主張は一九三六年の「哲学私見」でも繰り返される。この論文でも、有と無は相関するものであり、絶対無は絶対有であると九鬼は論じる。彼は、ここでは明らかに西田を念頭に置きながら、有を包む無、あるいは自己限定的無というのは、もはや無ではなく有であると主張する[6]。

次に九鬼の弁証法に対する立場も見ておこう。一九三七年の「日本的性格」において彼は「調和法と弁証法とは必ずしも相敵視すべきものとは限らない[7]」と言う。この論文で彼は日本文化には三つの契機「自然」「意気」「諦念」があり、それが相即融合しているのだと主張する。彼は自然という「質料」には意気と諦念という「形相」が内在していて、それが自然に展開していくのだと考えている。そしてその上で、「ただし弁証法を徹底させようとする者は次のように考えるかも知れぬ」として、「自然という定立に対する反立が意気である。そして自然と意気との総合が諦念である[8]」と考えたければ考えてもよいと述べる。彼は調和法であれ、弁証法であれ、ただ三つの契機が相即融合していると考えてもらえればそれでよいとする。

もしあなたが京都学派主流派の哲学を少しでも知っているならば、この九鬼の絶対無と弁証法に対する立場について、強い違和感を覚えているのではないだろうか。彼の絶対無への理解は、そこで念頭に置かれているものが西田のものであろうと、田辺のものであろうと、不正確である。両者ともに相対的無（Xはない）を無限に継続していった先で全ての存在を否定した絶対無に到達するとは決して考えないし、有と無が相補的だとも考えない。西田の絶対無は全ての有を包み込む一般者の一般者であるが、それはつまり人間の意識を超越した水準にあるものの根底である。田辺の絶対無は絶対弁証法である。そしてそれは後期には対立するものが相即転換する愛と闘争の絶対無の弁証法となる。無は有を超えた根底的な力の場である。そして調和法か弁証法かはどちらでもよいという主張は、京都学派の主流派の哲学者、特に田辺は絶対に同意しないだろう。彼らの弁証法においてはやはり定立・反立が相互自己否定しながら変化し、歴史を形成していくことが最も重要である。九鬼の日本的性格の弁証法は、弁証法と言いつつもそこに否定の契機が含まれていない。「自然」「意気」「諦念」は否定されることなく、自然の自ずからの展開によって相即融合している。これは弁証法を装った調和法でしかない。なぜ彼はこのようなことを主張したのだろうか。もちろん、彼が西田や田辺の哲学を理解することができなかったはずはない。彼の講義ノートを見れば、彼が難解な哲学のテキストを的確に読解する能力を持っていたことは明らかである。それゆえ私は、九鬼には京都学派の主流派の主張を曲解してまでも主張したかったことがあるのだと推測したい。それを考えるためにまずは田辺元と九鬼周造の間で交わされた往復書箇を分析する。そこに現れる双方の対立は彼が「絶対無」と「弁証法」を拒んだ理由を示唆する。しかしその前に準備作業として、次の節では往復書簡に至るまでの日本哲学の状況をドイツ哲学受容の観点から確認しておきたい(9)。

ドイツ哲学に学び、日本哲学を創造する

明治期以来、日本哲学はドイツ哲学から多くを学んでいる。特にカントやフィヒテ、シェリング、ヘーゲルと続くドイツ観念論、新カント派、そしてフッサールやハイデガーに代表される現象学は熱心に研究された。中でも最初に受容されたのはカントである。ドイツから招聘されて一八八七年から東京大学に外国人教師として勤務したルートヴィヒ・ブッセ（一八六二―一九〇七）はカントの『純粋理性批判』を演習に用いた。ブッセに学び、東京専門学校（現在の早稲田大学）で教鞭をとった大西祝は西洋哲学の紹介にとどまらない本格的な日本独自の哲学研究を始めた人物として知られる。彼はカントの哲学を深く理解し、それを乗り越えることを志した最初の日本人であった。彼は啓蒙主義者で、自身の立場を「批評主義」とした。京都帝国大学文科大学初代学長就任予定者としてドイツに留学し、将来が期待されていた大西であったが、帰国後間もなく病気のため若くして亡くなってしまう。大正時代に文化主義、教養主義の中でカント、新カント派研究はますます盛んになる。代表者は桑木厳翼、左右田喜一郎（一八八一―一九二七）、朝永三十郎らである(10)。

田辺も九鬼も、最初から新カント派の哲学を研究していたわけではない。田辺は大学入学当初は数学を専攻していて、後に哲学に転向した。そして一九一〇年代には新カント派を手引きにしつつ数理哲学の研究に取り組むようになった。一方の九鬼の学生時代の研究トピックは、本書でもすでに述べたように、最初は「物心相互関係」であり、大学院進学後は中世のキリスト教哲学である。一九一三年には「信仰と知識・中世紀に於ける信仰理性問題の歴史的発展」というタイトルのドイツ語のレポートを大学に提出している。しかしその後、彼はどこかで研究の方向を抜本的に変更したようだ。一九二一年にヨーロッパ留学へ旅立った彼は一九二二—二三年にかけて新カント派の西南ドイツ学派の大家ハインリッヒ・リッケルトから『純粋理性批判』を学んでいる。同時期の一九二二年にヨーロッパ留学へ旅立った田辺はベルリン大学の新カント派の哲学者アロイス・リール（一八四四—一九二四）を訪ねるも満足せず、フライブルク大学に移ってフッサールの指導を受け、ハイデガーやベッカーと交流し、現象学を学ぶ。この三者の哲学は生涯田辺に大きな影響を与え続けた。そして帰国後の一九二四年にヘルマン・コーヘンを最大の参照元としながら『カントの目的論』を発表する。これは一九二〇年代の新カント派の影響を受けた日本のカント研究の最大の成果の一つとして知られる一冊である。このように一九二〇年代前半までの田辺と九鬼はカント、新カント派研究に取り組んでいたとまとめることができる。

しかし、九鬼も田辺もすぐに新カント派の欠点が目に付くようになる。九鬼は新カント派の批判的形式主義では具体的な現実を捉えることはできないと不満を抱く。そしてベルクソンの形而上学的直観に魅力を感じて、当時の現代哲学を積極的に学び始める。一九二〇年代後半の彼はドイツとフランスを往復し、ベルクソンとの面会やコイレ、ギトン、サルトルからの個人指導を通じてフランス哲学を、フッサール、ハイデガー、ベッカーの指導の下では現象学を、それぞれ学んだことは第一部で論じた通りである。彼はフランス哲学や現象学の具体的な生を直観する哲学に強い魅力を感じた。そして帰国後の一九三〇年には現象学的解釈学を方法論とした『「いき」の構造』を出版する。続いて一九三二年に博士論文「偶然性」を京都帝国大学に提出し、田辺との往復書簡を持つことになる。一方の田辺も一九二〇年代後半はヘーゲル研究を行っている。もともと彼は弁証法のことを発出論だと批判していた。[11] しかし三木清の帰国以降、学生の間でマルクス主義が盛んになる中で、彼はマルクス主義ではない「本当の弁証法」を学生に教えるために、当初はしぶしぶヘーゲル研究をする。しかし彼は次第に弁証法の虜になる。そしてヘーゲルの観念弁証法やマルクスの唯物弁証法を超える「絶対弁証法」を自身の哲学として主張し始める。さらには西田哲学との対決も踏まえて、彼の哲学に「無の弁証法」というアイデアが登場するようになる。このころに九鬼との往復書簡がある。その後、田辺は自身の哲学をさらに発展させ、「種の論理」を提唱することになる。

このように、両者とも一九二〇年代前半は新カント派の研究をしていたが、後半には離反したということができる。九鬼はフランス哲学と現象学に関心を向け、彼自身の生の哲学を打ち立てようとする。一方の田辺は強力な媒介者によって相対立するものを統合する弁証法に自身の哲学の方向性を見出す。ただしもちろん、両者ともカントを無視するようになったわけではない。嶺秀樹が指摘するように、田辺はカントを読み替え続ける。[12] 例えば「種の論理」の形成期の重要な論文である一九三二年の「図式『時間』から図式『世界』へ」は、タイトルが示すように、ハイデガーの『カントと形而上学の問題』の批判から成っている。とはいえ、彼は新カント派の影響圏からは脱して、絶対弁証法の立場から西田哲学とハイデガー現象学と対決するようになっていた。一方の九鬼は、新カント派の影響圏から脱しようとはしなかった。彼はベルクソン哲学やハイデガー現象学に魅かれ、そこから多くを得た。そして確かにそれを自身の哲学に反映させているのだが、しかし彼は決してカントと新カント派の哲学を捨てなかった。宮野真生子は『出逢いのあわい：九鬼周造における存在論理学と邂逅の倫理』で、彼の『偶然性の問題』がヴィルヘルム・ヴィンデルバント（一八四八―一九一五）とニコライ・ハルトマン（一八八二―一九五〇）から大きく影響を受けていることを詳細に明らかにした[13]。そして何よりも重要なのは、偶然性論の核心部である様相の第三体系として論じられた「生産原理」において、九鬼は弁証法ではなく、コーヘンを思わせる微分的発想を採用していることである。これは田辺の『カントの目的論』と共通する。これによって田辺の九鬼の哲学に対する評価もわかるだろう。彼は九鬼の偶然性論に自分が八年前に通過した地点を見る。そしておそらく彼は、偶然のようなトピックにこだわるのを止めて古臭い新カント派から距離を取り、無の弁証法を採用するべきだ、と思ったのではないだろうか。そしてもう一つ、『カントの目的論』において、カントの合目的性についての議論を徹底することで「現にありしカントよりも寧ろ当にあるべかりしカント[14]」を提示した田辺には九鬼がカントの哲学の奇妙な読み替えをして、目的論を拒否していることに違和感を覚えている。田辺は九鬼に対して偶然性よりも必然性を重視して、合目的性を論じるべきであると、思っている。

この二点こそが九鬼が「絶対無」と「弁証法」を拒絶した理由を考える際には非常に重要なものとなる。続いて九鬼と田辺の往復書簡を確認して、両者の対立点を明らかにする。

「超越的全体の無に限定せられる絶対合目的性」と「仏の本願力」

この往復書簡は九鬼の提出した博士論文「偶然性」の審査会直後、一九三二年一〇月二〇日から二六日にかけて交わされた[15]。

まず田辺から九鬼への最初の書簡において、田辺は、自分はカントの『判断力批判』の影響を多く受けていて、それをヘーゲルの思弁「das Speculative」に展開していこうとしているので、偶然を必然化する原理として合目的性が考えられなければならないと確信しているという。そしてカントとは逆に、合目的性が道徳的自由の内容となることは可能であり、それこそが実存的地盤に成立する実践ではないかと主張する。

この田辺の批判に対して九鬼は、博士論文の最後で「偶うて空しく過ぐる勿れ」という言葉で表したことは田辺の主張とさほど違っていないと返す。つまり形而上学的に考えるならば[16]、可能性の全体の中からある可能性が偶然に現実化する。[17]「偶うて空しく過ぐる勿れ」はその偶然に現実化したことが持つ合目的性を明らかにせよという意味だと、九鬼は主張する。そして「目的らしさを未来に醸す」と言ったのは偶然現実化したこの世界が持つ合目的性を未来の行為に託すことによって現実化せよということであり、「邂逅の瞬間に驚異を齎す」と述べたのも、ある可能世界が現実化したことを合目的性の現実化と捉えて未来において倒逆的に驚異するということだとする。そして田辺の主張する「絶対的合目的性」については認めていないわけではないと記している。

それに対して田辺は次の書簡で、偶然存在の形而上学は構成的な道徳実践において普遍を超越的絶対者として信じることだと記す。そして九鬼の言う合目的性は「有に対立する絶対否定的普遍（神秘主義にいう無）が対立的に現れそれが道徳法の内容を充たすという様な否定的超越的合目的性ではない」のではないかという。それは各々の瞬間を生の充実によって生かす「Aesthetizismus」の立場で、道徳的目的論ではないと田辺は批判する。美を越えて「絶対否定的合目的性たる善」へと到達せよと彼は求める。九鬼の議論では他の存在者を手段とする「目的ある合目的性」にしかならない、「超越的全体の無に限定せられる絶対合目的性」を導入して形而上学的、道徳実践的に議論を深めよ、と田辺は求める。

これに対して九鬼は田辺の言う「Aesthetizismus」の立場を主張したいと思っているが、同時に宗教的な主張も視野に入れていて、それゆえに博士論文では「仏の本願力」や弥蘭の問[18]を参照したのだという。そして彼が前の書簡で論じた合目的性は潜勢的合目的性、つまりハーモニーだと主張する。この潜勢的合目的性であるハーモニーは「仏の本願力」であり、「偶うて空しく過ぐる勿れ」というのはこの潜勢的合目的性を現勢化せよということだから田辺と自分の間に大きな意見の違いはないのではないかと彼は記す。

往復書簡では一貫して田辺が批判し、九鬼が田辺と自分の間に大きな見解の相違はないと弁明し続けている。田辺は構成的な道徳実践において超越的全体の無に限定される絶対合目的を議論に導入し、偶然を必然化することを求める。言い換えると美を越えて「絶対否定的合目的性たる善」へと到達せよと彼は求める。九鬼は「Aesthetizismus」の立場を自身が主張したいと思っているとした上で、自分が潜勢的合目的性、つまりハーモニーとしての「仏の本願力」に「偶うて空しく過ぐる勿れ」と言ったことは田辺の主張と大差ないと答える。しかし、九鬼の弁明とは異なり、本当は両者の立場には隔たりがある。弥蘭の問いを通じて彼が主張したいことは、全ての偶然的存在はいつか崩壊し、破滅するものであるが、その理由はわからないということである。つまり彼は、存在が偶然であることはわかるにしても、その理由はわからないのであるから、偶然の奥に「絶対的合目的性」があるのかどうかは判断できないと考える。「仏の本願力」とは仏の一切衆生を救済せんとする願いのことである。この潜勢的合目的性、つまりハーモニーとしての「仏の本願力」は絶対肯定的な合目的性として全ての存在に与えられる仏の慈悲である。それは善を為せと命じる当為ではなく、一切衆生が存在して欲しいと願う無力な祈りである[19]。このように、田辺の考える絶対否定的な合目的性としての無である善と九鬼の論じる「仏の本願力」は異なるものであろう。この往復書簡の意義について、小浜善信と古川雄嗣は往復書簡の田辺の指摘によって九鬼が必然性の意義を一層理解したと解釈する[20]。宮野はこの往復書簡において九鬼は田辺の批判をかわし切れていないと判断し、九鬼はその後田辺の批判を引き受けて「偶然の内面化」を論じるようになったと考える[21]。しかしここで私は九鬼と田辺の間の最後まで埋まることのなかった差異に着目する。九鬼は「超越的全体の無」、つまり絶対無を彼自身の哲学には導入しないのである。つまり「無」「否定」「善」の田辺に対して九鬼は「有」「肯定」「慈悲」そして「美」の立場をとるのである。両者の特徴がわかったところで、次節ではその背景を考えたい。まずは田辺の『カントの目的論』を分析し、彼がそのような要求をした理由を考察する。

自覚的合目的性の立場から至上善の実現に努める

田辺は『カントの目的論』において「現にありしカントよりも寧ろ当にあるべかりしカント」を論じたという。それが現れているのはカントの目的論の第三の側面として彼が提示した「自覚的合目的性」についての議論である。この「自覚的合目的性」は田辺による命名であり、自然と道徳、必然と自由を総合する合目的性である。彼は『純粋理性批判』で提示された自然の因果関係に生きるhomo phaenomenonとしての側面と『実践理性批判』で提示された超越論的[22]で無条件に自己目的であるhomo noumenonとしての側面の接続が『判断力批判』の課題であったにもかかわらず、それが十分には達成されていないと考えた[23]。そして「当にあるべかりしカント」の概念として経験的で必然的な自然法則と超越論的で自由な道徳法則を総合するものである自覚的合目的性を提唱した。ではそれはどのようなものか、詳細に見てみよう。

田辺はhomo noumenonは理性の自己立法を尊重する自律的で自由な道徳的主体だと考える。ゆえにその性格は「存在でなくして当為[24]」だという。そしてこの超越的な当為を現実において実現し、実践的自由と一致させなければならない。すでに述べたように、彼は、カントはこの課題を上手く解決できていないと考える。そこで田辺はコーヘン流の微分（極微 infinitesimal）概念によって超越的な当為を現象界で実現させようとする。彼は、当為は極微の現実を含んでいると考えた。つまり極微の現実を含む当為としての道徳法則は現象界の構成的原理としてあるのだ。こうすることでカント流の形式主義を乗り越えて、人格の完成を終局目的として「目的の国」を完成させ、そして与えられた質料の上に新しき意味を創造する文化を創り出すという道徳法の内容を当為に含ませるのだと田辺は主張する。これが彼の考える当為に含まれる極微の現実である。この当為の内容を実現することが道徳的自由の実現である。これはつまり、可想界にある人間の人格の完成という終局目標、言い換えると至上善 bonum supremum、を現実化することによって、文化を現象界に建設せよと彼は主張しているのである。[25] そして道徳的自由を実現することは可想界と現象界を一望し、現象において意味を創造できる神の視点、つまり直観的悟性を分有することである。この可想界にいる神の視点を現実化することこそが自覚的合目的性である。つまり彼の主張は、人格を完成させ、神の直観的悟性の立場から自覚的合目的性に於いて万物を創造するような文化を建設せよ、ということである。[26]

この後、田辺はヘーゲル研究を通じて弁証法を採用するようになり、コーヘン流の微分的発想を彼自身の哲学の中心には据えなくなる。[27] その理由として竹花洋佑は接点と接線で表現される調和的な微分的発想では道徳的な善行為に反抗する悪への自由が考えられないことを指摘する。[28] つまり微分的発想では人間にはもともと道徳法則を極微に含んでいるから善行為をなすことが自然だと考えなければならないので、人間が善悪両方を成しうる存在であると表現できないから不十分であると田辺は考えたのである。また嶺が指摘するように、田辺は『カントの目的論』においても悪への自由を考慮に入れているので、微分的発想では物足りなくなる気配はこの時点で既にあったとも言える。[29] そして統制原理としての当為を微分的発想によって構成原理とみなす自覚的合目的性は、偶然を必然化する原理としての合目的性である「超越的全体の無」、つまり絶対無となる。弁証法を採用した田辺は一九三三年の『哲学通論』において、善も悪も行為することが可能な特殊が、自分の特殊性を否定して無の超越的全体と弁証法的に一致し、自発的に自由な主体となることを道徳的実践として主張する。[30] つまり個人の欲望を捨てて、絶対的な普遍である無（「目的なき合目的性」）と一致することが善であり、自由であり、それこそが生と論理の一致した自覚の立場なのだという。微分的発想から絶対弁証法へとシフトすることで個が自身の欲望を捨てて普遍と一致するように努力するという点が強調されるようになっている。しかし彼が直観的悟性を分有することで可能となる「人格の完成」という至高善の実現への意志を手放すことはない。個が普遍にある道徳と一致するというモチーフは彼の晩年の死の哲学まで一貫する。

やせ我慢の美

往復書簡の要求の翌年、九鬼は絶対無を拒絶し、その数年後には弁証法も拒絶する。当時の田辺の哲学を考慮に入れて、九鬼がそこにこめた意図を考えよう。

『カントの目的論』を確認することで田辺の九鬼に対する批判は明確になった。人格の完成という至上善を目的として現象の全体を統制する道徳法則を現実化する「無」の合目的性によって偶然の偶然性を否定して必然を構成せよと田辺は要求している。九鬼はこの要求を受け入れず、「絶対無」を拒んだ。そしてその代わりに彼は、彼の哲学の根本にあるものとして偶然性論では形而上学的絶対者としての「原始偶然」を論じた。[31]

九鬼によると原始偶然は存在の究極の根拠である。それはつまり、これ以上根拠を求めることができない自己原因である。それゆえに人間には原始偶然が存在する理由はわからない。人間には、原始偶然はただあると言うことしかできない。原始偶然に直面した人間は弥蘭のように「何故」と問い、驚くしかない。その驚きが哲学の始まりであり、そして終わりであると彼は考える。

原始偶然は自己原因である。それゆえに、例えばスピノザであれば、それを必然だとみなすだろう。その点は九鬼も認めるので、原始偶然は絶対的形而上的必然と同一のものとされる(32)。しかし彼は絶対的形而上的必然を重視しない。なぜなら実存である人間は神ではないため、神の視点を持ちえないからだ。彼は直観的悟性を分有できると思っていないし、したいとも思っていない。原始偶然はただあるとしかいえない存在の限界であるが、それは決して道徳法則としては機能しないし、人間がそこに自覚的合目的性を直観することもない。つまり九鬼は田辺と違って可想界に至上善を見ることができないし、特殊を否定して超越的普遍と一致させようとも思わない。九鬼は『偶然性の問題』では、田辺の批判を受けたせいだろうか、微分的思考をより強調する。そして原始偶然は、田辺の『カントの目的論』における当為のように、現実を生産する極微の接点とみなされる(33)。しかしそれは道徳法則を分有してはいないので、現象は必然的に構成されはしない。生産はただただ自ずと偶然に展開し、善も悪もなされていく。人間は生産された現実に対して倒逆的に意味を与えていく。そして形成された歴史を基に、次なる行為を生産しようとする。人間は未来では善行を為そうとするかもしれないが、しかしまた様々な偶然の出来事の連続で、やはり予期しない善悪入り混じった世界が現実化していく。そして人間は再び生産された現実に対して倒逆的に意味を与えていく。これが彼の実践論である。彼は人格の完成という目標を立てないし、道徳法則によって現象が構成されているとも考えない。世界は偶然の出来事の連続であり、人間が倒逆的にそれに意味を与えると考える。それが「仏の本願力」に「偶うて空しく過ぐる勿れ」という彼の邂逅の倫理の趣旨である。道徳法則に適うことも適わないことも、全てまとめて意味付けて、それが偶然に存在するこの現実を未来に活かすことを彼は望む。偶然的存在とは偶々存在する無に侵された有であり、いつか破綻し、破滅するものである。それゆえに彼はいかなる偶然的存在も否定したくない。特殊を否定して普遍に一致させるのではない。特殊を肯定して、人間が普遍らしさを創造するのだ。存在者がたまたま存在する／したことを肯定し、存在者が偶々掴んだチャンスを最大限伸ばすことを彼は望む。これを存在を寿ぐ意志とみることもできるだろう。

「仏の本願力」とは仏の万物救済の願いである。それを道徳と考える九鬼は善き者も、悪しき者も全て救いたいと願う。それが彼の哲学の根底にあるモチベーションであり、彼の思い描くハーモニーである。それゆえに彼は弁証法を拒み、調和法に与する。いかなるものも否定せず、それを自然に展開させながら将来へと行為を生産することを彼は願うからだ。彼のこのようなモチベーションの背景には、既に述べたような彼のつらい少年時代の経験がある。彼の父である九鬼隆一と母の波津子と岡倉天心の間の何年も続いた三角関係のために幼い周造は両親に十分ケアされることなく育てられた。そしてこのトラブルは母の波津子の精神病院長期入院という悲劇に終わり、幼い周造を深く傷つける。大学生のころの周造は特に天心を恨んだ。しかし欧州留学中に覚三の『茶の本』を耽読して、思いを新たにする。周造は彼ら全てを許し、肯定するようになる。

やがて私の父も死に、母も死んだ。今では私は岡倉氏に対しては殆どまじり気のない尊敬の念だけを有っている。思出のすべてが美しい。明りも美しい。蔭も美しい。誰れも悪いのではない。すべてが詩のように美しい。（KSZ，五，二三八）

彼らの人格が完成していたとは、おそらく言えないだろう。周造を傷つけた彼らの振る舞いは全く道徳に適っていないだろう。それでも彼らを肯定するには「善」とは別の基準である「美」に訴えるしかない。それはまさに彼の両親と覚三が深く愛したものでもある。そして九鬼は永遠回帰論と結びついた詩の美しさを論じることになる。善悪の彼岸で全てを受け入れる詩の美に支えられた肯定の哲学こそが彼の真骨頂である。しかし、「誰れも悪いのではない。すべてが詩のように美しい」と、生前は出版されることのなかった原稿に書き残す彼の目に涙は光っていなかっただろうか。彼の実践論は、許し得ないものを許し、必死に全てを美しくする「やせ我慢の美」による肯定と呼びうるものではないか。万物を肯定し、倒逆的に意味づけるには苦痛と長い時間が必要だったのだろう。彼の「やせ我慢の美」による存在の寿ぎは涙の果てに可能になる実践のように思われる。

存在を寿ぐ

本章では九鬼周造が京都学派主流派の「絶対無の弁証法」から距離を取った理由をドイツ哲学からの影響と田辺元の九鬼への批判の分析を通じて考察した。田辺は道徳法則としての「無」の合目的性によって偶然の偶然性を否定して必然的に世界を構成せよと要求する。これは九鬼には受け入れられない。彼は無に侵された有であり、いつか崩壊し、破滅するものである偶然的存在を否定したくない。彼はそれがたまたま存在する／したことを寿ぎ、それが偶々掴んだチャンスを最大限伸ばすことを望む。彼が「絶対無の弁証法」を拒んだ理由は、それが特殊存在の否定だからである。彼は、それがどれほど苦しいことであろうとも、存在を肯定することを意志した。この「やせ我慢の美」とも呼ぶべき実践は、発展性を欠いた現状肯定でしかないかもしれない。しかし世界にはどうしても受け入れるしか他にない現実がある。私たちはただその存在を承認するしかない。

あらゆる存在を、それでも肯定しようとする「仏の本願力」を望む九鬼は、絶対無の道徳に生きる田辺とは対照的な方法で、救いようのないこの世の苦しみをしっかりと受け止めている。九鬼の哲学の最大の魅力は「やせ我慢の美」とでも呼ぶべき姿勢によってあらゆる存在を寿ぐことにあると私は考えている。

第八章　本当の愛に背を向けても：哲学者・九鬼周造の誕生

私は聖フランシスの『小さき花』からも青年時代に深い感銘を受けた。癩病患者の膿だらけの全身をフランシスは両手で丁寧に洗ってやって薬湯をつかわせる。弟子のことを悪く判断したのが自分の間違だったからとてみづから地上に仰臥してその弟子に命じて両足で頸と口とを二度踏みつけさせる。聖女クララとの会食に食事を忘れて神のことばかり語り合う。町の人々が教会堂に火炎の上るのを見て驚いて駆けつけると火事ではなくて食卓を前にしてフランシスとクララとが神の愛に燃えていたのであった。…（中略）…聖フランシスにはまやかしでない本当のものがある。…（中略）…私には『小さき花』に絡んで魂のどこからともなく浮んで来る連想がある。それは卓抜な学才を有ちながらカトリックの司祭になって富士の裾野ちかく癩病院の経営に身を捧げている私の同窓の旧友と花のような容姿を惜しげもなく捨てて聖心会の修道女になって黒衣に銀の十字架を下げている彼の妹とのことである。こういう清純な記憶が私の頭の片隅か心臓の底かどこかに消えないで残っているのは、私にとって限りもない幸福である。（KSZ，五，四七－四八）

この引用は九鬼周造が一九三六年六月に執筆し、同年八月の『文藝春秋』に発表した随筆「書斎漫筆」の一節である。引用中では具体的な名前は伏せられているが、ここに記されている「私の同窓の旧友と花のような容姿を惜しげもなく捨てて聖心会の修道女になって黒衣に銀の十字架を下げている彼の妹」はカトリック司祭・神学者の岩下壮一[1]と、その妹で日本人最初の聖心会の修道女となった岩下亀代子のことだ。

周造と壮一が東京帝大時代に机を並べて哲学を学んだ親友であったこと、そして周造と壮一の妹との間に縁談が持ち上がるも、彼女は誰とも結婚することなく修道女として生きる道を選んだことは周造の随筆等に書き残されている[2]。彼はついぞ随筆等に壮一の妹の名を記さなかったが、それが亀代子を指しているのは明らかであった。本章では周造の随筆から見える岩下兄妹への思いを読み解く。それを通じて明らかになるのは、カトリックの聖職者として神への本当の愛に身をささげた岩下兄妹に対する周造の憧憬の念と、そして彼らのように信仰に生きることができなかった周造の信仰への未練である。私は、この憧憬の念と信仰への未練こそが彼を幸福から遠ざけ、そして「哲学者」たらしめたものであるという仮説を示す。いささか大胆な解釈であるが、九鬼周造の哲学とその生の一端を明らかにするものになっていると私は考えている。

信仰と結婚

周造は一八八八年に高級官僚だった九鬼隆一と妻の波津子の四男として生まれる。壮一は一八八九年に大阪を代表する実業家岩下清周と妻の幽香子の長男として、亀代子は一八九四年に三女として生まれる。壮一は幼少期にポリオに感染し、その後遺症で右脚がやや不自由であった。彼はそのコンプレックスをしばしば口にしているが、しかし不自由な片脚を物ともせずに、神山復生病院時代は患者と共に野球に興じていたようだ[3]。壮一は一九〇一年に暁星中学校で洗礼を受け、敬虔なカトリック信徒となる。元々は周造の方が壮一よりも一学年年長であったが、周造が旧制高校時代に一度留年したために同級生となった。高校時代の周造はドイツ語の、壮一は英語のクラスだったために接点が薄かったが、東京帝大哲学科に進学した後は、共にケーベルらの下で哲学を学び、そして本郷の大学校舎から一緒に帰るなかで親しくなっていったようだ。以下は壮一の死の四か月後の一九四一年四月に周造が『カトリック研究』に発表した「岩下壮一君の思出」の一節である。これは周造が生前最後に発表した文章であり、彼はその翌月の一九四一年五月に病死する。

当時、岩下君は麹町区紀尾井町に住んで居り、私は永田町に住んでいたから、本郷の大学からの帰りも殆どいつも一しょに帰った。本郷通から御茶水橋を渡って、竹橋のところから近衛師団司令部の前を通り、半蔵門、三宅坂を経て、今の帝国議会議事堂のあたりで別れるのであった。人通りの割合に少ない静かなところが多いから、色々の話をすることが出来た。家も赤坂見附を中央にして、清水谷公園と星ヶ丘公園とで隔っているだけだから、よく遊びに往ったり来たりした。それに休暇には岩下君も私もたいがい鎌倉へ行ったから、殆ど年じゅう親しくつき合ったのであった。（KSZ，五，一四二―一四三）

本郷から皇居の北を回って今の国会議事堂の近くまで、彼らが歩いた道はおよそ六キロメートルの道のりになる。これだけの時間を「殆どいつも一しょに」歩いて帰ったということは、二人は本当に親しい友人だったのだろう。研究からプライベートに関することまで、「色々の話をすることが出来た」はずだ。研究については、周造がベルクソンの名前を始めて聞いたのは、この壮一との帰り道の会話だったらしい(4)。ではプライベートについてはどのような話をしていたのか。同じ「岩下壮一君の思出」には以下のように記されている。

その頃、岩下君と私とは学問の話ばかりでなく、心の微かな動きまでも語り合った。『幼き耶蘇のテレジア童貞の自叙伝』はたしか岩下君から貰って耽読したことを覚えている。私がギボンズの『我等の教父たちの信仰』を探しているのを知って、岩下君は三才社かどこかにあったと云って私にその本を贈り物として呉れた。焼絵の草花の模様のついた鼠色のリボンが栞の代りに入れてあったが、「主よ我らに共にとどまれ」と墨で書いて「壮一」と署名してあった。私をリギョール師に紹介してくれたのも岩下君であった。岩下君の家と私の家とは元来多少知合っていたので、私共二人の交際は次第に家庭的にも延長して行った。岩下君の父君が西洋へ行かれた御土産に立派な万年筆を貰ったこともあったし、母君や女婿故山本氏夫妻など一しょの晩餐の団欒の仲間入りをしたこともあった。私の父も岩下君のことはよく私にたずねた。岩下君とは控え目ではあったが女性に関する話もし合った。結婚問題に関しても前後三回ほど話合うような事情になった。初め二回は岩下君の方から話を出し、後のは私から出したのであった。岩下君と私とは、ひょっとするともっと外面的にも近づきになる可能性が多分にあった。岩下君に気に入りの美しい侍女がいて、母君の心配で遠ざけられた話を私にしたことがあったが、それも今から思えばほほえましい小さな一挿話に過ぎない。そのころ岩下君はオルガンを弾いたり、習字をしたりしていた。（KSZ，五，一四五）

周造と壮一は「心の微かな動き」まで語り合ったと述べているが、それは具体的には「カトリック信仰」と「結婚」の話である。壮一が周造に贈った『幼き耶蘇のテレジア童貞の自叙伝』こと『幼いイエスの聖テレーズ自叙伝』は一九世紀フランスのカルメル会修道女であるリジューのテレーズ（一八七三―一八九七）の自叙伝であり、『我等の教父たちの信仰』は一九世紀から二〇世紀にかけて活躍したアメリカの枢機卿のジェームス・ギボンズ（一八三四―一九二二）の著書である。「リギョール師」はフランス人の神父で一八八〇年から一九一二年にかけて日本に滞在してカトリックを宣教したフランソワ・リギョール（一八四七―一九二二）、「岩下君の父君」こと清周は聖公会の信者であるが、「女婿故山本氏」はカトリック信者の海軍軍人として国際的に活躍した山本信次郎（一八七七―一九四二）の弟で壮一の洗礼時の代父、そして壮一の妹の雅子の夫であった山本三郎（一八八四―一九三二）、「母君」こと幽香子はカトリック信者である。このように壮一と周造の友情の間にはカトリックがあり、そして周造は壮一を介して当時の日本のカトリック界の重要人物とも交流を持っていたのである。周造が壮一からプレゼントされた本に挟まれていたリボンには「「主よ我らに共にとどまれ」と墨で書いて「壮一」と署名してあった」そうだが、これは信仰を共にするものへの贈り物と読み取るべきだろう。これらのエピソードは両者が東京帝大に通っていた一九〇九年から一九一五年にかけての出来事だろうが、具体的な年月日まではわからない。周造は一九一一年、つまり東京帝大の二年生で二三歳の時に東京神田聖フランシス・ザビエル教会で洗礼を受けている。これには壮一からの影響があるだろう。周造の洗礼名はFranciscus Assisiensis Kuki Shūzō、つまり本章の冒頭の引用において周造が称え、その姿を壮一と重ねたアッシジのフランシスコである。

　若いころの周造と壮一はいずれもキリスト教哲学の研究に励んでいる。壮一は卒業論文としてフランス語で「アウグスチヌス之歴史哲学」を提出した。彼のこの論文は非常に高く評価され、これで恩賜銀時計を受ける。つまり最優秀の成績を修めての卒業である。当時の東京帝大には壮一を国費で欧州に留学させ、そして日本初の中世哲学講座の教授として迎えるというプランがあったと言われている。しかし壮一はこの時点で将来を決める気がなかったために、これを断った。周造も当時はキリスト教哲学を研究していて、大学院生だった二五歳の時に「信仰と知識：中世紀に於ける信仰理性の問題の歴史的発展」というタイトルの大学院研究報告論文をドイツ語で執筆している。この論文は「信仰と知識」を主題に教父哲学からトマス・アクィナスに至るまでのキリスト教哲学を概観していくものであり、後の周造の哲学からは大きな隔たりがある。西田幾多郎は周造が京都帝大に就職する際に、手紙で彼のことを「昔はラテン語をやっていた人」と記しているのだが、どうやら学生時代にキリスト教哲学を研究していたことが西田には伝わっていたようだ。[5]

「結婚問題」については、周造はあいまいな記述しか残していないが、彼の随筆や短歌「加特力《カトリック》の尼となりにし恋人も年へだたりぬ今いかならん」[6]（KSZ、一、一九二）から、周造と壮一の妹である亀代子の間に交際関係があり、縁談も持ち上がったことが示唆される。「初め二回は岩下君の方から話を出し、後のは私から出したのであった」とのことである。周造と亀代子が結婚も意識されるような親しい仲にあることは周知の事実だったらしい。これについては今後公開が期待される一九一五年五月三日の消印のある壮一から周造の従兄である上野直昭に送られた書簡にその経緯が詳しく記されていると川口らは報告している。[7] この書簡は、周造と亀代子が結婚する予定だと思っていた直昭の母である要子への応答に苦慮した壮一が直昭に対して周造と亀代子のあいだの経緯を説明したものとのことである。要子は周造の父である隆一の妹で、周造の叔母に当たる。周造と亀代子の関係は叔母が知っている程度には周知の関係だったようだ。しかしこの縁談は実現することなく、亀代子は一九一八年に留学先のイギリスで聖心会に入会し、修道女となる。彼女は日本人初の聖心会会員として知られている。そのことも影響しているのだろうか、周造も北海道のトラピスト修道院へ入ることを考えたことがあったようだ。しかし亀代子の聖心会入会と同じ年に、彼は兄の一造の未亡人である縫子と結婚する。縫子との結婚のおかげで周造は彼女の実家である中橋家から多大な財政的支援を得てヨーロッパに長期留学することが可能となった。後の哲学者・九鬼周造への道がここに開けてくる。

周造の結婚と亀代子の聖心会入会から七年経った一九二五年、つまり三七歳のころから周造は短歌を発表し始め、その三年後の一九二八年、四〇歳の時から哲学者として論文や随筆などを発表するようになる。先に引用した「加特力」の短歌が発表されたのも一九二五年である。すでに述べたように、彼は最晩年に至るまでしばしば神父である壮一と修道女である亀代子に好意的に言及し続ける。しかしその際に、周造は自分が洗礼を受けていることは決して書き記さなかった。四〇歳を過ぎた彼は洗礼を受けた過去などなかったかのような文章を綴るのである。京都帝大に着任後の彼はしばしば中世のキリスト教哲学の造詣の深さを匂わせるものの、主に当時の現代思想に相当する一九世紀から二〇世紀にかけてのフランスとドイツの哲学を専門とする独創的な哲学者として活躍する。そして論文中ではライプニッツとシェリングが偶然の重要性を認めつつも、しかし彼らはキリスト教を信仰しているがゆえにその真価をとらえられなかったと批判し、「西洋の哲学がキリスト教の影響の下に立っている限りは、純粋な偶然論、純粋な驚きの形而上学は出来て来ないのである」[8]と述べる。周造はキリスト教を自身の哲学の本丸である偶然論と対立するものとして無造作に切り捨てる。その性急で粗雑な筆致は彼が若いころにキリスト教哲学を研究していたとは信じられないほどである。

このように東京帝大時代の周造が年少の同級生の壮一とその妹の亀代子から強い影響を受けていたことが見て取れる。もちろん壮一だけでなく、ケーベルの影響などもあるだろうが、しかし壮一が周造を、カトリックへ、キリスト教哲学研究へ、そして亀代子との結婚へといざなっていたことは明らかだ。しかし周造はこの道をたどらなかった。彼は兄の未亡人である縫子との結婚し、そしてヨーロッパへの長期留学を経て、「キリスト教の影響の下に立っている限りは」論じることのできない純粋な偶然論を哲学者として主張するようになっていく。その時には自分が洗礼名Franciscus Assisiensis Kuki Shūzōを授けられたカトリック信徒だったことは秘匿された。

留学と哲学

周造と壮一の間に距離が生じることは、実は東京帝大時代に予告されている。「岩下壮一君の思出」には以下のような思い出も記されている。

卒業論文は岩下君はアウグスチヌスの歴史哲学という題でフランス文で書いた。私は物心相互関係という題を選んだのであったが、ケーベル先生がそれはモダンだと評して不服を表明していられたと私に告げて、岩下君自身も不満足らしくしていたのを覚えている。（KSZ, 五, 一四四）

壮一とケーベルの思いに反して、周造は卒業論文で近代哲学的な課題に取り組んだ。しかし卒業後の周造は、大学院では壮一とケーベルが期待したように、中世哲学研究を行っている。ところでこの卒業論文について、周造はベルクソンと面会した際にも話している。以下はベルクソンの死を受けて一九四一年三月に『理想』に発表された「回想のアンリ・ベルクソン」の一節である。つまり「岩下壮一君の思出」の前月に、結果として周造が生前最後から二番目に発表した文章である。

大学の卒業論文は何に就いてであったかと〔引用者註：ベルクソンに〕問われたので、物心相互の関係についてであったと答えると、〔引用者註：ベルクソンは〕それは自分も特に興味を有っている問題だというようなことから、…（中略）…〔引用者註：ベルクソンが〕次に自分の興味を引いたのが、つまり物心相互関係の問題であった。記憶の病だけの研究に五年間を費し、結局七年間の研究の結果が第二の著書『物質と記憶』になった。（KSZ，五，一三六）

この一節を記した際に、周造は壮一のことを思い出していただろう。壮一が不服を示した周造の卒業論文の「物心相互関係」というテーマは、壮一によってその名を教えてもらったベルクソンから高く評価される。そして周造はベルクソンを中心としたフランス哲学の専門家として京都帝大で教鞭をとることになる。彼は壮一にいざなわれたものとは違う道に進み、モダンで独創的な哲学者になるのだが、しかしそれもまた壮一に示されたものであった。

周造と壮一の親しい交友は、一九一五年に壮一が鹿児島の旧制第七高等学校（造士館）に英語の教授として赴任し、物理的な距離ができたことで途切れる。この赴任の前年に父である清周が頭取を務めていた北浜銀行が破綻し、そして赴任の数か月前には清周が背任横領の罪で起訴されている。[9] そして第一次世界大戦後の一九一九年に壮一は文部省在外研究留学生として渡欧し、一九二五年までフランス、ベルギー、イギリス、イタリアなどでカトリック神学を学ぶ。彼は留学直前には信仰の篤い女性と婚約していたという話もあるので、まだ司祭になる決意を固めてはいなかったと思われる。しかし留学中にベルギーで著名な宣教師のマテオ・クロウリー・ブーヴィ神父（一八七五―一九六〇）と面会したことや、ロンドンで神学者、哲学者のフリードリッヒ・フォン・ヒューゲル（一八五二―一九二五）に指導を受けたこと、戸塚文卿（一八九二―一九三九）[10] をはじめとする当時留学中だった暁星中学時代の後輩らと共に病気で寝たきりの修道女を囲みながら「ボン・サマリタン」

という信仰グループを結んだこと、そして亀代子の修道会入会などを契機として司祭として生きる決意をする。一九二五年六月に壮一はヴェネチアで司祭となり、ヴェネチア教区から日本に司祭として派遣されるという形で帰国する。日本の学術界からの大きな期待を背に渡欧し、司祭として帰国した彼は、カトリックを日本に広めるために出版や講演を活発に行う。彼はプロテスタントの個人主義的態度を批判し、個人の信仰と教会の両方の存在意義を主張する。彼は「キリストに倣いて」、キリストのように人でありながら神となることを目指すべきだと説く。しかしそれは人が自力で達成するものではない。それは神の恩寵と人の信仰による「神人合作」によって実現するものなのだと彼は論じる。彼のテキストを紐解くと、そのプロテスタント批判の激しさに驚かされる。彼は、プロテスタントは個人の信仰を強調しすぎていて、教会の存在や神の恩寵を軽視していると考える。個人主義的な立場を徹底的に批判し、神の恩寵と人の信仰による「神人合作」こそがキリスト信仰の核だと彼は主張する。

壮一は一九三〇年にハンセン病患者療養所である神山復生病院院長に任命される。神山復生病院はフランス人宣教師のジェルマン・レジェ・テストウィード(一八四九―一八九一)によって設立され、代々カトリックの神父が院長を務める病院として運営されていた。父の清周が前々から神山復生病院を支援していて、壮一自身も院長就任前から病院を訪問して様々に支援を行っていた。院長着任後は豊富な人脈を生かして寄付金を集め、病院の改善に精力的に取り組む。研究者として、司祭として、社会事業家として、壮一の活動はいずれも極めて高く評価された。一九三七年には東京大司教就任を打診されるも断ったといわれている。一九四〇年には神山復生病院院長を退任して同財団法人の理事長となる。このとき壮一にはもう一度中世哲学研究に腰を据えて取り組む意向があったと周造は記している。しかし同年に興亜院の委嘱を受けて中国北部を訪問して現地の天主教[11]の関係者と会談して廻った際に病を得て、同年一二月三日に亡くなる。

周造は二〇代のころは研究成果を発表せず、東京で静かに勉強している。一九一八年のちょうど三〇歳の時に次兄一造の未亡人である縫子と結婚し、妻の実家である中橋家の財産でもって一九二八年までヨーロッパに留学し、ハイデガーをはじめとする二〇世紀哲学の巨人たちから最先端にして最高峰の哲学を学んだことはすでに述べた通りである。同時期に壮一もヨーロッパにいるが、この時期に二人は会っていない。当時はドイツが極度のインフレ下にあったのでヨーロッパに日本人留学生は多く、周造はヨーロッパで天野貞祐をはじめとする日本の知人、友人たちとも会っている。また周造はまじめに研究してはいるのだが、しばしば旅行もしている。周造と壮一にその気があれば二人が欧州で会うことは可能だったはずだ。つまり二人に会う気がなかったのだろう。周造は妻の縫子を連れてヨーロッパに旅立ったのだが、彼がパリに滞在している時期は、彼女は一時帰国している。そしてその時期の彼は女性関係が派手だったことが、当時の短歌などから推測される。すでに紹介した「加特力の尼となりにし恋人も年へだたりぬ今いかならん」の歌を詠んだのもこの時期である。この縫子が近くにいない時期に彼の女性関係が派手になる傾向は、帰国後も続く[12]。彼は京都帝国大学に赴任したので、基本的に京都で単身赴任生活をしている。『九鬼周造全集』の月報に記された桑原武夫「九鬼先生の遊び[13]」や大橋三男「九鬼先生の思い出[14]」は祇園の女性と九鬼が派手に遊んでいたことを伝えている。彼らの記述を総合すると、周造は多くの女性を引き連れて遊ぶ人で、親しくなろうとする女性のことを冷たく試すようなところがあり、常に複数人の女性の影があったらしい。誰か一人にのめりこむというよりはむしろ、多くの女性を引き連れて遊んでいた点に特徴があったそうだ。もっとも周造も結局は特定の一人、中西きくえとの関係が深くなっていく。そしてこのような派手な女性関係を原因の一つとして周造は妻と離婚する。離婚をめぐる騒動は一九三一年から始まり、周囲の人物を巻き込みながら、一九三九年まで続き、周造と縫子の離婚によって終わる。

離婚騒動を抱えながらも周造は京都帝国大学で教鞭をとる気鋭の哲学者として『偶然性の問題』をはじめとする著作や哲学論文、随筆などを精力的に発表していく。すでに述べたように、そこではキリスト教にネガティブな評価が述べられる。しかしこの時期の周造と壮一は交友を復活させている。「岩下壮一君の思出」には以下のように記されている。

> 昭和四年に私が西洋から帰って岩下君に逢ったのはちょうど十年ぶりだった。黒い司祭服を著ている姿を初めて見た時にはどうしてか胸が一ぱいになった。其後は四谷の家で岩元禎先生を中心にして、立澤剛[15]、三谷隆正[16]、田中耕太郎[17]の諸君と共に招かれたり、私の家へ招いたりして時々逢った。私はふだんは京都にいるので、岩下君は関西へ来たときにはよく寄ってくれた。天野貞祐君と一しょの時もあり、また私と二人だけの時もあった。岩下君は煙草も吸うし、酒も少量は嗜んだし、私たちとは何の障壁もなく話し合ったから、司祭と話しているのだというような感じは少しもなかった。私も勝手なことを云ふし、岩下君も学生時代の気分になって真に愉快らしかった。（KSZ，五，一四六）

帰国後の周造と壮一は交友を復活させる。彼らの学生時代の友人ネットワークが活発に動いていて、彼らは他の学友と共にとともに恩師である岩元禎の家を訪ねたり、学生時代の友人にして周造の京都帝大の同僚である天野も交えて一緒に会ったりしている。この時は「岩下君は煙草も吸うし、酒も少量は嗜んだし、私たちとは何の障壁もなく話し合ったから、司祭と話しているのだというような感じは少しもなかった」と、宗教性を介在させずに交友していたことが強調されている。「岩下君も学生時代の気分になって」とは記しているものの、学生時代のカトリック信仰を共有した関係からは、打って変わって世俗的な交友であったことが示唆されている。周造は壮一から離れていた間にキリスト教から距離を置いた自分自身の立場を確立したのだろう。二人はカトリック信仰を共有せずとも、親しく交友することが可能な関係になっていた。しかしその一方で、周造はカトリック司祭としての壮一に重大な依頼をしている。引き続き「岩下壮一君の思出」からの引用である。

私は公務の関係上、自分だけは京都に住んで、家の者は東京に置いてあった。そうした事情に基いて、もちろん私自身も悪いのであるが、どうも家庭のことがうまく行かないので、色々考えたあげく愚妻の霊的指導を岩下君に頼んだ。岩下君ならば安心してすべてを任せると思った。それでその頃は毎週一回だか四谷の岩下君のところへ話をききに行ってみた筈である。（KSZ，五，一四八）

今から云えば一昨年の五月頃〔引用者註：一九三九年五月〕、京都へ発つのに新橋停車場で汽車に乗り込むと、偶然むこうに岩下君が母君と共に坐っていて、私を呼んでくれた。…（中略）…岩下君は私の荷物の一つを手にさげてわざわざ降り口まで持って来てくれた。二人きりになったので、私は家庭生活が破綻に終ったことを告げると、岩下君は暗い顔をして默っていた。それが私の岩下君に逢った最後であつた。神山へ行って棺の中に冷たくなっている岩下君の顔を見たときには本当に夢のようにしか思えなかつた。（KSZ，五，一四九）

周造の壮一への厚い信頼とその死を悲しむ様子が描かれた追悼文の中でも最も重要な場面である。そして私はここに記された周造の行為に疑問を覚えている。なぜ彼はカトリックから距離を置き、自分の偶然性の哲学はキリスト教の立場では到達できないものであると考えていたのに、妻の霊的指導を壮一に頼んだのだろうか。そもそもこの離婚問題の大きな理由は周造の継父としての自覚のなさと女性関係にあるのに、なぜ妻の霊的指導という的外れな依頼をしたのだろうか。

この疑問に私たちがはっきりとした答えを出すことはできない。ここから先は私の推測である。周造は縫子に壮一の霊的指導を受けさせることで、彼女を岩下亀代子に近づけようとしていないだろうか。この時期の周造は、本章の冒頭で引用したように、かつて思いを寄せた亀代子について「花のような容姿を惜しげもなく捨てて聖心会の修道女になって黒衣に銀の十字架を下げている彼の妹」と描写している。そこに亀代子への未練は感じられないか。周造は縫子に壮一から霊的指導を受けさせることでカトリック信仰に篤かった亀代子の面影を縫子に重ねようとしていないだろうか。それ以外に、たとえ壮一が人格者だったとしても、自分がもはや信仰を放棄してしまったカトリックの立場からの霊的指導を妻に受けさせる理由は、私には思いつかない。

結局、壮一の霊的指導は縫子の離婚への意志を翻意させることはなく、周造と縫子は離婚する。そして、その報告が周造と壮一の最後の会話となる。周造はその事実を壮一の追悼文に書き残して間もなく病に倒れ、世を去る。彼は仏教徒として弔われ、京都の法然院の墓に眠っている。その死の四ヶ月後に出版された『文藝論』の最後の論文である「日本詩の押韻」には「噫 岩下壮一君」と題された挽歌が収められている。(18)

このようにヨーロッパ留学を経て哲学者となった周造の壮一に向ける態度は二〇代のころからは大きく変わっている。東京帝大時代の周造と壮一は哲学研究とカトリックの信仰を介在させながら家族ぐるみで親しく付き合い、二人の間では周造と妹の亀代子との結婚までも話題に上った。この時期の周造は、おそらく壮一の影響もあって、カトリックの洗礼を受けて洗礼名 Franciscus Assisiensis Kuki Shūzō を授けられている。しかしその後、壮一の父の清周の失脚、壮一と亀代子の留学と聖職者の道の選択、そして周造の結婚と留学は周造と壮一の間に隔たりを生んでいく。周造は壮一のキリスト教への信仰と学才、熱心な社会貢献に対して敬意を払いつつも、カトリックからは距離をとって独自の立場を築く。壮一は神の恩寵と人の信仰による「神人合作」がキリスト教の信仰の核であると考えてプロテスタントの立場は個人主義的であると厳しく批判したが、周造の哲学は個人主義的で自力を重んじる傾向にある。それは壮一の思想とは鋭く対立するものだっただろう。この時期の周造と壮一はカトリック信仰を介することなく、気の置けない旧友として世俗的な交友を楽しむ。しかしその一方で、周造は自分の洗礼名がアッシジのフランシスコであることを隠したまま壮一と亀代子のことをアッシジのフランシスコとクララのように神への本当の愛に身をささげた人物として称え、「こういう清純な記憶が私の頭の片隅か心臓の底かどこかに消えないで残っているのは、私にとっても限りない幸福である」とまで述べる。さらには壮一に離婚騒動の最中にあった妻の霊的指導を依頼する。その理由としては縫子を亀代子の面影に重ねようとしているのではないかと推測された。周造は壮一の宗教家としての側面を遠ざけつつ、同時に宗教家としての壮一に頼っている。周造の壮一への態度は、表面的には距離を取ってリスペクトするというものである。しかしその背後に大きな未練が透けて見えないか。

本当の愛に背を向けても

周造には自分の人生にあったもう一つの可能性が、常に見えていたのではなかろうか。亀代子と結婚して、アッシジのフランシスコの洗礼名を引き受ける敬虔なカトリック信徒の中世哲学の研究者として生きる道である。その場合、彼は『偶然性の問題』の著者になることはなく、中世哲学の主要テキストを翻訳した中世哲学史の大家として、名前を残すことになったかもしれない。それは彼には相当な実在性が感じられる可能性だったのではなかったか。縫子との結婚によって可能となったヨーロッパ長期留学と、その後の離婚騒動なくして周造は偶然性を論じる独創的な哲学者とはなり得なかった。これはいずれも、非常にまれな偶然の結果と感じられたのではないか。それと比べると、彼にとって中世哲学史研究者となる人生は、偶然性を論じるモダンで独創的な哲学者となる人生よりはむしろ、はるかにずっとあり得たことと感じられただろう。

しかし極微の偶然が現実となり、周造は縫子と結婚し、モダンで独創的な哲学者となった。彼はこの運命に生きなければならなかった。彼はその運命を完全に愛することができていただろうか。彼のいくつかの行為の背後には亀代子への、そして彼がカトリックの信仰に生きる中世哲学史研究者として生きた可能性への未練が見えないか。なぜ彼は女性関係があまりにも派手だったのか。彼の多くの女性を引き連れ、特定の女性に対して執着するのではなく複数の女性の影が常に見え隠れするスタイルの背景には岩下亀代子という唯一のものを得られなかった傷が見えないか。彼は自分の洗礼名がアッシジのフランシスコであることを隠したまま、壮一をアッシジのフランシスコになぞらえて称賛し、その一方で「西洋の哲学がキリスト教の影響の下に立っている限りは、純粋な偶然論、純粋な驚きの形而上学は出来て来ないのである」と言ってのける。私たちは、自分には成し遂げられなかった聖職者としての生を全うする岩下兄妹に対する周造のコンプレックスと憧れをそこに読み取るべきではないだろうか。そこに潜むものは偶然的なものではなく、神への「本当の愛」という揺るぎない信仰に支えられた生き方への未練だろう。彼のあまりに無造作なキリスト教批判は、岩下兄妹を追いかけようとして追いかけられなかった自分の未練を振り切るための必死な身振りではなかったか。

周造の哲学には二つ相矛盾する要素がある。彼は永遠回帰論においては全く同じ宇宙の永遠回帰への意志を主張するのだが、偶然性論においては全く異なる可能世界の想像を主張する。また偶然性論では動的な偶然性を重視する一方で、文芸論では静的な美への憧憬を語る。彼の哲学は偶然性を擁護する立場と同時に、必然性へと惹かれる側面も持っている。これは岩下兄妹からの決別とそれでも残る未練に並行していないか。縫子と結婚し、独創的な哲学者として身を立てた現実を受け入れねばならないという倫理と、亀代子と結婚して中世哲学史の研究者としてカトリックを信仰しながら幸福に生きる世界への未練に周造は引き裂かれているのではないか。そしてそれは彼の哲学の、神の意志に背を向けて世界を偶然的なものとみる偶然性の哲学と神の調和と似通った必然的で静的な永遠の美への憧憬への分裂に対応するものとなっていないか。

亀代子と結婚して壮一とともにカトリックを信仰しながら幸福に生きる可能性は、若き日の周造の前に実在性を伴ってありありと見えただろう。しかしそれは現実にはならなかった。彼が手にした偶然は兄の未亡人である縫子と結婚し、それによって得た財力を活かして、神への本当の愛に生きる岩下兄妹から距離を取ってモダンで独創的な独自の哲学の研究に励むことだった。その結果として打ち立てられた彼の哲学にはキリスト教から離反する偶然性を直視する鋭いまなざしとキリスト教的な調和への憧れが見える。こうして彼は日本を代表する哲学者となったのだが、しかしあまり幸せそうではなく、多くの女性に囲まれながら孤独に苛まれている。神への本当の愛に背を向けて、岩下兄妹から一定の距離を取り、不幸を匂わせる周造は、壮一と亀代子について「こういう清純な記憶が私の頭の片隅か心臓の底かどこかに消えないで残っているのは、私にとっても限りない幸福である」と記す。岩下兄妹を自身の洗礼名であるアッシジのフランシスコとクララになぞらえて讃えることで、自分がクリスチャンとしては失格であることを暗に強調しているといえるだろう。自分にもかすかに見えていた本当の愛に生きる幸福な人生の可能性への未練と、自分がつかめなかった本当の愛に生きる幸福な岩下兄妹への憧憬を周造はその哲学の奥底に秘める。この屈折した思いが彼を苦しめ、そして日本哲学史に残る独創的な哲学者へと彼を導いたのではないか。

そもそも偶然性の問題というものは、他の可能性が見出されるから生じるものである。縫子と結婚したことが偶然であると感じられるのは、周造が亀代子と結婚した可能性や、あるいは周造自身も修道院に入会して独身を貫いた可能性を感じられるからである。仮に縫子と結婚すること以外の可能性を周造が全く見出さなかったとすると、そこに偶然性は発見されず、現実はただ必然となる。未練とは、現実化しなかった過去の可能性に実在性を感じ、それに執着することである。周造は、未練ゆえに亀代子と結婚して壮一とともにカトリックを信仰しながら幸福に生きた人生を、可能性としてみるようになる。そして彼自身のモダンで独創的な独自の哲学を打ち立てた人生を偶然と捉えることになったのではなかったか。しかし一方で周造には縫子と結婚し、独創的な哲学者として身を立てた現実を受け入れねばならないという倫理が課せられている。このことを彼も理解していたので永遠回帰論と偶然性論を通じて彼は倫理としての運命愛を主張している。他の可能性を見出すことによって偶然性は生じるのであるが、しかしその可能性があくまで非現実であることを認め、この偶然に帰結した現実を運命として愛さねばならない。彼の永遠回帰論と偶然性論の倫理は、それを自分に言い聞かせるための悲痛な叫びではなかったか。未練ゆえに偶然性を生じさせ、倫理ゆえにその未練を振り捨てて運命を愛することが、偶然性の哲学の宿命である。しかし、どれだけ振り捨てても残る未練があり、そこから偶然性は生じる。偶然性の哲学とはつまり、振りほどいても振りほどいてもそこに残る未練から生まれたものではなかったか。ならば偶然性の哲学とは、その未練さえも一緒に背負ってこの現実を生きようとする営みだろう。そこに本当の愛はないかもしれないが、これもまた人間の一つの姿だ。偶然性の哲学は、現実にならなかった可能性に未練を残して現実と非現実の両方に目を配りつつ、偶然に実現した現実を愛する。非現実への未練さえも寿ぐことこそが偶然性の哲学の真骨頂となるだろう。未練のような負の想像も含めて、この現実と非現実の光も陰もすべてを背負い込みながら現実を直視し、寿ぐ姿勢が、偶然性の哲学の核心である。

スマートに淡々と記述される彼の哲学の背景には宗教と本当の愛と幸福な生への未練があっただろう。本当の愛に背を向けることで彼は哲学者になる。そして本当の愛に背を向けても、それでも残る未練こそが、彼の哲学を光も陰もすべてを背負い込む壮大なものにまで成長させたのだ。彼のあらゆる存在と非存在を寿ぐ哲学は光と陰が共にあるこの世界を美しいものに仕立て上げている。

註

はじめに　近代に人間であること

（1）高橋眞治『九鬼隆一の研究：隆一・波津子・周造』未來社、二〇〇八年、三〇一頁。
（2）（NMZ, 三, 八七）
（3）（NMZ, 三, 八八）
（4）中井はワイルドの私生活を「他人と異なることを極端にまで押しつめて」いって「ついにはそれは人間でなくなることになってしまう」と評する。（NMZ, 三, 八七―八八）中井がワイルドの極端な私生活として何を想定していたのかは判然としないが、そこに同性愛が含まれているのであれば、私はそれを支持しない。同性愛は人間の営みの一つであり、同性愛ゆえに社会から孤立することは、あってはならない。
（5）（NMZ, 三, 九七）
（6）同右。
（7）九鬼が『偶然性の問題』等の主要論文を出版する以前の一九三二年に中井は九鬼の哲学を的確に理解し、批判している。中井と九鬼が親しく交流し、哲学について深く語り合っていたことが推測される。
（8）（KSZ, 二, 一二一）、（KSZ, 四, 八一）

序論　九鬼周造小伝

（1）哲造のみ隆一とその最初の妻である農子との間の子どもである。
（2）死蔵を想起させる四造を避け、そして隆一の養父の隆周から一字を取ったと推測される。
（3）以下の九鬼隆一、波津子についての記述をはじめ、この章の内容は既に挙げた高橋眞治の『九鬼隆一の研究：隆一・波津子・周造』と『九鬼周造全集』に収められた資料に負う部分が多い。高橋の著書は九鬼隆一とその家族についての様々な研究を総括して検討しているほか、九鬼周造の妻であった縫子をはじめとする近親者へのインタビュー記録も収められている。これまでの九鬼周造の哲学の研究ではあまりこの本は参照されていないが、この本に収められた九鬼家の面々についての記録や著者の研究成果が示唆するものは非常に大きく、重要な資料となっている。
（4）このころの日本はまだ大使館を設置できていないので、隆一のポジションは日本の駐米外交使節団の長であり、今の駐米特命全権大使に相当する。
（5）縫子によると、周造の義父であった中橋徳五郎は、伊藤博文と松方正義（一八三五―一九二四）の間で隆一の取り合いになり、隆一は松方についた。それが運命の分かれ目だったと述べていたらしい。高橋、前掲書、三〇〇頁。
（6）周造は縫子に隆一の次のようなエピソードとそれについてのコメントを伝えている。〔ある時、隆一が山縣有朋のところへ、懐に刀（短刀）をいれて、反対の談判に行ったことに触れて〕周造は「おやじはこわいぞお」と言っていました」同右。
（7）同右。
（8）この時隆一は再婚である。上京前に綾部藩家老の娘沢野農子と結婚し、長男哲造をもうけるも、離婚したようである。

(9) 一九三四年執筆の「根岸」(KSZ, 五, 二二四－二三二)と一九三七年ごろ執筆と推定される「岡倉覚三氏の思出」(KSZ, 五, 二三三－二三九)である。両方とも生前は未発表であった。
(10) 今の東京藝術大学。岡倉はその創設に尽力した。
(11) これに限らず、思いだしたことをつらつらと書き並べるのが周造の随筆の基本スタイルである。
(12) 九鬼隆一の側近だった官僚。後に奈良および京都帝室博物館の館長、東京美術学校校長などを務めた。久保田はこの不倫騒動等が火種となった一連の「美術学校騒動」の収拾を岡倉の校長辞職後に担当しており、公私ともにこの問題に振り回されたと言える。
(13) 編集者、ジャーナリスト、美術批評家。隆一の知遇を得て帝国博物館技手として勤務した後に編集者、ジャーナリスト、美術批評家として活躍した(一八七一－一九四〇)。
(14) 日本最古の公立精神病院。このころは東京帝国大学精神病理学講座主任教授の呉秀三(一八六五－一九三二)が院長を兼任していた。
(15) 美学者。日本学士院会員、東京藝術大学名誉教授。京城帝国大学、九州帝国大学で教授を務めた後、大阪市立美術館館長、東京美術学校校長、東京国立博物館館長、東京芸術大学初代学長、愛知県立芸術大学学長を歴任し、日本の美学・美術史学、大学・美術館・博物館運営、文化財の保護等に大きく貢献した。研究者としても「絵巻物研究」をはじめとして様々な業績を挙げたほか、カントの『美と崇高との感情性に関する観察』の翻訳・出版も行った。
(16) 高橋、前掲書、三一一頁。なお「引用者註」の断りなしに〔 〕でくくって挿入されている文章は、原文にあるものである。
(17) (KSZ, 五, 二一六、原文ママ)
(18) (KSZ, 五, 一〇六)
(19) (KSZ, 五, 一五五)
(20) 三和銀行を経て現在の三菱UFJ銀行に継承されている。

(21) 三井物産パリ支店長、三井銀行副支配人、大阪支店長等を経て一八九七年に北浜銀行設立に参画し、一九〇三年からは頭取を務める。大阪財界で活躍し、箕面有馬電気軌道（現在の阪急電鉄）や大阪電気軌道（現在の近畿日本鉄道）など多くの企業の経営に関与した。桂太郎（一八四八―一九一三）や原敬（一八五六―一九二一）とも親しく、衆議院議員も務めた。一九一四年に頭取を務めていた北浜銀行で取り付けが発生し、事態の収拾に失敗した北浜銀行は破綻する。清周は背任横領の罪で逮捕・起訴され、有罪判決を受ける（北浜銀行事件）。この事件が壮一の活動に影響を与えているのではないかと周造は示唆している。（KSZ，五，一〇八）

(22) 一九一八年にロンドンで聖心会に入会し、日本人で初めての聖心会修道女になった。帰国後は聖心女子大学教授を務めた。また、少年院、刑務所で教戒師として服役者の更生にも尽力した。

(23) 京都帝国大学と東京帝国大学で教授を務めた哲学者。明治末から大正にかけて西洋哲学の日本への導入に尽力した。新カント派を日本に移入し、日本のカント研究をリードした功績は大きい。

(24) （KSZ，五，四七）

(25) （KSZ，五，四八）

(26) 日本を代表する絽刺し作家の一人としても知られている。

(27) 田中は娘のゑつを、同じく明治の関西財界の中心人物で藤田財閥の創立者である藤田伝三郎（一八四一―一九一二）の養女として箔付けしたうえで気鋭の官僚だった中橋に一八八八年に嫁がせている。これによって藤田家、田中家、中橋家に縁戚関係が結ばれ、関西財界のネットワークが強化された。この婚姻の仲立ちをしたのが九鬼隆一だったと一九二三年に連載された大阪毎日新聞のコラム「関東関西の財閥鳥瞰」の第二九回「海陸両棲の商船系」には記してある。この記事の通りであれば、隆一は中橋徳五郎とゑつにとって恩人ということになる。縫子の意向に反して九鬼家との婚姻が進められた理由もここに求められるかもしれない。「関東関西の財閥鳥瞰（二十九〜四十三）」『大阪毎日新聞』一九二三．四．三―一九二三．四．二〇、神戸大学経済経営研究所 新聞記事文庫・人物伝記（二一―一八）、URL: https://hdl.handle.net/20.500.14094/0100383259（最終閲覧日 二〇二四年八月二三日）

(28) ちなみに田中が関西財界に進出する足掛かりとなった第四十二国立銀行は後に岩下清周が頭取となる北浜銀行に継承される。

(29) 高橋、前掲書、三〇六頁。

(30) 同右。

(31) 同書、三〇六―三〇七頁。

(32) 「書棚の認識論を手にとりていつしか積みし塵を払いぬ」「範疇にとらへがたかる己が身を我となげきて経つる幾とせ」など。(KSZ、一、一八九―一九〇)

(33) 一般的には詩歌の内容と実際の生活を安易に結び付けることには慎重であるべきだろうが、九鬼の詩歌は基本的にその時の出来事と心情を素直に読んだ素朴なものであり、その懸念はないように思われる。

(34) 甲南大学の九鬼周造文庫に収められている。甲南大学デジタルアーカイブ (https://archive.konan-u.ac.jp/il/meta_pub/G0000861konanu) で閲覧することができる。

(35) 日付等の記載がないので誰がいつ頃担当したのかはわからない。なお澤田直は「モロオ氏」をジャン・モロー=レベルと推定している。澤田直「両大戦間期パリ――ロシア系哲学者たち、九鬼周造とサルトル」『サルトルのプリズム：二十世紀フランス文学・思想論』二〇一九年、法政大学出版局、六四―六五頁。

(36) (KSZ、五、一三五―一三八)

(37) 高橋、前掲書、三〇七頁。

(38) マールブルク大学で周造はドイツを代表する哲学者として世界的に知られることになるカール・レーヴィット(一八九七―一九七三)と知り合う。後にユダヤ人だった彼はナチス・ドイツによって迫害され、イタリアに亡命する。周造はイタリアでも苦境に置かれていたレーヴィットの救出に動き、その結果レーヴィットは一九三六年に東北帝国大学へと赴任した。

(39) 現在も毎年夏にスリジー・ラ・サルで開催されているコロックの前身である。現在と同様に当時も毎年多くの知識人が参加していた。澤田は『サルトルのプリズム　二十世紀フランス文学・思想論』においてこの懇話会の時に撮影された周造、ウラジミール・ジャンケレヴィッチ（一九〇三―一九八五）、レーモン・アロン（一九〇五―一九八三）、ドミニク・パロディ（一八七〇―一九五五）そして周造の家庭教師を務めたコイレらの集合写真を紹介している。澤田直同書、六三頁。

(39) この冊子を読んだ西田が「とにかくBildung〔教養〕のある人の様です」と一九二八日一二月二一日付の田辺元あての書簡に記している。（NKZ、二〇、二八八）しばしば勘違いされてきたが、これは褒めているのではない。一九二九年四月一九日付の山内得立宛書簡を読むと、西田は周造のことを、趣味があって語学はできるようだが所詮道楽学問で、自分でものを考える能力はなさそうだから「ほんの軽い講師」にしかなりえないと考えていたことがわかる。山内宛書簡で西田は周造のことを、昔はラテン語をやっていたがやめて、最近は主にフランス哲学に興味を持っていると記している。（NKZ、二〇、三二六）西田はおそらく留学以前の周造が中世哲学研究に取り組んでいたという情報と、最近フランスに留学してフランス語で論文を書いて送ってきたことを踏まえているのだろうが、ドイツでリッケルト、フッサール、ハイデガー、ベッカーなどから哲学を学んだことは西田の理解から抜けている。もしポンティニーでの講演録を西田が丁寧に読んでいたならば、少なくとも周造が新カント派やドイツの現象学にも詳しいことはわかったはずだ。このころの西田は周造にあまり関心を持っておらず、表面的な情報と送られてきた講演録を斜め読みした感想だけで、周造に低い評価を下していたのかもしれない。しかし縫子によると西田は中橋徳五郎に周造のことを絶賛したことがあるらしい。（高橋、前掲書、三〇二頁）中橋徳五郎は一九三二年には体調を崩し、三四年に亡くなるので、おそらくそれ以前のことだろう。西田は帰国後に発表された周造の論文を読み、早い段階で評価を改めたのかもしれない。

(40) 高等師範学校とオックスフォード大学出身のカトリック哲学者で後にドイツ占領下のヴィッシー政府の文部大臣を務めた。ナチス・ドイツやヴィシー政府のユダヤ人迫害に心を痛めていた周造は親英的なシュヴァリエが大臣となることでフランスの親独的な空気が薄くなることを期待していた。（KSZ、五、一四〇）

(41) （KSZ、五、一三八―一三九）

(42) （KSZ、一、二六一―二六〇（八八―八九）／四三六―四三七）

(43)（KSZ，一，二六〇（八九）／四三七）
(44)（KSZ，五，一〇五）
(45) フランス文学者、批評家として長く京都大学人文科学研究所教授を務めた。学際的な共同研究を推進し、新京都学派の中心人物となった。
(46) 戦後の日本のフランス哲学研究の第一人者で大阪大学文学部教授を務めた。日本で初めて「医学概論」を講じたことでも知られる。
(47) 近世哲学研究の泰斗として戦後長く京都大学文学部教授を務め、多くの弟子を育てた。
(48) 田中熙の「九鬼先生への追想」によると周造のフランス哲学演習の出席者は五―六人で、その眼差しは寂愁と諦観とを兼ね湛えていたという。（KSZ，一一，月報二，一―二）なお田中はこの時のテキストをデカルトの *Discours* だったとしているが、周造がデカルトの『方法序説』をテキストにして演習を行った記録や形跡はない。おそらく田中が出席したのは一九三三年のデカルトの『省察』をテキストにした演習だろう。
(49) 高橋、前掲書、三〇一頁。
(50) 桑原武夫「九鬼先生の遊び」（KSZ，九，月報一〇，三）
(51) 高橋、前掲書、三〇七頁。
(52) 同右。
(53) 同右。
(54) 同右。
(55) 高橋、同書、三〇二頁。
(56) これが周造と岩下が会った最後の機会になったという。（KSZ，五，一四九）
(57) おそらくゑつのことを指すと思われる。
(58) 中橋武一（一八九〇―一九六三）のこと。中橋徳五郎の長子で縫子と謹二の兄。大阪建物の社長・会長をはじめ、様々な在阪企業の要職を務めた。関西財界で活躍し、大阪商工会議所評議員、大阪ロータリークラブ会長、関西経済連合会会長などを歴任した。隆一は病身で一九三一年には亡くなり、徳五郎も一九三二年には体調不良で内務大臣を辞職する。周造と縫子の離婚騒動の主導権は九鬼男爵家を継承する一造の子どもたちを育てた中橋家の母と長男が握っていたようである。

(59) 小浜善信「根岸の女：九鬼周造と荷風」『神戸市外国語大学外国学研究所研究年報』第四八巻、神戸市外国語大学外国学研究所、二〇一一年、一三頁。強調は原文。執筆時期と宛先は小浜が記していないのでわからない。

(60) 高橋、前掲書、三〇八頁。

(61) 大島康生「九鬼先生への贖罪」(KSZ 六, 月報七, 三)、桑原、前掲書、(KSZ 九, 月報一〇, 五)。

(62) Wahl, Jean. "*Le problème de la contingence* by Kuki Shuzo and Omodaka Hisyuki", *Revue de Métaphysique et de Morale*, 73e Année, No.1. (Janvier-Mars 1968), p. 129, Presses Universitaires de France: Paris, 1968.

(63) 高橋、前掲書、三〇二頁。

(64) (KSZ 一, 三)

(65) これまでの研究を確認すると、坂部恵、田中久文、小浜善信などの周造の生涯を丁寧に踏まえてその哲学を論じようとする研究者と、宮野真生子のようにあえて周造の生涯を全く考慮に入れない研究者がいる。あまり周造の生涯に振り回され過ぎるべきではないかもしれないが、全く言及しないというのも極端であろうというのが私の立場である。

第一章　トリロギーとデュアリズム—九鬼周造の人間学の破綻

(1) 坂部恵『不在の歌—九鬼周造の世界』ティービーエス・ブリタニカ、一九九〇年。

(2) 野田又夫「九鬼先生の哲学」『野田又男著作集五』白水社、一九八二年、二四八頁。

（3）（KSZ，三，一八―一九）

（4）現在では「理知」「気概」「欲望」という訳語を当てることが多い。九鬼は「理性」「意気」「情欲」の語を当てている。情緒を重視する彼の哲学の特徴が示されているのもさることながら、『「いき」の構造』で論じられた「いき」と「日本的性格」と「人間学とは何か」で示された「意気」の違いが表れている。「いき」はむしろ「肉体と心との合一」である「自然的人間」つまり「欲望」にむしろ位置するはずだ。そして『「いき」の構造』の「序」で当時の九鬼は「いき」を「わが民族に独自な「生き」かた」と記している。「わが民族」の生命全体を包括する議論として「いき」は提出されたのだ。（KSZ，一，三）それから七年を経て九鬼は「いき」を「意気」に表記を変えるとともに、その位置づけも純粋に精神的なものへと変えた。これによって「日本的性格」や「人間学とは何か」では、トリロギーの射程を拡張してより大きな日本民族／人間の生命論の枠組みを示そうとしていたとみられる。

（5）九鬼がトリロギーを好んだ理由は推測するしかないが、敬虔なカトリック信徒で、岩下とも交友を持った今道友信（一九二二―二〇一二）はキリスト教の三位一体に由来する可能性を指摘する。九鬼が洗礼を受けていること、カトリック信徒の友人に支えられながら生きてきたことを考えるとこの指摘は妥当であると私も考える。今道友信「遠くからの祈り」（KSZ，一〇，月報一一，三）

（6）（KSZ，四，六一―六四）

（7）この「三つのしん」が日本精神論と結びついていることは二〇一九年八月に南山大学で開催されたThe Fifth Annual Conference of the European Network of Japanese Philosophyにおける私の研究発表“The Ontology of “Iki” and Fūryū: On The Possible Being in The Philosophy of Kuki Shūzō”の質疑応答において気づかされた。質問をしてくださったディオゴ・セザール・ポルト・ダ・シルバ氏に深く感謝申し上げる。

（8）戦時下にこの論文が記されたことは、九鬼が当時の自民族中心主義に流されて過剰な日本賛美に陥っていたことを示しているだろう。彼は日本人こそが人間の中の人間だと主張している。これは「大島メモ」で明らかにされたように海軍に秘密裏に協力し、「八紘一宇」の理論的基礎を提供していた当時の京都学派主流派の過ちと重なるものであろう。この点については第五章で集中的に検討する。

（9）大橋良介『京都学派と日本海軍：新史料「大島メモ」をめぐって』、ＰＨＰ研究所、二〇〇一年。一九二七年に発表された連作「破片（巴里より）」中の詩「偶然性」が示すように、偶然性というモチーフは九鬼のパリ滞在時代に遡ることができるが、その研究が本格化したのは帰国して『「いき」の構造』を刊行した後の博士論文「偶然性」を準備している時期であろう。

（10）（KSZ、一、二一）

（11）（KSZ、一、一七）

（12）（KSZ、一、二一）

（13）同右。

（14）当然ながら、花街も現実にある場所である。現実である花街をあたかも仮想的なものであるかのように位置づけることに「いき」の欺瞞がある。

（15）（KSZ、一、一八―一九）

（16）（KSZ、一、二一）

（17）（KSZ、一、二三）

（18）同右。

（19）同右。

（20）（KSZ、一、一九）

（21）同右。

（22）（KSZ、一、二三）

（23）（KSZ、一、二〇）

（24）（KSZ、一、二一）

（25）同右。

(26)(KSZ，一，五三―五六)
(27)(KSZ，一，七)
(28)同右。
(29)(KSZ，一，七―八)
(30)九鬼がハイデガーから大きな影響を受けながら『「いき」の構造』を執筆したことは以下を含む多くの先行研究が指摘している。
高田珠樹「『「いき」の構造』のヨーロッパ」『大阪外国語大学学報』文化編第六五号、大阪外国語大学、一九八四年、二九―五七頁。

藤田正勝「解説――『「いき」の構造』をめぐって」『「いき」の構造』著：九鬼周造／全注釈：藤田正勝、講談社、二〇〇三年、一六九―一八七頁。

同『九鬼周造：理知と情熱のはざまに立つ〈ことば〉の哲学』講談社、二〇一六年、六五―一〇四頁。

松本直樹「運動の享受：九鬼周造『「いき」の構造』における恋愛論」『宗教学研究室紀要』第六号、京都大学文学研究科宗教学専修、二〇〇九年、二四―五三頁。

山本與志隆「九鬼周造の思想形成への現象学の関わり」『愛媛大学法文学部論集人文学科編』第二八号、愛媛大学法文学部、二〇一〇年、一八五―二〇二頁。
(31)(THZ，四，一七―三四)
(32)(KSZ，一，四六一)
(33)「本質」の用法の混乱は「「いき」の構造」(『思想』掲載稿)にも残っており、出版された決定稿『「いき」の構造』においてようやく抽象的普遍の意味に限定される。繰り返しになるので『思想』掲載稿は本章では取り上げなかった。『思想』掲載が一九三〇年一―二月、刊本出版が一九三〇年一一月なので、一九三〇年中ごろに九鬼の「本質」概念は整理されたのだろう。
(34)Heidegger, Martin. *Ontologie : (Hermeneutik der Faktizität)* Gesamtausgabe, Abt. 2. Vorlesungen 1919–1944; Bd. 63.

Frankfurt am Main: V. Klostermann, 1988.（ハイデッガー、マルティン『オントロギー（事実性の解釈学）』篠憲二、エルマー・ヴァインマイアー、エベリン・ラフナー訳、辻村公一、茅野良男、上妻精、大橋良介、門脇俊介、H・ブフナー、A・グッツオーニ、S・ミュラー編、『ハイデッガー全集』第二部門講義（一九一九―四四）、第六三巻、創文社、一九九二年。）

(35) 田辺は新カント派からフッサールを経てハイデガーへと直線的に継承、発展していく哲学史観を採用している。それゆえ田辺論文にはハイデガーの講義にはない新カント派とフッサールへの過剰な批判が含まれている。それは九鬼にも引き継がれ、過剰なフッサールの本質直観批判となっている。

(36) 田辺自身の訳語に従っている。定番の訳語が決まる以前のことであり、田辺がこのように訳したことは、さほど不自然なことではないだろう。

(37)（THZ, 四, 一二八, 傍線引用者）

(38) なお「現象学に於ける新しき転向」の一年後に執筆された「ラスクの論理」（THZ, 四, 一四一―一六〇）では新カント派で「哲学の論理」を追究したエミール・ラスク（一八七五―一九一五）の哲学を論じる際に頻繁に「論理的構造」の語を用いていることからもわかるように、田辺が「構造」の語を特に誰かに固有の語として用いているわけではない。

(39) なお九鬼から大きく影響を受けた中井正一は一九三一年から翌年にかけて発表した複数の論文で「本質構造」（NMZ, 二, 七）「数的本質構造」（NMZ, 二, 三〇）「本質的なる構造」（NMZ, 三, 三〇〇）という表現を用いている。その発想は中井がしばしば言及するオスカー・ベッカーの「直観空間の先験的構造」からもたらされた。この論文の下村寅太郎（一九〇二―一九九五）による紹介と抄訳が一九三一年二月一日発行の『哲学研究』に掲載されている。中井は「彼の空間論はその意味で本質構造（Wesensstruktur）としての空間論とよばるべきである」（NMZ, 三, 二七七）と解釈し、この後ベッカーの議論を独創的に応用しながら美学の論文を執筆するようになる。なおベッカー自身も論文中で本質構造（Wesensstruktur）の語を用いているし、その部分は下村による抄訳でも「本質的構造」と訳されているものの、ベッカーの空間論を本質構造としての空間論と解釈することは一般的な態度とは言い難い。中井はベッカーの議論では目立たなかった「本質構造」という語にあえて注目して盛んに使用したのであり、それは九鬼が『「いき」の構造』で論じた本質と構造の区別を意識してのことだろう。中井は一九三一年一〇月発表の「芸術の人間学」の冒頭で「ハイデッガーが存在に問いを発するにあたって、人間に優先性をあたえたのは、人間がすでに存在の会得をもち、彼のありかたexistentiaによって、それが何であるかessentiaを把握することができるゆえである」（NMZ，二，三，強調原文）と記したことをはじめとして複数のテキストで繰り返しハイデガーの議論を援用しながらexistentiaからessentiaを把握せよと強く主張する。この中井による批判はおそらく九鬼の「本質構造」に対する態度変更に影響している。

Becker, Oskar. „Die apriorische Struktur des Anschauungsraumes: Mit besonderer Beziehung auf H. Reichenbachs "Philosophie der Raum-Zeit-Lehre"", *Philosophischer Anzeiger.* 4(2), 1930, p. 149.

下村寅太郎「直観空間の先験的構造（ベッカア）」『哲学研究』第一六巻第二冊、京都哲学会、一九三一年、二〇九頁。

(40) 今ではあまり見ない漢字だが、「紙魚」である。

(41) この作品の改作版が「日本詩の押韻」（一九四一）に日本語での押韻詩の実作例として発表されている。ここでは『「いき」の構造』執筆時期に近いパリ時代に制作されたものを参照した。改作版は押韻の調整や若干の修正が見られるが、本章で論じる観点においてはそれらの違いに注意を払う必要はない。

(42) 九鬼は偶然の邂逅による「俺」と「お前」の恋愛共同体を視界に入れているが、子どもを含めた家族共同体のことは見えていない。このことは彼が離婚に至った理由を示唆しているだろう。

(43) 両者の違いの原因として、取り上げる主題の時間的性格の差異を指摘しておきたい。『「いき」の構造』が論じているのは文化史に裏打ちされた「いき」、つまりは「既にあったもの」である。一方の偶然性論で論じられているのは、現在のとりとめのない現実である。資料に残るような文化史的価値を認められた過去と、すぐに忘れられてしまう現在の現実とではその存在の性格に違いがある。

(44) （KSZ，五，一七〇）

第二章　「現実」を求めて：『偶然性の問題』の論理学

（1）（KSZ、二、三三三―三五一）

（2）九鬼のテキストでは偶然性の種類も偶然の現れ方も、どちらも漢数字で「一」「二」「三」と記されているのだが、紛らわしいので本書では①②③と（ア）（イ）（ウ）で記した。

（3）（KSZ、二、三三六）

（4）（KSZ、二、三五一）

（5）（KSZ、一一、一九四）

（6）九鬼と田辺の比較は第二部第二章「なぜ九鬼周造は「絶対無は絶対有にほかならぬ」と主張したのか：九鬼周造対田辺元」で行っている。

（7）明らかにカントの批判哲学を念頭に置いているにもかかわらず、九鬼は「序説」ではカントの名前を出さずに、三つの偶然に相当するものを提唱した哲学者としてアリストテレス、クールノー、リッケルトを挙げている（KSZ、二、一五―一六）。特にアリストテレスの「シュムベベコス」が定言的偶然に、「アウトマトン」と「テュケ」が仮説的偶然に、「エンデコメノン」が離接的偶然に相当するという主張はこの後にもしばしば言及される。しかしここで最も注目すべきは明らかに意識されているにもかかわらず名を伏せられたカントの批判哲学であろう。

（8）Kategorische はそのまま「定言的」であるが、Hypothetische は「仮言的」と、Disjunktive は「選言的」と訳されることが現在では多い。

（9）（KSZ、二、二五一）

（10）この「実存」は「現実存在」略して「実存」である。現に今このように在るという意味である。

（11）（KSZ、二、二五二）

（12）（KSZ、二、二五一）

(13)（KSZ、二、七六―七七）

(14)（KSZ、二、四五―五八）

(15)（KSZ、二、五九―九五）

(16)（KSZ、二、九五―一一四）

(17)（KSZ、二、二五三）

(18) 同右。

(19) 後述のようにこれが九鬼の形而上学の最重要概念となる「原始偶然」である。

(20)（KSZ、二、二五三―二五四）

(21)（KSZ、二、一四六）

(22) 同右。

(23)「離接的偶然」の章で論じられる原始偶然は「現在」に位置づけられているので、「仮説的偶然」の章で論じられる「最古の」原始偶然とは一見矛盾するように思われる。なぜ九鬼はこのように考えているのだろうか。「仮説的偶然」の章で原始偶然を導入する際にはそれが理念であることを強調している。一方「離接的偶然」の章で論じられる原始偶然にはそれが理念であるとは書かれていない。たしかに、「仮説的偶然」の章で論じられる「理念としての原始偶然」は因果系列を無限に遡った彼方として思弁的に見出されるものなので、理念である。「離接的偶然」の章で論じられる原始偶然は、直観によって見出されて、現在において直面するものであるから、理念ではない。彼はアウグスティヌスや西田幾多郎と同様に時間を「現在」の「非連続の連続」と考えるので、時間は原始偶然（＝永遠の今）の「非連続の連続」である。それゆえ究極的には、時間は全て原始偶然であるから思弁的に見出される理念としての「最古」も「現在」であり原始偶然である。九鬼の立場から言うと、「仮説的偶然」の章で十分な説明なしに特殊な原始偶然を最初に紹介したので、「離接的偶然」の章で説明された一般的な原始偶然との間に不整合が生じているように見えるということだろう。

(24)（KSZ、二、二一一）

(25)（KSZ、二、二一二）

(26)「離接的偶然」の章の前半では本文で示したように定式化されるが、九鬼自身はこの定式を厳密には守らない。離接的必然は「絶対的形而上的必然」とも呼ばれる。（KSZ、二、二三八）また離接的可能と離接的偶然が混同されているように見受けられる場合もある。（KSZ、二、二四一）本書では論点を明確にするために、最も論理的に整理されている「離接的偶然」の章の様相性の議論を基軸とする。

(27)学園祭の日程決定には「曜日や祝日といったカレンダー上の都合」や「会場となる施設の都合」といった理由（＝必然性）はあるが、それは経験についての議論において仮説的判断の水準で仮説的必然に位置づけられる。本書で取り上げている離接的偶然は経験的な理由をかっこ入れした段階にある。ここからもう一度経験を受け止める主体を形成していくまでを解明することが本章と次章の課題である。

(28)（KSZ、二、一五八）

(29)（KSZ、二、一七〇―一七五）

(30)宮野真生子「九鬼周造の存在論理学」『西日本哲学年報』第一九号、西日本哲学会、二〇一一年、一二七―一四四頁。

(31)檜垣良成「Realitätの二義性――中世から近世へと至る哲学史の一断面」『近世哲学研究』第一九号、近世哲学会、二〇一五年、一―三四頁。

(32)（KSZ、二、一九〇）

(33)（KSZ、二、一五七）

(34)Lewis, C. I. *A Survey of Symbol logic*, Berkley, University of California Press, 1918, p. 292.
Becker,Oskar. *„Zur Logik der Modalitäten"*, *Jahrbuch für Philosophie und phänomenologische Forschung*, Bd. IX, Halle, M. Niemeyer, 1930, p. 510.

(35)（KSZ、二、一五六―一五七）

(36)（KSZ、二、一八一）

(37)「論理学」の用法が現在と異なるというのは九鬼に限ったことではない。例えば西田幾多郎の「場所の論理」、田辺元の「種の論理」、中井正一の「委員会の論理」など、今では「理論」とは呼ばれても「論理学」には分類されないものも、この頃は広く論理学とされていた。

(38)(KSZ' 二' 一六〇—一六一)

(39) Leibniz, Gottfried Wilhelm. *Opera philosophica*, Erdmann, 1840, p. 707.
(ライプニッツ、ゴットフリート・ヴィルヘルム「モナドロジー〈哲学の原理〉」西谷裕作訳、『ライプニッツ著作集 第九巻』工作舎、一九八九年、二一九頁。)

(40)(KSZ' 二' 一六五)

(41) 当時はまだ一般には差別語として認識されていなかった。もちろん、現在では絶対に用いるべきではない差別用語である。

(42)(KSZ' 二' 一七六)

(43)(KSZ' 二' 一七〇—一七五)

(44)(KSZ' 二' 一七二)

(45) この生産点という語はおそらく新カント派を代表する哲学者ヘルマン・コーヘン(一八四二—一九一八)に由来する。コーヘンは『純粋認識の論理学』で微分における切線と曲線の切点である無限小であり、また存在者の実在性を根拠づけるものとして「生産点(erzeugender Punkt)」概念を導入した。しかしこの概念を九鬼はコーヘンからそのまま継承したのではなく、西田を経由して受容した可能性を指摘しておきたい。
森野雄介によると、西田は『自覚に於ける直観と反省』でコーヘンの「生産点」という概念をねじれた形で受容して感覚論に援用している。コーヘンは思惟を重視して感覚を軽視していたにもかかわらず、西田はそれを無視して、経験全体によって産出されつつ同時に経験全体を規定する感覚としての生産点という概念を用いていると森野は論じている。

森野の研究を踏まえるならば、この感覚としての生産点という西田の発想があったからこそ、九鬼も『偶然性の問題』で「産み落された現実性としての偶然性」を「生産点」とみなすことができたと推定することも可能だろう。森野雄介「感覚する現在：西田幾多郎『自覚における直観と反省』におけるヘルマン・コーヘン受容をめぐって」『西田哲学会年報』一五巻、西田哲学会、二〇一八年、一二六—一四一頁。

(46)（KSZ，二，一八八）

(47)（KSZ，二，二三九）

(48)（KSZ，二，一八八）

(49)（KSZ，二，二五六—二六〇）等を参照のこと。九鬼は人間の他者を中心に外部一般を「汝」としている。

(50)（KSZ，三，一七〇）

(51)（KSZ，三，一〇一）

(52) 小浜善信『神戸市外国語大学研究叢書 永遠回帰の思想：九鬼周造の時間論』第五一号、神戸市外国語大学外国学研究所、二〇一三年、一八六頁。

(53) 随筆「藍碧の岸の思い出」（一九三六）に九鬼は自身のアイデンティティに対する問いを記している。これはまさに自己の連続性を構築できない苦しみである。

時の経つのは早い。いつの間にか私は日本へ帰って来て、教壇に立って白墨の粉を吸ったり、教授会の末席に連ってしゃちこばるようになった。これが本当の私なのか。それとも藍碧の岸の冬の日を浴びながらコーヒーの匂いを嗅いだり、酒場の灯影に丁子を噛みながらコアントロウを味わったりしていた私が本当の私なのか。（KSZ，五，一〇）

（1）ちなみにこれは全体としては范氏子華の客たちは商丘開のことを侮っていたが、商丘開が様々な無謀なことをしても一向に平気なので有道者、あるいは神人として敬うようになったという逸話である。（KSZ、二、三三二）

（2）九鬼が「我」を「計らずも他者と邂逅する」「弧在する一者」としていることを思い出そう。彼は「我」の孤独を殊更に強調している。（二、二五八）

（3）橋本崇「シェリングと九鬼周造」坂部恵・藤田正勝・鷲田清一編『九鬼周造の世界』ミネルヴァ書房、二〇〇二年、二五四―二五五頁。

（4）現代においては宗教を捨てて科学だけを世界の基盤と考える人も多いだろう。最晩年の九鬼は「独逸の新カント学派と仏蘭西の科学の哲学」という特殊講義を計画していた。（KSZ、別、三〇〇）彼がもう少し長く生きていれば、新カント派と後のフランスエピステモロジーにつながるフランスの科学哲学を架橋する研究に取り組んでいたのかもしれない。それが実現していれば、彼の偶然性の哲学も何らかの変化を迎えたかもしれない。

（5）（KSZ、二、二一二）

（6）（KSZ、二、二一一）

（7）（KSZ、二、一八八）

（8）可能世界論と哲学史研究の充実具合や、『偶然性の問題』への言及があることから一九三五年の『偶然性の問題』の出版以降の執筆と考えられる。

（9）九鬼の可能世界論については小浜善信も論じている。小浜は九鬼の議論を丁寧に解説しているので、大変参考になった。

小浜、前掲書、二五一―二六〇頁。

（10）（KSZ、二、一九九―二〇二）

（11）「A馬」ではなく「馬A」と記す方が読みやすいが、ここは九鬼のテキストに「A馬」と記載されていることを尊重している。

(12) この「絶対的形而上的必然」もまた「原始偶然」と同一のものとされる。(KSZ、二、二三九)。よって原始偶然には、①因果系列の起点(理念としての原始偶然)②世界に臨む実存としての「我」③離接肢の総体である「絶対的形而上的必然」、の三つの側面があることになる。本章は原始偶然②を重点的に論じている。原始偶然の第三の側面は次章「永遠回帰する宇宙―詩の美と実存」で論じる。

(13) 「絶対的形而上的必然」と人間の関係は次章で取り上げる永遠回帰論の課題である。

(14) (KSZ、五、三三一 強調原文)

(15) (KSZ、二、二二四)

(16) 織田作之助「競馬」『六白金星・可能性の文学他十一篇』岩波書店、二〇〇九年、二七九―二九九頁。

(17) (KSZ、五、一七〇)

(18) (KSZ、二、一二七―一二八)(KSZ、一一、九七―九八)など。

(19) (KSZ、一、三)

第四章　永遠回帰する宇宙：詩の美と実存

(1) 坂部、前掲書。

(2) 小浜善信『九鬼周造の哲学―漂泊の魂』昭和堂、二〇〇六年。

(3) 伊藤邦武『九鬼周造と輪廻のメタフィジックス』ぷねうま舎、二〇一四年。

(4) 古川雄嗣『偶然と運命―九鬼周造の倫理学』、ナカニシヤ出版、二〇一五年。

(5) 唯一の例外は宮野真生子である。彼女は九鬼の永遠回帰論に後年まで関心を示さず、主著にして遺作となった『出逢いのあわい：九鬼周造における存在論理学と邂逅の倫理』ではそれを論じなかった。没後に出版された

「言葉に出会う現在――永遠の本質を解放する」では偶然論、時間論、押韻論を読み解いて「永遠の今」の意義を「このような」現実の生成と私の「私」からの解放であると論じた。この論文は「潜勢力」概念に注目しながら九鬼の哲学の核心を論じている。また、彼女はあまりにもはやかった最晩年に著した磯野真穂との往復書簡からなる『急に具合が悪くなる』の最後の手紙で「今までの私にとって、彼のすこし怪しげな形而上的側面としてほとんどクローズアップされることが」なかった永遠回帰論を「しかし、そうじゃない。九鬼が「偶然性」という概念を「根源的社会性」に言い換えたとき、彼が見ようとしていたのは、**「魂の分け合い」という「運命」**だったのだと二十年の研究歴にしてようやくわかりました」（太字原文）と記し、永遠回帰論を『偶然性の問題』における「我」と「汝」の邂逅による根源的社会性の構成の議論と重ねながら理解する。そして彼女自身が磯野との出会いによって根源的社会性を構成し、社会への愛に開かれたことを感謝する。邂逅論と永遠回帰論を直結させる宮野の読解は必要な議論をいくつか飛ばしており、いささか早計であるとは思う。しかしこのような批判は野暮の極みであろう。宮野が磯野との往復書簡を通じてこれまでの彼女の「邂逅」に焦点を当てた九鬼の哲学の研究を実践し、多くの読者に感銘を与えた。彼女は往復書簡を通じて日本哲学のポテンシャルを広く示したのであり、『急に具合が悪くなる』が日本哲学研究の最も優れた成果であることに疑いの余地はない。


宮野真生子『出逢いのあわい：九鬼周造における存在論理学と邂逅の倫理』堀之内出版、二〇一九年。

宮野真生子「言葉に出会う現在――永遠の本質を解放する」『言葉に出会う現在』ナカニシヤ出版、二〇一一年、二七六―二九九頁。

宮野真生子、磯野真穂『急に具合が悪くなる』晶文社、二〇一九年、二二五―二二六頁。

（6）一九世紀フランスの哲学者。早くから道徳論、教育学、美学の分野で業績を残したが、三三歳で病気のため早世した。中江兆民（一八四七―一九〇一）によって初めて日本に紹介され、大杉栄（一八八五―一九二三）や大西克礼（一八八八―一九五九）などが日本語訳を出版した。明治末期から大正にかけてフランスの「生の哲学」の代表として広く一般にも読まれたものの、今ではごく一部の専門家を除いてほとんどの人から忘れられてしまった。この経緯については鈴木の次の論文に詳しい。鈴木由加里「日本におけるジャン-マリー・ギュヨーの受容について」『人文』第五号、学習院大学人文科学研究所、二〇〇七年、三九―五六頁。

（7）（KSZ, 一, 二九四（五五）／四〇二）

（8）（KSZ, 一, 二九三（五六）／四〇二）

（9）この論理展開はいささか強引であると思うが、その点を批判することは本書の仕事ではないので置いておく。

（10）原語はla grand anéeである。この概念にプラトンが『ティマイオス』で言及したので、大宇宙年はしばしばプラトン年などとも呼ばれる。プラトンは歴史が一回りするまでを三六〇〇〇年と考え、それが繰り返していると考えた。なお現在では歳差運動によって春分点が移動して一周する約二五八〇〇年がla grand anéeと呼ばれている。

（11）（KSZ, 一, 二九二（五七）／四〇三）

（12）原語はimaginaireとなっている。なお『全集』の訳語は「仮想的な」となっているが、virtuelと紛らわしいので本書では「想像的な」を採用した。（KSZ, 一, 二九一（五八）, 四〇四）

（13）一九三六年五月の奈良女子高等師範学校文科会公演「文学の時間性」で、九鬼は明らかにハイデガーの時間論を念頭に置きながら「時間の本質は未来にあるとする」立場を説明する際に「未来の試験が起点となって今日現在の勉強を将来するのであります」と話している（KSZ, 三, 三四三）。ハイデガーであれば「死への先駆」となるところが「試験への先駆」になっている。彼のハイデガー講義を読めば、彼が「死への先駆」の意義を理解していることも明らかであるから、「試験への先駆」発言は誤読に起因するミスではなく、意図的なハイデガー批判である（KSZ, 一〇, 一〇六―一二五）。彼がハイデガー哲学の中核部分である「死」に、あまり同意していなかったことがうかがわれる。

（14）（KSZ, 一, 二九一（五八）―二九〇（五九）／四〇四―四〇五）

（15）（KSZ, 一, 二九〇（五九）／四〇五―四〇六）

(16) ここで「推移」や「異なった大宇宙年を連結する鎖」という問題を出したことは、大宇宙年は第一大宇宙年、第二大宇宙年、第三大宇宙年と連続するものではなく、それぞれが独立に始まり、そのたびに完全にリニューアルするという前の段落での主張と相性が悪いように思われる。この表現は大宇宙年が連続しているように思わせる。この点も私がポンティニーでの講演は未だ発展途上にあると考える理由である。

(17) 「潜勢的な」の原語はpotentiellement、「現勢的な」の原語はactuellementである。これらは九鬼自身の訳語を踏まえた全集での翻訳に従った。現代ではpotentiellementは「潜在的な」、actuellementは「現実的な」と訳すことが多いだろう。訳語を変更することも考えたが、今後九鬼自身が日本語で「潜勢的な」「現勢的な」と記した文章を引用するので、現代ではやや古風なこれらの語をここでも採用した。

(18) 原語はle tour de volontéである。九鬼本人も確認している「時間の観念と東洋における時間の反復」の邦訳である「東洋的時間」でも「意志の技」と訳されているので(KSZ，五，一八)、全集での訳語である「意志のわざ」に従った。

(19) 九鬼の提示する「武士道」概念の妥当性に疑問を持つ人もいるかもしれないが、それは本書の課題ではないので置いておく。

(20) 下村寅太郎「九鬼先生の追憶」(KSZ，四，月報五，一二)

(21) この論文がフランスで否定的な評価しか受けなかったというわけではない。本文では言及しなかったが、この論文で九鬼は古代ギリシア神話でシシュフォスがタルタロスで岩を山の頂へと永遠に運び続ける苦行を課されていることを肯定的に評価している。これが小説家アルベール・カミュ(一九一三―一九六〇)のエッセイ「シーシュポスの神話」に影響を与えたと言われている。澤田はギトンが彼の博士論文で九鬼の講演録を引用していることに着目し、ギトン経由でカミュが九鬼の講演録を発見したのではないかと述べている。

澤田、前掲書、六六頁。

(22) 日本における西洋近世哲学史研究の先駆者として知られる。九鬼は『偶然性の問題』の「序」では田辺と朝永に感謝を述べている(KSZ，二，三)。朝永の長男の振一郎(一九〇六―一九七九)は物理学者として量子電気力学分野での基礎的研究への功績が認められて一九六五年にノーベル物理学賞を授与された。

(23) (KSZ, 三, 一七七)

(24) (KSZ, 三, 一七九—一八〇)

(25) (KSZ, 三, 一九二) これは先に「想像面」と訳したものと同じであろう。九鬼はimaginaireを「仮想」と訳したようだ。

(26) Becker, Oskar. „Von der Hinfälligkeit des Schönen und der Abenteuerlichkeit des Künstlers", *Dasein und Dawesen*. Pfullingen: Neska 1963, pp. 11-40.(オスカー・ベッカー「美のはかなさと芸術家の冒険的性格について──美的現象の領域での存在論的研究──」『美のはかなさと芸術家の冒険性』久野昭訳、理想社、一九六四年、六—六〇頁。)

　なお本論文は戦前から注目されていたようで、一九三二年には湯浅誠之助によって日本語に訳され、『美の果無さと芸術家の冒険性:美的現象領域に於ける存在論的研究』のタイトルで理想社出版部から出版されている。湯浅訳の出版直後に中井正一が『美・批評』の一八号で、大西昇が『理想』第三七号で、それぞれ書評を発表していて、当時の日本の美学研究者の間でベッカーが注目されていたことがうかがわれる。

中井正一「オスカー・ベッカー『美の果無さと芸術家の冒険性』」『美・批評』第一八号、一九三二年、二九三—二九六頁。

大西昇「オスカー・ベッカー『美の果無さと芸術家の冒険性』に就いて」『理想』第三七号、一九三三年、一〇九—一一〇頁。

(27) 九鬼自身は「準実存疇」と訳している。現在の日本語の状況や、ベッカーがあえてギリシア語由来の「パラ」という語を使ったことに注意して「パラ実存カテゴリー」とした。この「パラ」は「傍」や「準」といった意味である。久野昭は「副次的」と訳している。

(28) (KSZ, 三, 一九二—一九四)

(29) この概念はもちろんハイデガーの実存カテゴリーである未来としての投企と過去としての被投性を意識したも

のである。ハイデガーがリアルな実存を提示したことに対し、ベッカーは古代ギリシア哲学に遡って想像的な現在におけるパラ実存を導入している。ベッカーは前期ハイデガーの哲学における「現在」と想像的な神秘の相の軽視を批判している。おそらく九鬼もこのベッカーの批判に同調していたのだろう。この観点から考えると九鬼が早世して「四方界」をめぐる議論などの後期ハイデガーの哲学を知ることがなかったのは惜しまれる。

(30) Beckar, op. cit. pp. 34-37.（ベッカー、前掲書、四五－四九頁。）

(31) 「人間学とは何か」における「現勢的な無限」にはinfini en acteとフランス語が付されている。そして同様に「潜勢的な無限」にはinfini en puissanceが附されている。テキストをよく読んで検討したが、この語の変更は九鬼の哲学の内実には影響していないと私は考える。一般にpuissanceはデュナミスの、acteはエネルゲイアのフランス語での訳語として用いられるので、九鬼はこの変更によって哲学史研究の伝統にそった表現に整えたとは言えるだろう。

(32) イザナギとイザナミのようなペアではない独神であり、すぐに姿を隠したという。

(33) （KSZ，三，四四－四六）

(34) Beckar, op. cit. pp. 11-13.（ベッカー、前掲書、七－一一頁。）

(35) （KSZ，二，二一九－二二〇）や「日本詩の押韻」（KSZ，四，二二三－五一三）等を参照のこと。

(36) （KSZ，二，二二〇－二二一）

(37) Beckar, op. cit. pp. 38.（ベッカー、前掲書、五〇頁。）

(38) 九鬼は両親と岡倉天心の関係を思い出しながら記したエッセイで以下のように記している。

　やがて私の父も死に、母も死んだ。今では私は岡倉氏に対しては殆どまじり気のない尊敬の念だけを有っている。思出のすべてが美しい。明りも美しい。蔭も美しい。誰れも悪いのではない。すべてが詩のように美しい。（KSZ，五，二三八）

ここからわかるように九鬼にとって「美しい」という概念は「詩」と結びついている。そしてこのマクロコスモスを映すミクロコスモスとしての「詩」のように、生の全てが美しくあれという祈りを彼は持っている。

第五章　トリロギーとナショナリズム：九鬼周造の人間学の再建

（1）ゆえに本書は九鬼の残した哲学の遺跡の発掘調査であり、それを方法とした私の哲学の叙述である。本書は九鬼の形而上学そのものには到達しない。それはすでに世を去った。これは本書だけの特徴ではなく、すべてモノグラフの形を取る思想書は発掘調査であり、著者独自の哲学の叙述である。

（2）「この後さらに数年を経て書かれることになる「日本的性格」等の文章が、同工の構想を受け継ぎながらも、『「いき」の構造』に比して、緊張と魅力においてははなはだしく劣り、当時の平凡な文化的ナショナリズムに大幅に屈服しているように見える」坂部、前掲書、一〇三頁。

（3）田中久文『九鬼周造』講談社、二〇二二年、一八〇－一八二頁。

（4）同書、一七六－二二七頁。

（5）古川、前掲書、二五七－三〇四頁。

（6）いずれも（KSZ' 三' 一八〇）

（7）フランスの哲学者・数学者。無限論やライプニッツ研究等に功績を残した。

（8）（KSZ' 三' 四五－四六）

（9）記紀書で世界の創生が造化三神による天地開闢とイザナギとイザナミの国生みで二回語られていることは日本神話が紆余曲折を経て形成されたことを示唆するものとして知られている。九鬼は特に後者を原始偶然としたが、それは偶然と結びつけやすかったからだろう。イザナギとイザナミが海水をかき回した際の「こおろこおろ」はサイコロをコロコロと転がすことと同じであり、「おのころ島」はおのずから凝って偶然にできた島という意味であり、しかも「凝る」は「ころころ」回転することに由来しているだろうから、「おのころ島」はまさに「偶然の島」だと九鬼は記している。（KSZ、三、四六―四七）

(10) 第一章で指摘したように九鬼の『偶然性の問題』以前の日本精神論である『「いき」の構造』は具体的な個々の体験を存在論的に強いものとみなしていた。それゆえに個々の事例に基づいて「いき」の構造を論じるという形式を取っていた。しかし偶然性論を経て、彼は個別の存在を脆くはかないものと見るようになったため、『「いき」の構造』のように具体的な個々の事例に基づいて民族の理想を描くことに躊躇し、「人間学とは何か」では現勢的無限として日本の神話を導入したと考えることもできるだろう。

(11) （KSZ、三、二七六―二七七）

(12) （KSZ、三、三六）

(13) 学問のこと。

(14) 「九鬼先生は現存を本質から鋭く分かつ実存哲学に共感されながら、論理に関しては、本質によって現存を規定する古典的な考え方をもちつづけられたのである」
野田、前掲書、二五〇頁。

(15) 野田、同書、二四八頁。

(16) （KSZ、三、二九二）

(17) 古川雄嗣「日本主義という呪縛――九鬼哲学を解放する」『理想』第六九八号、理想社、二〇一七年、一二九頁。

(18) （KSZ、五、三七）

(19) 同右。

(20) （KSZ、五、三八）

(21) （KSZ、五、三九）

(22) 同右。

(23) 九鬼の間違った本質主義への展開とナショナリズムへの傾倒は、それを偶然性の哲学の視点からみると意外に思えるが、彼の社会的状況からみると自然なことでもある。彼の父の隆一や岡倉覚三の思想は明らかに右派で、彼の少年時代の夢は陸軍大将であった。また彼を経済的支援していた妻の父である中橋徳五郎は保守派の政党に属していた。そして日本の戦争を様々な面で支えていていたのは政治家、官僚、財界人として活躍していた彼の一高時代の友人たちであった。保守派の家族に囲まれた哲学者が、学生時代からの友人たちが全力で取り組む日本の戦争に協力していたと考えるならば、ここに意外性はない。哲学者も社会の中で人と関わりながら生きている。それは彼らの哲学の展開にも影響しているだろう。日本哲学の研究に際しても、哲学者たちの社会的状況を踏まえた、社会の中の哲学のという視点は必須だろう。

結論　現代の人間科学へ

（1）（KSZ、二、二五三―二五四）

（2）大阪大学人間科学部の発足に際しては九鬼からフランス哲学を学んだ澤瀉久敬が様々な活動を行っている。「座談会　法文学部の創立と文学部」『大阪大学史紀要』第二号、大阪大学五十年史資料・編集室、一九八二年、六一―六七頁。

（3）九鬼から中井への哲学の批判的継承については次の拙稿で検討した。独断に陥ることなく社会を研究するためには、拙稿で検討した「共創」という概念が重要なものとなるだろう。織田和明「創造から共創へ――ライプニッツ・九鬼・中井の哲学から――」『未来共創』第七号、大阪大学大学院人間科学研究科附属未来共創センター、二〇二〇年、二九―四七頁。

第六章　平行線と脱走：九鬼周造と中井正一の隔たりについての思想

（1）「京都学派」の語は戸坂潤が一九三二年に発表した「京都学派の哲学」において西田と田辺の哲学を批判するために用いた語である。そのため本書では京都学派の範囲を西田と田辺、そしてその弟子筋に属して両者の哲学を肯定的に受容して無を中心に据えた哲学を展開した人物たちのネットワークに限定している。現在では京都学派の語は二〇世紀前半に京都帝国大学に所属して独自の哲学を論じた人物の総称と捉えられているが（その方が研究の展望が開けることもしばしばある）、私は西田と田辺を中心とした京都学派を中心に九鬼周造と中井正一の美の哲学、和辻哲郎の倫理学、戸坂潤の唯物論などを含む大きなカテゴリーとして「京都の哲学」というものを考えたい。そのサブカテゴリとして京都学派などを考えることで日本哲学研究はより精緻なものになっていくはずだ。

（2）戸坂潤「京都学派の哲学」『戸坂潤全集』第三巻、勁草書房、一九六六年、一七一―一七六頁。

宮野真生子『なぜ、私たちは恋をして生きるのか――「出会い」と「恋愛」の近代日本精神史』ナカニシヤ出版、二〇一四年。

同『出逢いのあわい：九鬼周造における存在論理学と邂逅の倫理』堀之内出版、二〇一九年。

同『言葉に出会う現在』ナカニシヤ出版、二〇二二年。

（3）ここで論じられるのは九鬼が、あるいは中井が論じた「いき」である。私が関心を持っているのは九鬼と中井が「いき」に仮託したそれぞれの思想の基礎である。それゆえに日本の伝統文化としての「いき」は本章のテーマではない。ゆえにどちらの議論がより日本の伝統文化としての「いき」に肉薄しているのかを検討することはない。

（4）ただし本章で示すように『「いき」の構造』は九鬼のテキストとしては珍しく空間論として読むことが容易である。

（5）一九二〇年代以降は多くの研究者がヨーロッパに留学して現地で当時の最先端の研究を学んでいる。本章で言及した人物では九鬼をはじめ田辺、和辻、板垣、三木、羽仁がヨーロッパに留学している。彼らを中心に当時の西洋哲学・思想が日本へと精力的に紹介されていた。また西田幾多郎は生涯海外に行くことがなかったが、西洋哲学を積極的に摂取しながら独創的な世界最高レベルの哲学研究グループである京都学派を形成している。一九二〇年代からアジア・太平洋戦争が激化するまでの時期の日本の哲学・思想は最先端の西洋哲学・思想が陸続と紹介され、京都学派からは独自の日本哲学・思想が創造され続ける豊饒な環境にあった。

（6）馬場俊明『中井正一伝説：二十一の肖像による誘惑』ポット出版、二〇〇九年、四〇－五二頁。Lucken, Michael. "On the Origins of New Left and Counterculture Movements in Japan: Nakai Masakazu and Contemporary Thought", *positions: asia critique*, vol. 26(4), Duke University Press, 2018, pp. 593-618.

（7）中井の美学は現在一般的な美学ではなく、美についての学である。

（8）（KSZ 一、三）

（9）（KSZ 一、八二－八三）

（10）第一章で指摘したように九鬼がパリ滞在中に作成した詩の連作「破片（巴里より）」中の「偶然性」の末尾を読めば「いき」と偶然性論が対立することは一目瞭然である。本章の議論に即して説明すると、隔たりを保つ「いき」と、「不思議」なことに隔たりが乗り越えられてしまっていると驚く偶然性論に九鬼の哲学は二分されている。

（11）以下の引用は隔たりとしての「いき」を典型的に表している。

菊池寛の『不壊の白珠』のうちで「媚態」という表題の下に次の描写がある。「片山氏は……玲子と間隔をあけるやうに、なるべく早足に歩かうとした。だが、玲子は、そのスラリと長い脚で……片山氏が、離れようとすればするほど寄り添つて、すれずれに歩いた」。媚態の要は、距離を出来得る限り接近せしめつつ、距離の差が極限に達せざることである。可能性としての媚態は、実に動的可能性として可能である。アキレウスは「そのスラリと長い脚で」無限に亀に近迫するがよい。しかし、ヅェノンの逆説を成立せしめることを忘れてはならない。蓋し、媚態とは、その完全なる形に於いては、異性間の二元的動的可能性が可能性の儘に絶対化されたものでなければならない。（KSZ，一，一七―一八）

(12)（KSZ，一，九―十一）

(13)（KSZ，一，七九）

(14) 坂部、前掲書，九七―一〇四頁。

(15)（KSZ，一，八一，強調原文）

(16) 後藤嘉宏「中井正一におけるメディウム、ミッテル概念の関係性を再考するために」『図書館情報メディア研究』第一四巻一号、「図書館情報メディア研究」編集委員会、六八―六九頁。

(17) ただし九鬼の「いき」が武士の文化であると断定するのは早計である。彼は、媚態を花街の女性に、意気地を武士に、諦めを仏教の教えに、由来するものと解釈しているので、むしろ彼の「いき」は特定の階級には依拠していない。しかし彼の「いき」論においては武士の文化が重要な位置を占めていることは間違いない。

(18)（NMZ，二，二四五―二四六）

(19) 中井の集団論のリバイバル可能性は「型」と「ほんとうのもの」の解釈によるだろう。無駄をそぎ落とした「ほんとうのもの」は全て同じ型にはまったものになると考えるならば、それは多様性を否定する危うい議論となる。本来の能力の発揮を妨げる余計な力からみなが脱走した後に見出されるそれぞれの「型」は互いに対立することなく、いずれも十全に機能して集団による実践を実現すると読み解かねばならない。つまりそれぞれ持つ多様性が尊重され、皆の能力が十分に発揮されてこそ、社会は真に機能するのである。

(20) 中井の思想は没後からしばらくは関係者を中心に盛んに論じられるも、時間の経過とともにあまり論じられなくなっていった。九鬼の哲学は没後もしばらくはあまり注目されていなかったが、中井と入れ替わるように、没後四〇年近く経過した一九八〇年代以降に再発見され、現在までいくつもの重要な研究書や論文が継続的に出版され続けている。技術の発展に伴う人々と社会の流動性の状況やそれへの見解の変化に合わせて両者それぞれの議論への注目度合いが変化していると言えるだろう。

第七章　なぜ「絶対無は絶対有にほかならぬ」のか：九鬼周造と田辺元

（1）講義「文学概論」ではハイデガーが『存在と時間』の初めに引用していたプラトンのソピステスの議論に言及している。
（2）（KSZ，三，五一）
（3）（KSZ，三，五三―五五）
（4）（KSZ，三，五六）
（5）（KSZ，三，五七）
（6）ゆえに九鬼と西田の関係も研究しなければならないのであるが，それは今後の課題である。（KSZ，三，一一八―一一九）
（7）（KSZ，三，二八六）
（8）同右。
（9）本章の基となる論文は *The Dialectics of Absolute Nothingness: The Legacies of German Philosophy in the Kyoto School* という論文集に寄稿したものであり，「絶対無の弁証法」と「ドイツ哲学」にフォーカスを当てている。
（10）日本におけるカント，新カント派受容の歴史については藤田正勝の議論を参考にした。藤田正勝『日本哲学史』昭和堂，二〇一八年，一一〇―一一六頁，一三〇―一三二頁，一七〇―一七五頁。
（11）現在では流出説の語を用いる方が一般的である。
（12）嶺秀樹「田辺哲学とカント」『西田哲学と田辺哲学の対決：場所の論理と弁証法』ミネルヴァ書房，二〇一二年，二四三―二五七頁。
（13）宮野，前掲書，一一二―一四九頁。
（14）（THZ，三，四）
（15）以下の往復書簡の内容を紹介する部分中の引用は（KSZ，別，月報一二，九―一二）からである。強調原文。

(16) 九鬼においては全ての概念や物理法則よりも根源的な水準のことを指す。
(17) 九鬼が手紙に記した議論は非常に抽象的なので平易に言い換えた。
(18) 仏典『ミリンダ王の問い』の漢訳『那先比丘経』に九鬼は序説以外の全ての章の最後で言及している。(KSZ, 二, 二七九, 三〇三, 三一四, 三一七)
(19) 同様に九鬼の考える「神」も「一切の人間が最高善を享楽すること」を望むが、具体的に人間を不幸から救ってくれるものではないとされている。(KSZ, 三, 一〇二一一〇四)
(20) 小浜善信『九鬼周造の哲学:漂白の魂』昭和堂、二〇〇六年、一六九、二〇〇頁。
古川雄嗣『偶然と運命:九鬼周造の倫理学』ナカニシヤ出版、二〇一五年、一四二一一四三頁、一七二一二一九頁。
(21) 宮野、同書、二一二一二三六頁。
(22) 田辺は『カントの目的論』において現在であれば「超越論的」と訳されるtranszendentalを「先験的(超越的)」と訳している(THZ, 三, 五三)。本書では「先験的(超越的)」とだけ記されている場合は「超越論的」と解釈し、「超越的」とだけある場合は「超越的」であると解釈した。
(23) (THZ, 三, 四八一五三)
(24) (THZ, 三, 五六)
(25) (THZ, 三, 五六一六五)
(26) (THZ, 三, 六五一七二)
(27) なお宮野は九鬼・田辺往復書簡を『ヘーゲル哲学と弁証法』を重視して解釈しているので関心のある方は参考にして欲しい。
宮野、同書。
(28) 竹花洋佑「田辺元の思想形成と西田の「永遠の今」:微分から瞬間へ」『日本の哲学』第一三号、昭和堂、二〇一二年、一一五頁。

（29）嶺、同書、二五三頁。

（30）（THZ, 三, 四〇八―四一八）

（31）以下の原始偶然に関する議論は（KSZ, 二, 二三五―二四五, 二五五―二六〇）（KSZ, 三, 一七二―一七六）を踏まえている。

（32）（KSZ, 二, 二三九）

（33）（KSZ, 二, 一八六―一八七）

第八章　本当の愛に背を向けても：哲学者・九鬼周造の誕生

（1）岩下についてはその実践と思想を詳細に研究した輪倉一広の本から多くを学んだ。輪倉一広『司祭平服と癩菌：岩下壮一の生涯と救癩思想』吉田書店、二〇一五年。

（2）本章では人物の区別の都合、周造、壮一、亀代子と下の名前で記す。

（3）周造は壮一のことを複数のテキストに書き残しているが、その中では壮一の右脚が不自由であったことには言及していない。周造にとっては、壮一の様々な特徴と比べると右足の不自由は取り立てて言及するほどのものではなかったのだろう。

（4）（KSZ, 五, 一四三―一四四）

（5）（NKZ, 二〇, 三三六）

（6）パリ滞在中の一九二五年に雑誌『明星』に匿名S・Kで発表した「巴里小曲」の中の一首で、周造の没後の一九四二年に本名で甲鳥書林から出版された『巴里心景』に収録されている。（KSZ, 一, 一九二）

（7）川口茂雄、堤田泰成、胡婧「九鬼周造、岩下壮一、田辺元など哲学者たちの大正～昭和前半期の書簡発見について：東京芸術大学美術学部所蔵の上野直昭関係資料の調査から」『哲学科紀要』第五〇号、上智大学哲学科、二〇二四年、六七―七〇頁。

(8) (KSZ, 三, 一六三)

(9) これについて周造は一九三七年に『東京朝日新聞』に発表した「一高時代の旧友」で以下のように述べている。

北浜銀行の没落は壮一君を菊池寛の小説「明眸禍」の中の主要人物に作り上げたが、暁星中学出身で堅いカトリック信者であった岩下君が現在の境遇にはいって行った動機がどの程度まで銀行の末路と関係しているかは本人以外にはわからない。(KSZ, 五, 一〇八)

(10) 医師、カトリック司祭として結核撲滅事業とカトリックの伝道に献身した。壮一は戸塚が受洗する際に代父を務めている。

(11) 中国におけるカトリック教会のこと。

(12) もっとも、それをうかがわせる資料が残っていないだけで、縫子が近くにいる時期の女性関係も派手だった可能性は否定できない。

(13) (KSZ, 九, 月報一〇, 一―五)

(14) (KSZ, 八, 月報四, 四―六)

(15) 第一学校のドイツ語教授を務めた。周造と壮一とは東京帝大の同級生に当たる(一八八八―一九四六)。

(16) 第一学校の法制とドイツ語教授を務めた。内村鑑三の教えを受けた無教会主義のキリスト信者だった(一八八九―一九四四)。

(17) 法学者で当時は東京帝大教授を務めていた。戦後に文部大臣、参議院議員、最高裁判所長官、国際司法裁判所判事を歴任した。敬虔なカトリック信者で、洗礼の際は壮一が代父を務めている(一八九〇―一九七四)。

(18) (KSZ, 四, 四八一)

あとがき

本書では一人称を「筆者」ではなく「私」にしました。なぜかと問われると難しいのですが、博士論文を書き始めるときには、何の疑問もなく「私」を用いて書き始めていました。たぶん自分の実存を背負って書きたかったのだと思います。これについて「たぶん——だと思います」という形でしか書きたくありません。そこに確固たる理由があるかのように振る舞うことは容易なのですが、そのような態度を避けて偶然と必然をある程度こんがらがったままに留めておくことによってのみ保たれる真実もあると思うのです。

そしてもう一点、私は九鬼周造を偉大な日本哲学の巨人ではなく、理想と現実、アイデンティティと変化の中で迷いながらも少しずつ進んでいき、道半ばで終わる哲学者としてとして描きました。日本の近代とはそういうものであると私は考えています。九鬼はちょうど夏目漱石の『三四郎』の主人公と同じ世代に当たります。本書は三四郎世代が大学時代から二〇—三〇年後に直面した危機と哲学的格闘を描いています。『三四郎』のあと三四郎が三輪田のお光さんと結婚して、『それから』と『門』の方向に進むことがなければ、あるいは『それから』の代助が佐川の娘と結婚していたら、九鬼と近い状況になったのではないでしょうか。本書を通じて、私はポスト漱石世代の日本の近代を哲学の観点から描こうとしています。本書がそのミッションを達成できたかどうか、判断は読者のあなたに委ねます。だからいつかあなたが私に会うことがあれば教えてください。

第一部の結論部は九鬼周造にとって厳しいものだったと思います。第二部では九鬼の魅力を引き出せるように書こうとしたのですが、これを彼の魅力と受け止める読者もいれば、相変わらずダメな人として書いていると思う読者の方もいらっしゃるかもしれません。私自身は、九鬼は基本的に優しい人、あらゆる存在と非存在を肯定し、「ある」と言いたかった人なのだと思っています。彼はあらゆる否定に抗って、存在を肯定したかったのでしょう。彼は否定されて非存在となってしまったものを肯定へと押し上げたかったのでしょう。その態度は基本的には偶然的な「個」の尊重という形で魅力的に現れるのですが、しかし「執着」や「未練」の形をとることもあったでしょう。それはしばしば、一般的な倫理観を逸脱するものであり、天野貞祐が書き残したように、彼を「幸福の光を浴びること」から遠ざけたのでしょう。九鬼のテキストと向き合えば向き合うほどに見えてくる、あまりにも強烈な光と陰のコントラストを全部ひっくるめて、彼の哲学の全存在を「ある」と言うことが私の課題でした。同時に、私は私自身の意見を肯定するために、場合によっては真っ向から彼を批判する必要もありました。この方針は九鬼の哲学から自ずと導き出されるものであり、私は私のなすべきことをしたと思っています。

彼の哲学に満ちる優しさと肯定への姿勢を活かしながら、幸福に生きることはできないのでしょうか。この問いは私の中でもまだ結論が出ません。これは哲学の問題であると同時に生き方の問題です。もう少し時間をかけて考えさせてください。私の次の仕事は九鬼の哲学を振り出しにして存在と非存在を寿ぎつつ、この世界を幸福に生き延びるための道筋を模索することになるのだろうと思います。

最後は私の思い出話とお礼で締めくくりましょう。私が高校三年生の頃のことです。京都大学を受験しようと思っていた私は友人に「京都大学は西田幾多郎だな」などと適当に話していました。その声がたまたま近くにいた国語の先生の耳に届いたのです。「おお、織田、わしも今年は西田やと思うんや。西田についてのいい本が出たんや」と言って先生は私に一冊の本を貸してくれました。檜垣立哉『西田幾多郎の生命哲学：ベルクソン・ドゥルーズと響き合う思考』です。このときはまだ講談社現代新書でした。後に私は、この偶然の瞬間に私の人生の方向性が定まったということにしました。本を貸してくださった阿久津知先生に感謝申しあげます。

前期入試で受けた京大入試には不合格になり、後期入試を受けて合格した大阪大学人間科学部に入学することになりました。そして「難しい本の著者・檜垣立哉」は「檜垣先生」となったのです。大胆かつ繊細に、そして異端児を装いながらも意外なほどにまっすぐに正道を歩む檜垣先生の姿にあっけにとられていたら私の学生時代は終わっていました。思い返すと自分は恐れ知らずの失礼な若者で、しかも先生の指導を理解するまでにも随分と時間がかかったから、会話中はたいてい何か失礼なことを言うか、リアクションが薄くて張り合いがないかのどちらかで、先生からするとあまり話していて面白くもなかったと思うのですが、寛容に博論まで面倒を見ていただきました。ありがとうございました。

そしてもう一人、私の研究者としてのありかたを方向付けてくださったのは村上靖彦先生です。村上先生の授業と著作を通じて、小説ばかり読んでいる人が哲学の本を読む方法を学びました。人間が世界にどのように臨み、どのように行為し、生きるのかを問い続ける先生の哲学からは、今もずっと学び続けています。私の研究対象、手法、内容は先生のそれとは一見大きく異なると思いますが、しかし私は私なりの仕方で先生を追いかけています。たぶん一生追いかけていると思います。

一九歳のときに阿久津先生と会い、「檜垣先生のところで勉強することにしました」と報告したところ、「よかったな」とおっしゃいました。よかったのだと思います。一九歳の自分は、それからおよそ一〇年をかけて、檜垣先生と村上先生の周囲に集まる研究者の卵たちの中で右往左往しながら研究者になっていきました。大事なことは論文中で何回も書け、というのは檜垣先生の教えです。だからもう一回書いておきましょう。これでよかったのだと思います。

感謝をお伝えしなければならない方は多いのです。まずは博士論文の副査を担当してくださった藤川信夫先生に、そして副指導教官を担当していたヴォルフガング・シュヴェントカー先生と中山康雄先生に。博論執筆時に在籍していた人間科学研究科附属未来共創センターでお世話になった木村友美先生、山本晃輔先生、川渕千恵子さんに。日本哲学研究のプロジェクトで今も大変お世話になっている大阪大学COデザインセンターの山崎吾郎先生に。初めての海外の学会での研究発表や外国語での論文執筆など、国際的に活動をしようとして途方に暮れていた時に助けてくださったエディンバラ大学の森里武先生と南山大学宗教文化研究所のJames. W. Heisig先生に。今の職場である情報科学研究科の皆様に。本書は大阪大学出版会の教員出版助成の支援のおかげで出版が実現しました。推薦していただいた村上靖彦先生、審査の労をとってくださった先生方、大阪大学出版会編集者の川上展代様に感謝を申し上げます。そして何よりも感謝をお伝えしなければならないのは研究室の仲間たちです。一人ひとりのお名前を記して感謝を申し上げたいのですが、あまりたくさんのお名前を列挙するのも読者の皆様に不便だと思いますので、失礼させていただきます。しかし長年にわたって共に日本哲学を研究してきた森野雄介さんと眞田航さん、そして大学院の同期である上野隆弘さん、小川歩人さん、平田公威さんのお名前は最もお世話になった仲間としてここに記させていただきます。私はここに「共に過ごした時間はかけがえのないものでした」というなんとも陳腐な言葉を臆面もなく書くことができます。これは本当にかけがえがない経験ですから。

最後に家族と友人、そして私の生活を支え、研究を励ましてくれた数多くの皆様にも心より感謝申し上げます。人との出会いに恵まれたことは、私の最大の誇りです。

初出一覧

はじめに、第一部

博士論文「九鬼周造の人間学」（二〇二一年、大阪大学大学院人間科学研究科）を加筆、修正。

主査は檜垣立哉先生に、副査は村上靖彦先生と藤川信夫先生にご担当いただきました。先生方からのご指導に感謝申し上げます。

なお以下の章の全体、もしくは一部は博士論文にまとめる以前に発表した論文に加筆・修正したものを基にしています。

第一章：「構造を闡明し、存在を把握する――『「いき」の構造』の存在論――」『比較思想研究』第四四号、比較思想学会、二〇一八年、一一一―一一九頁。

第二章：「九鬼周造の『偶然性の問題』における「現実」」『年報人間科学』第三八号、大阪大学大学院人間科学研究科社会学・人間学・人類学研究室、二〇一七年、三五―四九頁。

第三章：「九鬼周造『偶然性の問題』における行為論」『アルケー：関西哲学会年報』第二六号、関西哲学会、二〇一八年、四五―五六頁。

第二部

博士論文提出後に発表した九鬼に関係する論文と口頭発表に加筆、修正したものを収録。

第七章の基となる論文は森里武先生に「ドイツ哲学と日本哲学」というテーマで、第二部第三章の基となる口頭発表は平田公威先生に「愛」というテーマで、それぞれお誘いいただいたことがきっかけで執筆しました。いずれもテーマの裏をかくような内容のものを作成してしまったのですが、快く受け止めてくださったお二人に感謝を申し上げます。

第六章：織田和明「平行線と脱走：九鬼周造と中井正一の隔たりについての思想」『社藝堂』第一〇号、社会芸術学会、二〇二三年、一八三―一九九頁。

第七章：ODA Kazuaki "Why did Kuki Shūzō say that "Absolute Nothingness Is None Other Than Absolute Being"?, Takeshi Morisato, and Gregory S. Moss eds, *The Dialectics of Absolute Nothingness: The Legacies of German Philosophy in the Kyoto School*, 2025, pp.205-225.（日本語版に加筆、修正）。

なお第七章の議論の一部は以下の論文の一部と重複。

織田和明「田辺元の倒し方――絶対転換としての絶対無の空虚さをめぐって」廖欽彬・河合一樹編『危機の時

代と田辺哲学──田辺元没後六〇周年記念論集──』三七三―三九一頁、法政大学出版局、二〇二二年。

第八章：織田和明「本当の愛に背を向けても──哲学者九鬼周造の幸福」大谷大学二〇二二年度ガクモン講座「愛とはどんなものだろう?」、二〇二二年一二月六日。

本書の一部はＪＳＰＳ科研費22K19962の助成を受けたものです。

critique, vol. 26(4), Duke University Press, 2018, pp. 593-618.
Lewis, C. I. *A Survey of Symbol logic,* Berkley, University of California Press, 1918.
輪倉一広『司祭平服と癩菌――岩下壮一の生涯と救癩思想』吉田書店、2015 年。
鷲田清一「思考の調整について」坂部恵、藤田正勝、鷲田清一編『九鬼周造の世界』ミネルヴァ書房、2002 年、21-42 頁。
和辻哲郎『和辻哲郎全集』岩波書店、1961-1963、1976-1978、1989-1992。
――――『初稿　倫理学』苅部直編、筑摩書房、2017 年。
「座談会　法文学部の創立と文学部」『大阪大学史紀要』第 2 号、大阪大学五十年史資料・編集室、1982 年、61-67 頁。

年、127-144 頁。

――――『なぜ、私たちは恋をして生きるのか――「出会い」と「恋愛」の近代日本精神史』ナカニシヤ出版、2014 年。

――――「日常・間柄・偶然――九鬼周造と和辻哲郎」『現代思想 2017 年 1 月臨時増刊号』第 44 巻第 23 号、青土社、2016 年、90-105 頁。

――――「実存と可能性――「他ならぬこの私である」とはどういうことか？」『理想』第 698 号、理想社、2017 年、42-54 頁。

――――「偶然性の役割とは何か――『社会存在の論理』と『偶然性の問題』――」『福岡大学人文論叢』第 49 巻第 4 号、福岡大学研究推進部、2018 年、929-953 頁。

――――『出逢いのあわい：九鬼周造における存在論理学と邂逅の倫理』堀之内出版、2019 年。

――――『言葉に出会う現在』ナカニシヤ出版、2022 年。

宮野真生子、磯野真穂『急に具合が悪くなる』晶文社、2019 年。

村上靖彦『仙人と妄想デートする：看護の現象学と自由の哲学』人文書院、2016 年。

森一郎『死と誕生――ハイデガー・九鬼周造・アーレント』東京大学出版会、2008 年。

――――「形而上学的時間と歴史的時間」『現代思想 2017 年 1 月臨時増刊号』第 44 巻第 23 号、青土社、2016 年、118-131 頁。

森野雄介「感覚する現在：西田幾多郎『自覚における直観と反省』におけるヘルマン・コーヘン受容をめぐって」『西田哲学会年報』15 巻、西田哲学会、2018 年、126-141 頁。

安田武、多田道太郎『『「いき」の構造』を読む』筑摩書房、2015 年。

山本與志隆「九鬼周造の思想形成への現象学の関わり」『愛媛大学法文学部論集人文学科編』第 28 号、愛媛大学法文学部、2010 年、185-202 頁。

吉満昭宏「C.I. ルイスと様相論理の起源」『科学哲学』第 37 巻第 1 号、日本科学哲学会、2004 年、1-14 頁。

Leibniz, Gottfried Wilhelm. *Opera philosophica*, Erdmann, 1840.（ライプニッツ、ゴットフリート・ヴィルヘルム『ライプニッツ著作集』工作舎、1989-1991 年。）

リーダーバッハ、ハンス＝ペーター「様々な「近代の不安」――九鬼、和辻、テイラー」『理想』第 698 号、理想社、2017 年、55-67 頁。

Lucken, Michael. "On the Origins of New Left and Counterculture Movements in Japan: Nakai Masakazu and Contemporary Thought", *positions: asia*

Becker, Oskar. „Zur Logik der Modalitäten“, *Jahrbuch für Philosophie und phänomenologische Forschung,* Bd. *I*X, Halle, M. Niemeyer, 1930, pp. 497-548.

―――― „Die apriorische Struktur des Anschauungsraumes: Mit besonderer Beziehung auf H. Reichenbachs “Philosophie der Raum-Zeit-Lehre”“, *Philosophischer Anzeiger* 4(2), 1930, pp. 129-162.

―――― *Dasein und Dawesen,* Neska, 1963.（ベッカー、オスカー『美のはかなさと芸術家の冒険性』久野昭訳、理想社、1964 年。／同『ピュタゴラスの現代性：数学とパラ実存』中村清訳、工作舎、1992 年。）

Bergson, Henri. *L'Évolution créatrice,* Félix Alcan, 1907.（ベルグソン、アンリ『創造的進化』松浪信三郎、高橋允昭訳、白水社、1966 年。）

―――― *La pensée et le mouvant: essais et conferences,* 2009, puf, Quadrige, Le choc Bergson 版（ベルクソン、アンリ『思考と動き』原章二訳、平凡社、2013 年。）

Porto da Silva, Diogo César. “Kuki Shūzō's Redefinition of Metaphysics Through Contingency”, *Tetsugaku,* Vol. 3, The Philosophical Association of Japan, 2019, pp. 190-206.

Maraldo, John. “The Contingencies of Kuki Shūzō”, *Frontiers of Japanese Philosophy II: Neglected Themes and Hidden Variations,* ed. Melissa Anne-Marie Curley & Victor Sōgen Hori, Nanzan Institute for Religion and Culture, 2008, pp.36-55.

松本直樹「運動の享受：『「いき」の構造』における恋愛論」『宗教学研究紀要』第 6 号、京都大学文学研究科宗教学研究室、2009 年、24-53 頁。

嶺秀樹『ハイデッガーと日本の哲学―和辻哲郎、九鬼周造、田辺元』ミネルヴァ書房、2002 年。

――――『西田哲学と田辺哲学の対決：場所の論理と弁証法』ミネルヴァ書房、2012 年。

――――「九鬼と形而上学の問題」『理想』第 698 号、理想社、2017 年、29-41 頁。

宮野真生子「九鬼周造とハイデッガー―実存概念をめぐって―」『比較思想研究』第 30 号、比較思想学会、2003 年、120-126 頁。

――――「個体性と邂逅の倫理―田辺元・九鬼周造往復書簡から見えるもの」『倫理学年報』第 55 号、日本倫理学会、2006 年、225-238 頁。

――――「自己の「形」への欲望―九鬼周造の個体論をめぐって―」『実存思想論集ＸＶ』理想社、2008 年、121-138 頁。

――――「九鬼周造の存在論理学」『西日本哲学年報』第 19 号、西日本哲学会、2011

――――『日本哲学原論序説』人文書院、2015 年。

――――「偶然性と永遠の今」『現代思想 2017 年 1 月臨時増刊号』第 44 巻第 23 号、青土社、2016 年、132-147 頁。

――――「九鬼とレヴィ＝ストロース―2 つの構造論的感性論」『理想』第 698 号、理想社、2017 年、92-103 頁。

――――「九鬼周造の文学論」『思想』2020 年第 10 号（第 1158 号）、岩波書店、2020 年、111-124 頁。

檜垣良成「Realität の二義性―中世から近世へと至る哲学史の一断面」『近世哲学研究』第 19 号、近世哲学会、2015 年、1-34 頁。

廣川洋一『ソクラテス以前の哲学者』講談社学術文庫、1997 年。

Boutroux, Émile. *De la contingence des lois de la nature*, Félix Alcan, 1921.（エミール・ブートルー『自然法則の偶然性』野田又夫訳、1945 年、創元社。）

藤田正勝「解説―『「いき」の構造』をめぐって」『「いき」の構造』著：九鬼周造／全注釈：藤田正勝、講談社、2003 年、169-187 頁。

――――『九鬼周造―理知と情熱のはざまに立つ〈ことば〉の哲学』講談社、2016 年。

――――『日本哲学史』昭和堂、2018 年。

藤貫裕「九鬼周造の時間論における二つの永遠の現在―回帰的形而上学的時間における多と一の両立を手引きに―」『日本哲学史研究』第 15 号、京都大学大学院文学研究科日本哲学史研究室、2018 年、155-179 頁。

古川雄嗣『偶然と運命－九鬼周造の倫理学』ナカニシヤ出版、2015 年。

――――「「道徳」をめぐる九鬼周造と西田幾多郎（1）:「合目的性」の概念をめぐって」、『北海道教育大学紀要. 教育科学編』第 67 巻第 1 号、北海道教育大学、2016 年、81-94 頁。

――――「「自然支配と自然従順のあいだ―九鬼周造の自然概念が問いかけるもの」『現代思想 2017 年 1 月臨時増刊号』第 44 巻第 23 号、青土社、2016 年、148-163 頁。

――――「日本主義という呪縛―九鬼哲学を解放する」『理想』第 698 号、理想社、2017 年、129-140 頁。

古荘真敬「和辻哲郎、九鬼周造　「他者」との共同性をめぐって」『続・ハイデガー読本』法政大学出版局、2016 年、321-328 頁。

――――「運命を生きること　九鬼周造の運命論にかんする一考察」『現代思想 2017 年 1 月臨時増刊号』第 44 巻第 23 号、青土社、2016 年、106-117 頁。

――――「懺悔道――Metanoetik――」藤田正勝編『懺悔道としての哲学　田辺元哲学選Ⅱ』岩波書店、2010 年、9-31 頁。

田辺元・野上弥生子『田辺元・野上弥生子往復書簡（上）（下）』竹田篤司・宇田健編、岩波現代文庫、2012 年。

戸坂潤「京都学派の哲学」『戸坂潤全集』第 3 巻、勁草書房、1966 年、171-176 頁。

中井正一『中井正一全集』美術出版社、1964-1981 年。

――――「オスカー・ベッカー『美の果無さと芸術学の冒険性』」『美・批評』第 18 号、1932 年、293-296 頁。

中野三敏「すい・つう・いき――その生成の過程」相良亨・尾藤正英・秋山虔編『講座　日本思想　第五巻』東京大学出版会、1984 年、109-141 頁。

西田幾多郎『西田幾多郎全集』岩波書店、2002-2009 年。

野田又夫『野田又夫著作集』白水社、1981-1982 年。

Heidegger, Martin. *Martin Heidegger Gesamtausgabe,* Frankfurt am Main: V. Klostermann, 1975-.（ハイデッガー、マルティン『ハイデッガー全集』辻村公一、茅野良男、上妻精、大橋良介、門脇俊介、H・ブフナー、A・グッツオーニ、S・ミュラー編、創文社・東京大学出版会、1985 年 -。）

ハイデガー、マルティン『存在と時間』高田珠樹訳、作品社、2013 年。

橋本崇「シェリングの積極哲学における偶然性の問題」『哲学』第 47 巻、日本哲学会、1996 年、247-255 頁。

――――『偶然性と神話　後期シェリングの現実性の形而上学』東海大学出版会、1998 年。

――――「シェリングと九鬼周造」坂部恵、藤田正勝、鷲田清一編『九鬼周造の世界』ミネルヴァ書房、2002 年、245-264 頁。

――――「偶然性と自由」『現代思想 2017 年 1 月臨時増刊号』第 44 巻第 23 号、青土社、2016 年、74-89 頁。

――――「九鬼周造からマルクス・ガブリエルの真実在論へ」『理想』第 698 号、理想社、2017 年、141-157 頁。

橋本由美子「「セクストゥス」という形象」『人文研紀要』第 77 号、中央大学人文科学研究所、2013 年、1-18 頁。

馬場俊明『中井正一伝説：二十一の肖像による誘惑』ポット出版、2009 年。

檜垣立哉『ベルクソンの哲学　生成する実在の肯定』勁草書房、2000 年。

――――『賭博／偶然の哲学』河出書房新社、2008 年。

――――『西田幾多郎の生命哲学』講談社学術文庫、2011 年。

―――――「小宇宙としての個と間柄」『日本の哲学』第6号、昭和堂、2005年、28-40頁。

澤田直「1928年の九鬼周造とサルトル -- ポンティニーの夏期懇話会をめぐって」、『Lilia candida』第37号、白百合女子大学フランス語フランス文学会、2007年、21-27頁。

―――――「九鬼周造とフランス『「いき」の構造』とその周辺をめぐって」、『現代思想 2017年1月臨時増刊号』第44巻第23号、青土社、2016年、213-229頁。

―――――『サルトルのプリズム　二十世紀フランス文学思想論』法政大学出版局、2019年。

Schelling, Friedrich Wilhelm Joseph von. *Friedrich Wilhelm Joseph von Schellings sämmtliche Werke*, Stuttgart: Augsburg, J.G. Cotta, 1856-61.

下村寅太郎「直観空間の先験的構造（ベッカア）」『哲学研究』第16巻第2冊、京都哲学会、1931年、209頁。

―――――「九鬼先生の追憶」（KSZ, 4, 月報5, p. 2）

真銅正宏『偶然の日本文学　小説の面白さの復権』勉誠出版、2014年。

杉村靖彦「死者と象徴――晩年の田辺哲学から――」『思想』第1053号、岩波書店、2012年、36-56頁。

菅原潤『京都学派』講談社、2018年。

鈴木由加里「日本におけるジャン－マリー・ギュヨーの受容について」『人文』第5号、学習院大学人文科学研究所、2007年、39-56頁。

スピノザ『エチカ（全2冊）』畠中尚志訳、岩波文庫、1951年。

聖アウグスティヌス『告白（上）（下）』服部英次郎訳、岩波文庫、1976年。

高田珠樹「『「いき」の構造』のヨーロッパ」『大阪外国語大学学報』第65号、大阪外国語大学、1984年、29-57頁。

―――――「無窮の緊迫」坂部恵、藤田正勝、鷲田清一編『九鬼周造の世界』ミネルヴァ書房、2002年、139-170頁。

高橋眞司『九鬼隆一の研究――隆一・波津子・周造』未来社、2008年。

竹花洋佑「田辺元の思想形成と西田の「永遠の今」: 微分から瞬間へ」『日本の哲学』13号、昭和堂、2012年、102-127頁。

田中久文『九鬼周造』講談社、2022年。

―――――『日本の哲学をよむ「無」の思想の系譜』筑摩書房、2015年。

田中熙「九鬼先生への追想」（KSZ, 11, 月報2, pp. 1-3）

田辺元『田辺元全集』筑摩書房、1963-1964年。

学経済経営研究所 新聞記事文庫・人物伝記（2-18）、URL: https://hdl.handle.net/20.500.14094/0100383259（最終閲覧日 2024 年 8 月 23 日）。

川口茂雄、堤田泰成、胡婧「九鬼周造、岩下壮一、田辺元など哲学者たちの大正〜昭和前半期の書簡発見について：東京芸術大学美術学部所蔵の上野直昭関係資料の調査から」『哲学科紀要』第 50 号、上智大学哲学科、2024 年、47-85 頁。

Kant, Immanuel. *Kant's gesammelte Schriften,* herausgegeben von der Königlich Preußischen Akademie der Wissenschaften, Berlin: G. Reimer, 1910-.（カント、イマニュエル『カント全集』岩波書店、1999-2006 年。）

カント、イマヌエル『純粋理性批判（上）、（下）』石川文康訳、筑摩書房、2014 年。

木岡伸夫「九鬼周造と西田幾多郎 — あるいは邂逅の論理 — 」『関西大学哲学』第 22 号、関西大学哲学会、2003 年、75-102 頁。

――――『邂逅の論理 — 〈縁〉の結ぶ世界へ』春秋社、2017 年。

――――「〈あいだ〉に佇つ　あるいは二十の伝道」『現代思想 2017 年 1 月臨時増刊号』第 44 巻第 23 号、青土社、2016 年、198-212 頁。

木田元『偶然性と運命』岩波書店、2001 年。

串田純一「偶然のしるしに知るは必然か — 九鬼周造と在五中将」『現代思想 2017 年 1 月臨時増刊号』第 44 巻第 23 号、青土社、2016 年、180-197 頁。

久野収「解題」『中井正一全集』第 2 巻、美術出版社、1965 年、383-389 頁。

熊野純彦『西洋哲学史　近代から現代へ』岩波書店、2006 年。

――――『和辻哲郎 — 文人哲学者の軌跡』岩波新書、2009 年。

桑原武夫「九鬼先生の遊び」（KSZ, 9, 月報 10, pp. 1-5）

合田正人「九鬼周造の戦争　民族幻想とリズム」『現代思想 2017 年 1 月臨時増刊号』第 44 巻第 23 号、青土社、2016 年、164-179 頁。

小坂井澄『人間の分際 — 神父・岩下壮一』聖母の騎士社、1996 年。

後藤嘉宏「中井正一におけるメディウム、ミッテル概念の関係性を再考するために：「脱出と回帰」（1951）等の再検討と「メディウムに支えられたミッテル」『図書館情報メディア研究』第 14 巻 1 号、「図書館情報メディア研究」編集委員会、2016 年、61-79 頁。

小林敏明『西田哲学を開く — 〈永遠の今〉をめぐって』岩波書店、2013 年。

――――『夏目漱石と西田幾多郎 — 共鳴する明治の精神』岩波書店、2017 年。

小林秀雄『小林秀雄全作品』新潮社、2002-2005 年。

坂部恵『不在の歌 — 九鬼周造の世界』ティービーエス・ブリタニカ、1990 年。

――――『モデルニテ・バロック — 現代精神史序説』哲学書房、2005 年。

年。

――――『日本的なもの、ヨーロッパ的なもの』講談社学術文庫、2009 年。

沖永宜司「矛盾と偶然――形而上学的次元のふたつの相――」『比較思想研究』第 39 号、比較思想学会、2012 年、59-67 頁。

織田和明「九鬼周造の『偶然性の問題』における「現実」」『年報人間科学』第 38 号、大阪大学大学院人間科学研究科社会学・人間学・人類学研究室、2017 年、35-49 頁。

――――「構造を闡明し、存在を把握する――『「いき」の構造』の存在論――」『比較思想研究』第 44 号、比較思想学会、2018 年、111-119 頁。

――――「九鬼周造『偶然性の問題』における行為論」『アルケー：関西哲学会年報』第 26 号、関西哲学会、2018 年、45-56 頁。

――――「九鬼周造の生の哲学と田辺元の死の哲学」『比較思想研究』第 45 号、比較思想学会、2019 年、144-152 頁。

――――「創造から共創へ――ライプニッツ・九鬼・中井の哲学から――」『未来共創』第 7 号、大阪大学大学院人間科学研究科附属未来共創センター、2020 年、29-47 頁。

ODA Kazuaki. "Philosophy of Kuki Shūzō and Ethics of Watsuji Tetsurō: Japanese Philosophers' Responses to Modern Individualism"『大阪大学大学院文学研究科グローバル日本研究クラスター報告書』第 1 集、大阪大学大学院文学研究科、2018 年、121-131 頁。

―――― "Kuki Shūzō and the Question of Origins", *European Journal of Japanese Philosophy,* Vol. 5, Chisokudō Publications, 2020, pp. 33-49.

織田作之助『六白金星・可能性の文学他十一篇』岩波書店、2009 年。

小浜善信『九鬼周造の哲学――漂泊の魂』昭和堂、2006 年。

――――「根岸の女：九鬼周造と荷風」『神戸市外国語大学外国学研究所研究年報』第 48 巻、神戸市外国語大学外国学研究所、2011 年、1-21 頁。

――――『永遠回帰の思想 九鬼周造の時間論』神戸市外国語大学研究叢書 51、神戸市外国語大学外国学研究所、2013 年。

――――「九鬼哲学における根本問題――押韻論、偶然論、時間論」『現代思想 2017 年 1 月臨時増刊号』第 44 巻第 23 号、青土社、2016 年、32-52 頁。

貝塚茂樹『天野貞祐――道理を信じ、道理に生きる――』ミネルヴァ書房、2017 年。

加國尚志『沈黙の詩法――メルロ＝ポンティと表現の哲学』晃洋書房、2017 年。

「関東関西の財閥鳥瞰二十九～四十三」『大阪毎日新聞』1923.4.3-1923.4.20、神戸大

参考文献

一次文献

九鬼周造『九鬼周造全集』岩波書店、1980-1982 年。

二次文献

尼ヶ崎彬『いきと風流──日本人の生き方と生活の美学』大修館書店、2017 年。

アリストテレス『アリストテレス全集』内山勝利、神崎繁、中畑正志編、岩波書店、2013 年。

伊藤邦武『九鬼周造と輪廻のメタフィジックス』ぷねうま舎、2014 年。

────『フランス認識論における非決定論の研究』晃洋書房、2018 年。

井上泰至『恋愛小説の誕生　ロマンス・消費・いき』笠間書院、2009 年。

今道友信「遠くからの祈り」（KSZ, 10, 月報 11, pp. 1-3）

入不二基義『あるようにあり、なるようになる──運命論の運命』講談社、2015 年。

岩下壮一『信仰の遺産』岩波書店、2015 年。

Wahl, Jean. "*Le problème de la contingence* by Kuki Shuzo and Omodaka Hisyuki", *Revue de Métaphysique et de Morale*, 73e Année, No.1. (Janvier-Mars 1968), Presses Universitaires de France: Paris, 1968, p. 129.

上原麻有子「「女性哲学」へと向かう九鬼周造著『「いき」の構造』」『幕末明治 移行期の思想と文化』勉誠出版、2016 年、469-488 頁。

エベルソルト、シモン「与えられるものとしての偶然──九鬼偶然論の現象学的解釈の試み──」『理想』第 698 号、理想社、2017 年、116-128 頁。

Ebersolt, Simon. "The Present of Difference and the Present of Identity: Kuki's Conception of Time", *Tetsugaku,* Vol. 3, The Philosophical Association of Japan, 2019, pp. 174-189.

大島康生「九鬼先生への贖罪」（KSZ, 6, 月報 7, pp. 1-3）

大西昇「オスカー・ベッカー『美の果無さと芸術学の冒険性』に就いて」『理想』第 37 号、1932 年、109-110 頁。

大橋三男「九鬼先生の思い出」（KSZ, 8, 月報 4, pp. 4-6）

大橋良介『京都学派と日本海軍：新資料「大島メモ」をめぐって』PHP 研究所、2001

や 行

ら 行

わ 行

は　行

ま　行

た 行

な 行

さ　行

か　行

索引

あ 行

【著者紹介】
織田 和明（おだ　かずあき）
1992年大阪府生まれ。大阪大学大学院人間科学研究科博士後期課程単位取得満期退学。博士（人間科学）。現在は大阪大学大学院情報科学研究科特任助教。専門は日本哲学。論文に「田辺元の倒し方 ― 絶対転換としての絶対無の空虚さをめぐって」（廖欽彬・河合一樹編『危機の時代と田辺哲学 ― 田辺元没後60周年記念論集 ―』法政大学出版局、2022年）、"Kuki Shūzō and the Question of Origins" *European Journal of Japanese Philosophy*, Vol. 5, Chisokudō Publications, 2020. など。

九鬼周造の人間学：破綻と再建

2025年2月15日　初版第1刷発行　［検印廃止］

著　者　織田　和明
発行所　大阪大学出版会
代表者　三成賢次
〒565-0871　大阪府吹田市山田丘2-7
大阪大学ウエストフロント
TEL：06-6877-1614
FAX：06-6877-1617
URL：https://www.osaka-up.or.jp

印刷・製本所　（株）遊文舎

ISBN　978-4-87259-830-8 C3010